OEUVRES
COMPLÈTES
DE
J. J. ROUSSEAU

AVEC LES NOTES DE TOUS LES COMMENTATEURS;

NOUVELLE ÉDITION
ORNÉE DE QUARANTE-DEUX VIGNETTES,
GRAVÉES PAR NOS PLUS HABILES ARTISTES,

D'APRÈS LES DESSINS DE DEVÉRIA.

NOUVELLE HÉLOÏSE.

TOME II.

A PARIS,
CHEZ DALIBON, LIBRAIRE
DE S. A. R. MONSEIGNEUR LE DUC DE NEMOURS,
RUE SAINT-ANDRÉ-DES-ARCS, N° 41.

M DCCC XXVI.

ŒUVRES

COMPLÈTES

DE

J. J. ROUSSEAU.

TOME IX.

PARIS. — IMPRIMERIE DE G. DOYEN,
RUE SAINT JACQUES, N. 38.

JULIE,

OU

LA NOUVELLE HÉLOÏSE,

OU

LETTRES DE DEUX AMANTS,

HABITANTS D'UNE PETITE VILLE AU PIED DES ALPES,

RECUEILLIES ET PUBLIÉES
PAR JEAN-JACQUES ROUSSEAU.

« Non la conobbe il mondo, mentre l'ebbe :
« Conobill' io, ch' a pianger qui rimasi. »
PETR.

Le monde la posséda sans la connoître ; et moi je l'ai connue, je reste ici-bas à la pleurer.

JULIE,

ou

LA NOUVELLE HÉLOÏSE.

TROISIÈME PARTIE.

LETTRE I.

DE MADAME D'ORBE A SAINT-PREUX.

Que de maux vous causez à ceux qui vous aiment! Que de pleurs vous avez déjà fait couler dans une famille infortunée dont vous seul troublez le repos! Craignez d'ajouter le deuil à nos larmes, craignez que la mort d'une mère affligée ne soit le dernier effet du poison que vous versez dans le cœur de sa fille, et qu'un amour désordonné ne devienne enfin pour vous-même la source d'un remords éternel. L'amitié m'a fait supporter vos erreurs tant qu'une ombre d'espoir pouvoit les nourrir, mais comment tolérer une vaine constance que l'honneur et la raison condamnent, et qui, ne pouvant plus causer que des malheurs et des peines, ne mérite que le nom d'obstination?

Vous savez de quelle manière le secret de vos

feux, dérobé si long-temps aux soupçons de ma tante, lui fut dévoilé par vos lettres. Quelque sensible que soit un tel coup à cette mère tendre et vertueuse, moins irritée contre vous que contre elle-même, elle ne s'en prend qu'à son aveugle négligence; elle déplore sa fatale illusion : sa plus cruelle peine est d'avoir pu trop estimer sa fille, et sa douleur est pour Julie un châtiment cent fois pire que ses reproches.

L'accablement de cette pauvre cousine ne sauroit s'imaginer. Il faut le voir pour le comprendre. Son cœur semble étouffé par l'affliction, et l'excès des sentiments qui l'oppressent lui donne un air de stupidité plus effrayant que des cris aigus. Elle se tient jour et nuit à genoux au chevet de sa mère, l'air morne, l'œil fixé en terre, gardant un profond silence, la servant avec plus d'attention et de vivacité que jamais, puis retombant à l'instant dans un état d'anéantissement qui la feroit prendre pour une autre personne. Il est très-clair que c'est la maladie de la mère qui soutient les forces de la fille; et si l'ardeur de la servir n'animoit son zèle, ses yeux éteints, sa pâleur, son extrême abattement, me feroient craindre qu'elle n'eût grand besoin pour elle-même de tous les soins qu'elle lui rend. Ma tante s'en aperçoit aussi; et je vois, à l'inquiétude avec laquelle elle me recommande en particulier la santé de sa fille, combien le cœur combat de part et d'autre contre la gêne qu'elles s'imposent, et combien on doit vous haïr de troubler une union si charmante.

Cette contrainte augmente encore par le soin de la dérober aux yeux d'un père emporté, auquel une mère tremblante pour les jours de sa fille veut cacher ce dangereux secret. On se fait une loi de garder en sa présence l'ancienne familiarité; mais si la tendresse maternelle profite avec plaisir de ce prétexte, une fille confuse n'ose livrer son cœur à des caresses qu'elle croit feintes, et qui lui sont d'autant plus cruelles qu'elles lui seroient douces si elle osoit y compter. En recevant celles de son père, elle regarde sa mère d'un air si tendre et si humilié, qu'on voit son cœur lui dire par ses yeux : Ah! que ne suis-je digne encore d'en recevoir autant de vous!

Madame d'Étange m'a prise plusieurs fois à part; et j'ai connu facilement, à la douceur de ses réprimandes et au ton dont elle m'a parlé de vous, que Julie a fait de grands efforts pour calmer envers nous sa trop juste indignation, et qu'elle n'a rien épargné pour nous justifier l'un et l'autre à ses dépens. Vos lettres même portent, avec le caractère d'un amour excessif, une sorte d'excuse qui ne lui a pas échappé; elle vous reproche moins l'abus de sa confiance qu'à elle-même sa simplicité à vous l'accorder. Elle vous estime assez pour croire qu'aucun autre homme à votre place n'eût mieux résisté que vous; elle s'en prend de vos fautes à la vertu même. Elle conçoit maintenant, dit-elle, ce que c'est qu'une probité trop vantée, qui n'empêche point un honnête homme amoureux de corrompre, s'il peut, une fille sage, et de déshonorer sans scrupule toute une famille pour satisfaire un moment de fureur. Mais que sert de revenir sur le passé ? Il s'agit de cacher sous un voile éternel cet odieux mystère, d'en effacer, s'il se peut, jusqu'au moindre vestige, et de seconder la bonté du ciel qui n'en a point laissé de témoignage sensible. Le secret est concentré entre six personnes sûres. Le repos de tout ce que vous avez aimé, les jours d'une mère au désespoir, l'honneur d'une maison respectable, votre propre vertu, tout dépend de vous encore ; tout vous prescrit votre devoir ; vous pouvez réparer le mal que vous avez fait ; vous pouvez vous rendre digne de Julie, et justifier sa faute en renonçant à elle, et si votre cœur ne m'a point trompée, il n'y a plus que la grandeur d'un tel sacrifice qui puisse répondre à celle de l'amour qui l'exige. Fondé sur l'estime que j'eus toujours pour vos sentiments, et sur ce que la plus tendre union qui fut jamais lui doit ajouter de force, j'ai promis en votre nom tout ce que vous devez tenir : osez me démentir si j'ai trop présumé de vous, ou soyez aujourd'hui ce que vous devez être. Il faut immoler votre maîtresse ou votre amour l'un à l'autre, et vous montrer le plus lâche ou le plus vertueux des hommes.

Cette mère infortunée a voulu vous écrire; elle avoit même commencé. O dieu! que de coups de poignard vous eussent portés ses plaintes amères! Que ses touchants reproches vous eussent déchiré le cœur! Que ses humbles prières vous eussent pénétré de honte! J'ai mis en pièces cette lettre accablante que vous n'eussiez jamais supportée : je n'ai pu souffrir ce comble d'horreur de voir une mère humiliée devant le séducteur de sa fille : vous êtes digne au moins qu'on n'emploie pas avec vous de pareils moyens, faits pour fléchir des monstres, et pour faire mourir de douleur un homme sensible.

Si c'étoit ici le premier effort que l'amour vous eût demandé, je pourrois douter du succès, et balancer sur l'estime qui vous est due : mais le sacrifice que vous avez fait à l'honneur de Julie en quittant ce pays m'est garant de celui que vous allez faire à son repos en rompant un commerce inutile. Les premiers actes de vertu sont toujours les plus pénibles, et vous ne perdrez point le prix d'un effort qui vous a tant coûté, en vous obstinant à soutenir une vaine correspondance dont les risques sont terribles pour votre amante, les dédommagements nuls pour tous deux, et qui ne fait que prolonger sans fruit les tourments de l'un et de l'autre. N'en doutez plus, cette Julie qui vous fut si chère ne doit rien être à celui qu'elle a tant aimé : vous vous dissimulez en vain vos malheurs; vous la perdîtes au moment où vous vous séparâtes d'elle, plutôt le ciel vous l'avoit ôtée même avant qu'elle se donnât à vous; car le père la promit dès son retour; et vous savez trop que la parole de cet homme inflexible est irrévocable. De quelque manière que vous vous comportiez, l'invincible sort s'oppose à vos vœux, et vous ne la posséderez jamais. L'unique choix qui vous reste à faire est de la précipiter dans un abîme de malheurs et d'opprobres; ou d'honorer en elle ce que vous avez adoré, et de lui rendre, au lieu du bonheur perdu, la sagesse, la paix, la sûreté du moins dont vos fatales liaisons la privent.

Que vous seriez attristé, que vous vous consumeriez en regrets, si vous pouviez contempler l'état actuel de cette malheureuse amie, et l'avilissement où la réduisent le remords et la honte! Que son lustre est terni! que ses grâces sont languissantes! que tous ses sentiments si charmants et si doux se fondent tristement dans le seul qui les absorbe! L'amitié même est attiédie; à peine partage-t-elle encore le plaisir que je goûte à la voir; et son cœur malade ne sait plus rien sentir que l'amour et la douleur. Hélas! qu'est devenu ce caractère aimant et sensible, ce goût si pur des choses honnêtes, cet intérêt si tendre aux peines et aux plaisirs d'autrui? Elle est encore, je l'avoue, douce, généreuse, compatissante; l'aimable habitude de bien faire ne sauroit s'effacer en elle; mais ce n'est plus qu'une habitude aveugle, un goût sans réflexion. Elle fait toutes les mêmes choses, mais elle ne les fait plus avec le même zèle ; ces sentiments sublimes se sont affoiblis, cette flamme divine s'est amortie, cet ange n'est plus qu'une femme ordinaire. Ah ! quelle ame vous avez ôtée à la vertu !

LETTRE II.

DE L'AMANT DE JULIE A MADAME D'ÉTANGE.

Pénétré d'une douleur qui doit durer autant que moi, je me jette à vos pieds, madame, non pour vous marquer un repentir qui ne dépend pas de mon cœur, mais pour expier un crime involontaire en renonçant à tout ce qui pouvoit faire la douceur de ma vie. Comme jamais sentiments humains n'approchèrent de ceux que m'inspira votre adorable fille, il n'y eut jamais de sacrifice égal à celui que je viens faire à la plus respectable des mères : mais Julie m'a trop appris comment il faut immoler le bonheur au devoir ; elle m'en a trop courageusement donné l'exemple, pour qu'au moins une fois je ne sache pas l'imiter. Si mon sang suffisoit pour guérir vos peines, je le verserois en silence et me plaindrois de ne vous donner qu'une si foible preuve de mon zèle : mais briser le plus doux, le plus pur, le plus sacré lien qui jamais ait uni deux cœurs, ah! c'est un effort que l'univers entier ne m'eût pas fait faire, qu'il n'appartenoit qu'à vous d'obtenir.

Oui, je promets de vivre loin d'elle aussi longtemps que vous l'exigerez; je m'abstiendrai de la voir et de lui écrire, j'en jure par vos jours précieux, si nécessaires à la conservation des siens. Je me soumets, non sans effroi, mais sans murmure, à tout ce que vous daignerez ordonner d'elle et de moi. Je dirai beaucoup plus encore; son bonheur peut me consoler de ma misère, et je mourrai content si vous lui donnez un époux digne d'elle. Ah! qu'on le trouve, et qu'il m'ose dire : Je saurai mieux l'aimer que toi! Madame, il aura vainement tout ce qui me manque; s'il n'a mon cœur il n'aura rien pour Julie : mais je n'ai que ce cœur honnête et tendre. Hélas! je n'ai rien non plus. L'amour qui rappproche tout n'élève point la personne; il n'élève que les sentiments. Ah! si j'eusse osé n'écouter que les miens pour vous, combien de fois, en vous parlant, ma bouche eût prononcé le doux nom de mère!

Daignez vous confier à des serments qui ne sont point vains, et à un homme qui n'est point trompeur. Si je pus un jour abuser de votre estime, je m'abusai le premier moi-même. Mon cœur sans expérience ne connut le danger que quand il n'étoit plus temps de fuir, et je n'avois point encore appris de votre fille cet art cruel de vaincre l'amour par lui-même, qu'elle m'a depuis si bien enseigné. Bannissez vos craintes, je vous en conjure. Y a-t-il quelqu'un au monde à qui son repos, sa félicité, son honneur, soient plus chers qu'à moi? Non, ma parole et mon cœur vous sont garants de l'engagement que je prends au nom de mon illustre ami comme au mien. Nulle indiscrétion ne sera commise, soyez-en sûre; et je rendrai le dernier soupir sans qu'on sache quelle douleur termina mes jours. Calmez donc celle qui vous consume, et dont la mienne s'aigrit encore; essuyez des pleurs qui m'arrachent l'ame; rétablissez votre santé; rendez à la plus tendre fille qui fut jamais le bonheur auquel elle a renoncé pour vous; soyez vous-même heureuse par elle; vivez enfin pour lui faire aimer la vie. Ah! malgré les erreurs de l'amour, être mère de Julie est encore un sort assez beau pour se féliciter de vivre.

LETTRE III.

DE L'AMANT DE JULIE A MADAME D'ORBE,

EN LUI ENVOYANT LA LETTRE PRÉCÉDENTE.

Tenez, cruelle, voilà ma réponse. En la lisant, fondez en larmes si vous connoissez mon cœur, et si le vôtre est sensible encore; mais surtout ne m'accablez plus de cette estime impitoyable que vous me vendez si cher, et dont vous faites le tourment de ma vie.

Votre main barbare a donc osé les rompre ces doux nœuds formés sous vos yeux presque dès l'enfance, et que votre amitié sembloit partager avec tant de plaisir! Je suis donc aussi malheureux que vous le voulez et que je puis l'être. Ah! connoissez-vous tout le mal que vous faites? Sentez-vous bien que vous m'arrachez l'ame, que ce que vous m'ôtez est sans dédommagement, et qu'il vaut mieux cent fois mourir que de ne plus vivre l'un pour l'autre? Que me parlez-vous du bonheur de Julie? en peut-il être sans le contentement du cœur? Que me parlez-vous du danger de sa mère? Ah! qu'est-ce que la vie d'une mère, la mienne, la vôtre, la sienne même, qu'est-ce que l'existence du monde entier auprès du sentiment délicieux qui nous unissoit? Insensée et farouche vertu! j'obéis à ta voix sans mérite; je t'abhorre en faisant tout pour toi. Que sont tes vaines consolations contre les vives douleurs de l'ame! Va, triste idole des malheureux, tu ne fais qu'augmenter leur misère en leur ôtant les ressources que la fortune leur laisse. J'obéirai pourtant; oui, cruelle, j'obéirai: je deviendrai, s'il se peut, insensible et féroce comme vous. J'oublierai tout ce qui me fut cher au monde. Je ne veux plus entendre ni [1] pro-

---

[1] * La place qu'occupe ce *ni* rend la construction singulière,

noncer le nom de Julie ni le vôtre. Je ne veux plus m'en rappeler l'insupportable souvenir. Un dépit, une rage inflexible m'aigrit contre tant de revers. Une dure opiniâtreté me tiendra lieu de courage : il m'en a trop coûté d'être sensible ; il vaut mieux renoncer à l'humanité.

LETTRE IV.

DE MADAME D'ORBE A L'AMANT DE JULIE.

Vous m'avez écrit une lettre désolante ; mais il y a tant d'amour et de vertu dans votre conduite, qu'elle efface l'amertume de vos plaintes : vous êtes trop généreux pour qu'on ait le courage de vous quereller. Quelque emportement qu'on laisse paroître, quand on sait ainsi s'immoler à ce qu'on aime, on mérite plus de louanges que de reproches ; et malgré vos injures, vous ne me fûtes jamais si cher que depuis que je connois si bien tout ce que vous valez.

Rendez grâce à cette vertu que vous croyez haïr, et qui fait plus pour vous que votre amour même. Il n'y a pas jusqu'à ma tante que vous n'ayez séduite par un sacrifice dont elle sent tout le prix. Elle n'a pu lire votre lettre sans attendrissement ;

mais cette leçon est conforme aux éditions originales et à un manuscrit.

elle a même eu la foiblesse de la laisser voir à sa fille ; et l'effort qu'a fait là pauvre Julie pour contenir à cette lecture ses soupirs et ses pleurs, l'a fait tomber évanouie.

Cette tendre mère, que vos lettres avoient déjà puissamment émue, commence à connoître, par tout ce qu'elle voit, combien vos deux cœurs sont hors de la règle commune, et combien votre amour porte un caractère naturel de sympathie, que le temps ni les efforts humains ne sauroient effacer. Elle, qui a si grand besoin de consolation, consoleroit volontiers sa fille, si la bienséance ne la retenoit ; et je la vois trop près d'en devenir la confidente pour qu'elle ne me pardonne pas de l'avoir été. Elle s'échappa hier jusqu'à dire en sa présence, un peu indiscrètement peut-être : Ah ! s'il ne dépendoit que de moi... Quoiqu'elle se retînt et n'achevât pas, je vis, au baiser ardent que Julie imprimoit sur sa main, qu'elle ne l'avoit que trop entendue. Je sais même qu'elle a voulu plusieurs fois parler à son inflexible époux ; mais, soit danger d'exposer sa fille aux fureurs d'un père irrité, soit crainte pour elle-même, sa timidité l'a toujours retenue, et son affoiblissement, ses maux, augmentent si sensiblement, que j'ai peur de la voir hors d'état d'exécuter sa résolution avant qu'elle l'ait bien formée.

[1] Claire, êtes-vous ici moins indiscrète ? est-ce la dernière fois que vous le serez ?

Quoi qu'il en soit, malgré les fautes dont vous êtes cause, cette honnêteté de cœur qui se fait sentir dans votre amour mutuel lui a donné une telle opinion de vous, qu'elle se fie à la parole de tous deux sur l'interruption de votre correspondance, et qu'elle n'a pris aucune précaution pour veiller de plus près sur sa fille. Effectivement, si Julie ne répondoit pas à sa confiance, elle ne seroit plus digne de ses soins, et il faudroit vous étouffer l'un et l'autre si vous étiez capables de tromper encore la meilleure des mères, et d'abuser de l'estime qu'elle a pour vous.

Je ne cherche point à rallumer dans votre cœur une espérance que je n'ai pas moi-même; mais je veux vous montrer, comme il est vrai, que le parti le plus honnête est aussi le plus sage, et que, s'il peut rester quelque ressource à votre amour, elle est dans le sacrifice que l'honneur et la raison vous imposent. Mère, parents, amis, tout est maintenant pour vous, hors un père, qu'on gagnera par cette voie, ou que rien ne sauroit gagner. Quelque imprécation qu'ait pu vous dicter un moment de désespoir, vous nous avez prouvé cent fois qu'il n'est point de route plus sûre pour aller au bonheur que celle de la vertu. Si l'on y parvient, il est plus pur, plus solide et plus doux par elle; si on le manque, elle seule peut en dédommager. Reprenez donc courage; soyez homme, et soyez encore vous-même. Si j'ai bien connu votre cœur, la manière la plus cruelle pour vous de perdre Julie seroit d'être indigne de l'obtenir.

LETTRE V.

DE JULIE A SON AMANT.

Elle n'est plus. Mes yeux ont vu fermer les siens pour jamais; ma bouche a reçu son dernier soupir; mon nom fut le dernier mot qu'elle prononça; son dernier regard fut tourné sur moi. Non, ce n'étoit pas la vie qu'elle sembloit quitter, j'avois trop peu su la lui rendre chère; c'étoit à moi seule qu'elle s'arrachoit. Elle me voyoit sans guide et sans espérance, accablée de mes malheurs et de mes fautes : mourir ne fut rien pour elle, et son cœur n'a gémi que d'abandonner sa fille dans cet état. Elle n'eut que trop de raison. Qu'avoit-elle à regretter sur la terre? Qu'est-ce qui pouvoit ici-bas valoir à ses yeux le prix immortel de sa patience et de ses vertus qui l'attendoit dans le ciel? Que lui restoit-il à faire au monde sinon qu'à pleurer mon opprobre? Ame pure et chaste, digne épouse, et mère incomparable, tu vis maintenant au séjour de la gloire et de la félicité; tu vis! et moi, livrée au repentir et au désespoir, privée à jamais de tes soins, de tes conseils, de tes douces caresses, je suis morte au bonheur, à la paix; à l'innocence : je ne sens plus que ta perte ; je ne vois plus que ma honte ; ma vie n'est plus que peine et douleur. Ma mère, ma tendre mère, hélas! je suis bien plus morte que toi!

Mon dieu! quel transport égare une infortunée, et lui fait oublier ses résolutions! Où viens-je verser mes pleurs et pousser mes gémissements? C'est le cruel qui les a causés que j'en rends le dépositaire! C'est avec celui qui fait les malheurs de ma vie que j'ose les déplorer! Oui, oui, barbare, partagez les tourments que vous me faites souffrir. Vous par qui je plongeai le couteau dans le sein maternel, gémissez des maux qui me viennent de vous, et sentez avec moi l'horreur d'un parricide qui fut votre ouvrage. A quels yeux oserois-je paroître aussi méprisable que je le suis? Devant qui m'avilirois-je au gré de mes remords? Quel autre que le complice de mon crime pourroit assez les connoître? C'est mon plus insupportable supplice de n'être accusée que par mon cœur, et de voir attribuer au bon naturel les larmes impures qu'un cuisant repentir m'arrache. Je vis, je vis en frémissant la douleur empoisonner, hâter les derniers jours de ma triste mère. En vain sa pitié pour moi l'empêcha d'en convenir; en vain elle affectoit d'attribuer le progrès de son mal à la cause qui l'avoit produit; en vain ma cousine, gagnée, a tenu le même langage: rien n'a pu tromper mon cœur déchiré de regrets; et, pour mon tourment éternel, je garderai jusqu'au tombeau l'affreuse idée d'avoir abrégé la vie de celle à qui je la dois.

O vous que le ciel suscita dans sa colère pour me rendre malheureuse et coupable, pour la dernière fois recevez dans votre sein des larmes dont vous êtes l'auteur. Je ne viens plus, comme autrefois, partager avec vous des peines qui devoient nous être communes. Ce sont les soupirs d'un dernier adieu qui s'échappent malgré moi. C'en est fait, l'empire de l'amour est éteint dans une ame livrée au seul désespoir. Je consacre le reste de mes jours à pleurer la meilleure des mères; je saurai lui sacrifier des sentiments qui lui ont coûté la vie; je serois trop heureuse qu'il m'en coûtât assez de les vaincre, pour expier tout ce qu'ils lui ont fait souffrir. Ah! si son esprit immortel pénètre au fond de mon cœur, il sait bien que la victime que je lui sacrifie n'est pas tout-à-fait indigne d'elle. Partagez un effort que vous m'avez rendu nécessaire. S'il vous reste quelque respect pour la mémoire d'un nœud si cher et si funeste, c'est par lui que je vous conjure de me fuir à jamais, de ne plus m'écrire, de ne plus aigrir mes remords, de me laisser oublier, s'il se peut, ce que nous fûmes l'un à l'autre. Que mes yeux ne vous voient plus, que je n'entende plus prononcer votre nom; que votre souvenir ne vienne plus agiter mon cœur. J'ose parler encore au nom d'un amour qui ne doit plus être; à tant de sujets de douleur n'ajoutez pas celui de voir son dernier vœu méprisé. Adieu donc pour la dernière fois, unique et cher... Ah! fille insensée!... Adieu pour jamais.

LETTRE VI.

DE L'AMANT DE JULIE A MADAME D'ORBE.

Enfin le voile est déchiré; cette longue illusion s'est évanouie; cet espoir si doux s'est éteint: il ne me reste pour aliment d'une flamme éternelle qu'un souvenir amer et délicieux qui soutient ma vie et nourrit mes tourments du vain sentiment d'un bonheur qui n'est plus.

Est-il donc vrai que j'ai goûté la félicité suprême? Suis-je bien le même être qui fut heureux un jour? Qui peut sentir ce que je souffre n'est-il pas né pour toujours souffrir? Qui peut jouir des biens que j'ai perdus peut-il les perdre et vivre encore? et des sentiments si contraires peuvent-ils germer dans un même cœur? Jours de plaisir et de gloire, non, vous n'étiez pas d'un mortel; vous étiez trop beaux pour devoir être périssables. Une douce extase absorboit toute votre durée, et la rassembloit en un point comme celle de l'éternité. Il n'y avoit pour moi ni passé ni avenir, et je goûtois à la fois les délices de mille siècles. Hélas! vous avez disparu comme un éclair. Cette éternité de bonheur ne fut qu'un instant de ma vie. Le temps a repris sa lenteur dans les moments de mon désespoir, et l'ennui mesure par longues années le reste infortuné de mes jours.

Pour achever de me les rendre insupportables, plus les afflictions m'accablent, plus tout ce qui m'étoit cher semble se détacher de moi. Madame, il se peut que vous m'aimiez encore; mais d'autres soins vous appellent, d'autres devoirs vous occupent. Mes plaintes, que vous écoutiez avec intérêt, sont maintenant indiscrètes. Julie, Julie elle-même se décourage et m'abandonne. Les tristes remords ont chassé l'amour. Tout est changé pour moi; mon cœur seul est toujours le même, et mon sort en est plus affreux.

Mais qu'importe ce que je suis et ce que je dois être? Julie souffre, est-il temps de songer à moi? Ah! ce sont ses peines qui rendent les miennes plus amères. Oui, j'aimerois mieux qu'elle cessât de m'aimer et qu'elle fût heureuse.... Cesser de m'aimer!... l'espère-t-elle!... Jamais, jamais. Elle a beau me défendre de la voir et de lui écrire : ce n'est pas le tourment qu'elle s'ôte, hélas! c'est le consolateur. La perte d'une tendre mère la doit-elle priver d'un plus tendre ami? croit-elle soulager ses maux en les multipliant? O amour! est-ce à tes dépens qu'on peut venger la nature?

PARTIE III, LETTRE VI.

Non, non; c'est en vain qu'elle prétend m'oublier. Son tendre cœur pourra-t-il se séparer du mien? ne le retiens-je pas en dépit d'elle? Oublie-t-on des sentiments tels que nous les avons éprouvés? et peut-on s'en souvenir sans les éprouver encore? L'amour vainqueur fit le malheur de sa vie; l'amour vaincu ne la rendra que plus à plaindre. Elle passera ses jours dans la douleur, tourmentée à la fois de vains regrets et de vains désirs, sans pouvoir jamais contenter ni l'amour ni la vertu.

Ne croyez pas pourtant qu'en plaignant ses erreurs je me dispense de les respecter. Après tant de sacrifices, il est trop tard pour apprendre à désobéir. Puisqu'elle commande, il suffit; elle n'entendra plus parler de moi. Jugez si mon sort est affreux. Mon plus grand désespoir n'est pas de renoncer à elle. Ah! c'est dans son cœur que sont mes douleurs les plus vives, et je suis plus malheureux de son infortune que de la mienne. Vous qu'elle aime plus que toute chose, et qui seule, après moi, la savez dignement aimer, Claire, aimable Claire; vous êtes l'unique bien qui lui reste. Il est assez précieux pour lui rendre supportable la perte de tous les autres. Dédommagez-la des consolations qui lui sont ôtées et de celles qu'elle refuse; qu'une sainte amitié supplée à la fois auprès d'elle à la tendresse d'une mère, à celle d'un amant, aux charmes de tous les sentiments qui devoient la rendre heureuse. Qu'elle le soit, s'il est possible, à quelque prix que ce puisse être. Qu'elle recouvre la paix et le repos dont je l'ai privée; je sentirai moins les tourments qu'elle m'a laissés. Puisque je ne suis plus rien à mes propres yeux, puisque c'est mon sort de passer ma vie à mourir pour elle, qu'elle me regarde comme n'étant plus; j'y consens si cette idée la rend plus tranquille. Puisse-t-elle retrouver près de vous ses premières vertus, son premier bonheur! puisse-t-elle être encore par vos soins tout ce qu'elle eût été sans moi!

Hélas! elle étoit fille, et n'a plus de mère! Voilà la perte qui ne se répare point, et dont on ne se console jamais quand on a pu se la reprocher. Sa conscience agitée lui redemande cette mère tendre et chérie, et dans une douleur si cruelle l'horrible remords se joint à son affliction. O Julie! ce sentiment affreux devoit-il être connu de toi? Vous qui fûtes témoin de la maladie et des derniers moments de cette mère infortunée, je vous supplie, je vous conjure, dites-moi ce que j'en dois croire. Déchirez-moi le cœur, si je suis coupable. Si la douleur de nos fautes l'a fait descendre au tombeau, nous sommes deux monstres indignes de vivre; c'est un crime de songer à des liens si funestes, c'en est un de voir le jour. Non, j'ose le croire, un feu si pur n'a point produit de si noirs effets. L'amour nous inspira des sentiments trop nobles pour en tirer les forfaits des ames dénaturées. Le ciel, le ciel seroit-il injuste? et celle qui sut immoler son bonheur aux auteurs de ses jours méritoit-elle de leur coûter la vie ?

LETTRE VII.

RÉPONSE.

Comment pourroit-on vous aimer moins en vous estimant chaque jour davantage ? comment perdrois-je mes anciens sentiments pour vous, tandis que vous en méritez chaque jour de nouveaux ? Non, mon cher et digne ami, tout ce que nous fûmes les uns aux autres dès notre première jeunesse, nous le serons le reste de nos jours; et, si notre mutuel attachement n'augmente plus, c'est qu'il ne peut plus augmenter. Toute la différence est que je vous aimois comme mon frère, et qu'à présent je vous aime comme mon enfant; car, quoique nous soyons toutes deux plus jeunes que vous, et même vos disciples, je vous regarde un peu comme le nôtre. En nous apprenant à penser, vous avez appris de nous à être sensible; et, quoi qu'en dise votre philosophe anglois, cette éducation vaut bien l'autre : si c'est la raison qui fait l'homme, c'est le sentiment qui le conduit.

Savez-vous pourquoi je parois avoir changé de

conduite envers vous? Ce n'est pas, croyez-moi, que mon cœur ne soit toujours le même, c'est que votre état est changé. Je favorisai vos feux tant qu'il leur restoit un rayon d'espérance; depuis qu'en vous obstinant d'aspirer à Julie vous ne pouvez plus que la rendre malheureuse, ce seroit vous nuire que de vous complaire. J'aime mieux vous savoir moins à plaindre, et vous rendre plus mécontent. Quand le bonheur commun devient impossible, chercher le sien dans celui de ce qu'on aime, n'est-ce pas tout ce qui reste à faire à l'amour sans espoir?

Vous faites plus que sentir cela, mon généreux ami, vous l'exécutez dans le plus douloureux sacrifice qu'ait jamais fait un amant fidèle. En renonçant à Julie, vous achetez son repos aux dépens du vôtre, et c'est à vous que vous renoncez pour elle.

J'ose à peine vous dire les bizarres idées qui me viennent là-dessus; mais elles sont consolantes, et cela m'enhardit. Premièrement, je crois que le véritable amour a cet avantage aussi-bien que la vertu, qu'il dédommage de tout ce qu'on lui sacrifie, et qu'on jouit en quelque sorte des privations qu'on s'impose par le sentiment même de ce qu'il en coûte et du motif qui nous y porte. Vous vous témoignerez que Julie a été aimée de vous comme elle méritoit de l'être, et vous l'en aimerez davantage, et vous en serez plus heureux. Cet amour-propre exquis qui sait payer toutes les vertus pénibles mêlera son charme à celui de l'amour. Vous vous direz, Je sais aimer, avec un plaisir plus durable et plus délicat que vous n'en goûteriez à dire, Je possède ce que j'aime : car celui-ci s'use à force d'en jouir, mais l'autre demeure toujours, et vous en jouiriez encore quand même vous n'aimeriez plus.

Outre cela, s'il est vrai, comme Julie et vous me l'avez tant dit, que l'amour soit le plus délicieux sentiment qui puisse entrer dans le cœur humain, tout ce qui le prolonge et le fixe, même au prix de mille douleurs, est encore un bien. Si l'amour est un désir qui s'irrite par les obstacles, comme vous le disiez encore, il n'est pas bon qu'il soit content, il vaut mieux qu'il dure et soit malheureux, que de s'éteindre au sein des plaisirs. Vos feux, je l'avoue, ont soutenu l'épreuve de la possession, celle du temps, celle de l'absence et des peines de toute espèce; ils ont vaincu tous les obstacles, hors le plus puissant de tous, qui est de n'en avoir plus à vaincre; et de se nourrir uniquement d'eux-mêmes. L'univers n'a jamais vu de passion soutenir cette épreuve : quel droit avez-vous d'espérer que la vôtre l'eût soutenue ? Le temps eût joint au dégoût d'une longue possession le progrès de l'âge et le déclin de la beauté : il semble se fixer en votre faveur par votre séparation; vous serez toujours l'un pour l'autre à la fleur des ans; vous vous verrez sans cesse tels que vous vous vîtes en vous quittant; et vos cœurs, unis jusqu'au tombeau, prolongeront dans une illusion charmante votre jeunesse avec vos amours.

Si vous n'eussiez point été heureux, une insurmontable inquiétude pourroit vous tourmenter, votre cœur regretteroit, en soupirant, les biens dont il étoit digne; votre ardente imagination vous demanderoit sans cesse ceux que vous n'auriez pas obtenus. Mais l'amour n'a point de délices dont il ne vous ait comblé, et, pour parler comme vous, vous avez épuisé durant une année les plaisirs d'une vie entière. Souvenez-vous de cette lettre si passionnée, écrite le lendemain d'un rendez-vous téméraire; je l'ai lue avec une émotion qui m'étoit inconnue; on n'y voit pas l'état permanent d'une ame attendrie, mais le dernier délire d'un cœur brûlant d'amour et ivre de volupté; vous jugeâtes vous-même qu'on n'éprouvoit point de pareils transports deux fois en la vie, et qu'il falloit mourir après les avoir sentis. Mon ami, ce fut là le comble; et, quoi que la fortune et l'amour eussent fait pour vous, vos feux et votre bonheur ne pouvoient plus que décliner. Cet instant fut aussi le commencement de vos disgrâces, et votre amante vous fut ôtée au moment que vous n'aviez plus de sentiments nouveaux à goûter auprès d'elle: comme si le sort eût voulu garantir votre cœur d'un épuisement inévitable, et vous laisser dans le souvenir de vos plaisirs passés un plaisir plus doux que tous ceux dont vous pourriez jouir encore.

Consolez-vous donc de la perte d'un bien qui vous eût toujours échappé, et vous eût ravi de plus celui qui vous reste. Le bonheur et l'amour se seroient évanouis à la fois; vous avez au moins conservé le sentiment : on n'est point sans plaisirs quand on aime encore. L'image de l'amour éteint effraie plus un cœur tendre que celle de l'amour malheureux; et le dégoût de ce qu'on possède est un état cent fois pire que le regret de ce qu'on a perdu.

Si les reproches que ma désolée cousine se fait sur la mort de sa mère étoient fondés, ce cruel souvenir empoisonneroit, je l'avoue, celui de vos amours, et une si funeste idée devroit à jamais les éteindre; mais n'en croyez pas à ses douleurs, elles la trompent, ou plutôt le chimérique motif dont elle aime à les aggraver n'est qu'un prétexte pour en justifier l'excès. Cette ame tendre craint toujours de ne pas s'affliger assez, et c'est une sorte de plaisir pour elle d'ajouter au sentiment de ses peines tout ce qui peut les aigrir. Elle s'en impose, soyez-en sûr; elle n'est pas sincère avec elle-même. Ah! si elle croyoit bien sincèrement avoir abrégé les jours de sa mère, son cœur en pourroit-il supporter l'affreux remords? Non, non, mon ami, elle ne la pleureroit pas, elle l'auroit suivie. La maladie de madame d'Étange est bien connue; c'étoit une hydropisie de poitrine dont elle ne pouvoit revenir, et l'on désespéroit de sa vie avant même qu'elle eût découvert votre correspondance. Ce fut un violent chagrin pour elle; mais que de plaisirs réparèrent le mal qu'il pouvoit lui faire ! Qu'il fut consolant pour cette tendre mère de voir, en gémissant des fautes de sa fille, par combien de vertus elles étoient rachetées, et d'être forcée d'admirer son ame en pleurant sa foiblesse ! Qu'il lui fut doux de sentir combien elle en étoit chérie ! Quel zèle infatigable ! quels soins continuels ! quelle assiduité sans relâche ! quel désespoir de l'avoir affligée ! que de regrets ! que de larmes ! que de touchantes caresses ! quelle inépuisable sensibilité ! C'étoit dans les yeux de la fille qu'on lisoit tout ce que souffroit la mère; c'étoit elle qui la servoit les jours, qui la veilloit les nuits; c'étoit de sa main qu'elle recevoit tous les secours. Vous eussiez cru voir une autre Julie; sa délicatesse naturelle avoit disparu, elle étoit forte et robuste, les soins les plus pénibles ne lui coûtoient rien, et son ame sembloit lui donner un nouveau corps. Elle faisoit tout et paroissoit ne rien faire; elle étoit partout et ne bougeoit d'auprès d'elle : on la trouvoit sans cesse à genoux devant son lit; la bouche collée sur sa main, gémissant ou de sa faute ou du mal de sa mère, et confondant ces deux sentiments pour s'en affliger davantage. Je n'ai vu personne entrer les derniers jours dans la chambre de ma tante sans être ému jusqu'aux larmes du plus attendrissant de tous les spectacles. On voyoit l'effort que faisoient ces deux cœurs pour se réunir plus étroitement au moment d'une funeste séparation; on voyoit que le seul regret de se quitter occupoit la mère et la fille, et que vivre ou mourir n'eût été rien pour elles si elles avoient pu rester ou partir ensemble.

Bien loin d'adopter les noires idées de Julie, soyez sûr que tout ce qu'on peut espérer des secours humains et des consolations du cœur a concouru de sa part à retarder les progrès de la maladie de sa mère, et qu'infailliblement sa tendresse et ses soins nous l'ont conservée plus long-temps que nous n'eussions pu faire sans elle. Ma tante elle-même m'a dit cent fois que ses derniers jours étoient les plus doux moments de sa vie, et que le bonheur de sa fille étoit la seule chose qui manquoit au sien.

S'il faut attribuer sa perte au chagrin, ce chagrin vient de plus loin, et c'est à son époux seul qu'il faut s'en prendre. Long-temps inconstant et volage, il prodigua les feux de sa jeunesse à mille objets moins dignes de plaire que sa vertueuse compagne; et quand l'âge le lui eût ramené, il conserva près d'elle cette rudesse inflexible dont les maris infidèles ont accoutumé d'aggraver leurs torts. Ma pauvre cousine s'en est ressentie; un vain entêtement de noblesse et cette roideur de caractère que rien n'amollit ont fait vos malheurs et les siens. Sa mère, qui eut toujours du penchant pour vous, et qui pénétra son amour quand il étoit trop tard pour l'éteindre, porta long-temps en secret la douleur de ne pouvoir vaincre le goût de sa fille ni l'obstination de son époux, et d'être la première cause d'un mal qu'elle ne pouvoit plus guérir. Quand vos lettres surprises lui eurent appris jusqu'où vous aviez abusé de sa confiance, elle craignit de tout perdre en voulant tout sauver, et d'exposer les jours de sa fille pour rétablir son honneur. Elle sonda plusieurs fois son mari sans succès; elle voulut plusieurs fois hasarder une confidence entière et lui montrer toute l'étendue de son devoir : la frayeur et sa timidité la retinrent toujours. Elle hésita tant qu'elle put parler; lorsqu'elle le voulut il n'étoit plus temps; les forces lui manquèrent; elle mourut avec le fatal secret : et moi qui connois l'humeur de cet homme sévère, sans savoir jusqu'où les sentiments de la nature auroient pu la tempérer, je respire en voyant au moins les jours de Julie en sûreté.

Elle n'ignore rien de tout cela; mais vous dirai-je ce que je pense de ses remords apparents? L'amour est plus ingénieux qu'elle. Pénétrée du regret de sa mère, elle voudroit vous oublier; et, malgré qu'elle en ait, il trouble sa conscience pour la forcer de penser à vous. Il veut que ses pleurs aient du rapport à ce qu'elle aime. Elle n'oseroit plus s'en occuper directement; il la force de s'en occuper encore, au moins par son repentir. Il l'abuse avec tant d'art, qu'elle aime mieux souffrir davantage, et que vous entriez dans le sujet de ses peines. Votre cœur n'entend pas peut-être ces détours du sien; mais ils n'en sont pas moins naturels: car votre amour à tous deux, quoique égal en force, n'est pas semblable en effets : le vôtre est bouillant et vif, le sien est doux et tendre; vos sentiments s'exhalent au dehors avec véhémence, les siens retournent sur elle-même, et, pénétrant la substance de son ame, l'altèrent et la changent insensiblement. L'amour anime et soutient votre cœur, il affaisse et abat le sien; tous les ressorts en sont relâchés, sa force est nulle, son courage est éteint, sa vertu n'est plus rien. Tant d'héroïques facultés ne sont pas anéanties, mais suspendues; un moment de crise peut leur rendre toute leur vigueur, ou les effacer sans retour. Si elle fait encore un pas vers le découragement, elle est perdue; mais si cette ame excellente se relève un instant, elle sera plus grande, plus forte, plus vertueuse que jamais, et il ne sera plus question de rechute. Croyez-moi, mon aimable ami, dans cet état périlleux sachez respecter ce que vous aimâtes. Tout ce qui lui vient de vous, fût-ce contre vous-même, ne lui peut être que mortel. Si vous vous obstinez auprès d'elle, vous pourrez triompher aisément;

mais vous croirez en vain posséder la même Julie, vous ne la retrouverez plus.

LETTRE VIII.

DE MILORD ÉDOUARD A L'AMANT DE JULIE.

J'avois acquis des droits sur ton cœur; tu m'étois nécessaire, et j'étois prêt à t'aller joindre. Que t'importent mes droits, mes besoins, mon empressement? Je suis oublié de toi; tu ne daignes plus m'écrire. J'apprends ta vie solitaire et farouche; je pénètre tes desseins secrets. Tu t'ennuies de vivre.

Meurs donc, jeune insensé; meurs, homme à la fois féroce et lâche : mais sache, en mourant, que tu laisses dans l'ame d'un honnête homme à qui tu fus cher la douleur de n'avoir servi qu'un ingrat.

LETTRE IX.

RÉPONSE.

Venez, milord : je croyois ne pouvoir plus goûter de plaisir sur la terre; mais nous nous reverrons. Il n'est pas vrai que vous puissiez me confondre avec les ingrats; votre cœur n'est pas fait pour en trouver, ni le mien pour l'être.

BILLET.

DE JULIE A SAINT-PREUX.

Il est temps de renoncer aux erreurs de la jeunesse et d'abandonner un trompeur espoir : je ne serai jamais à vous. Rendez-moi donc la liberté que je vous ai engagée, et dont mon père veut disposer, ou mettez le comble à mes malheurs par un refus qui nous perdra tous deux sans vous être d'aucun usage.

JULIE D'ÉTANGE.

LETTRE X.

DU BARON D'ÉTANGE A SAINT-PREUX.

DANS LAQUELLE ÉTOIT LE PRÉCÉDENT BILLET.

S'il peut rester dans l'ame d'un suborneur quelque sentiment d'honneur et d'humanité, répondez à ce billet d'une malheureuse dont vous avez corrompu le cœur, et qui ne seroit plus si j'osois soupçonner qu'elle eût porté plus loin l'oubli d'elle-même. Je m'étonnerai peu que la même philosophie qui lui apprit à se jeter à la tête du premier venu, lui apprenne encore à désobéir à son père. Pensez-y cependant. J'aime à prendre en toute occasion les voies de la douceur et de l'honnêteté quand j'espère qu'elles peuvent suffire; mais, si j'en veux bien user avec vous, ne croyez pas que j'ignore comment se venge l'honneur d'un gentilhomme offensé par un homme qui ne l'est pas.

LETTRE XI.

RÉPONSE.

Épargnez-vous, monsieur, des menaces vaines qui ne m'effraient point, et d'injustes reproches qui ne peuvent m'humilier. Sachez qu'entre deux personnes du même âge il n'y a d'autre suborneur que l'amour, et qu'il ne vous appartiendra jamais d'avilir un homme que votre fille honora de son estime.

Quel sacrifice osez-vous m'imposer, et à quel titre l'exigez-vous? Est-ce à l'auteur de tous mes maux qu'il faut immoler mon dernier espoir? Je veux respecter le père de Julie; mais qu'il daigne être le mien s'il faut que j'apprenne à lui obéir. Non, non, monsieur, quelque opinion que vous ayez de vos procédés, ils ne m'obligent point à renoncer pour vous à des droits si chers et si bien mérités de mon cœur. Vous faites le malheur de ma vie. Je ne vous dois que de la haine, et vous n'avez rien à prétendre de moi. Julie a parlé; voilà mon consentement. Ah! qu'elle soit toujours obéie! Un autre la possédera; mais j'en serai plus digne d'elle.

Si votre fille eût daigné me consulter sur les bornes de votre autorité, ne doutez pas que je ne lui eusse appris à résister à vos prétentions injustes. Quel que soit l'empire dont vous abusez, mes droits sont plus sacrés que les vôtres; la chaîne qui nous lie est la borne du pouvoir paternel, même devant les tribunaux humains; et quand vous osez réclamer la nature, c'est vous seul qui bravez ses lois.

N'alléguez pas non plus cet honneur si bizarre et si délicat que vous parlez de venger; nul ne l'offense que vous-même. Respectez le choix de Julie, et votre honneur est en sûreté; car mon cœur vous honore malgré vos outrages; et, malgré les maximes gothiques, l'alliance d'un honnête homme n'en déshonora jamais un autre. Si ma présomption vous offense, attaquez ma vie, je ne la défendrai jamais contre vous. Au surplus, je me soucie fort peu de savoir en quoi consiste l'honneur d'un gentilhomme; mais, quant à celui d'un homme de bien, il m'appartient, je sais le défendre, et le conserverai pur et sans tache jusqu'au dernier soupir.

Allez, père barbare et peu digne d'un nom si doux, méditez d'affreux parricides, tandis qu'une fille tendre et soumise immole son bonheur à vos préjugés. Vos regrets me vengeront un jour des maux que vous me faites, et vous sentirez trop tard que votre haine aveugle et dénaturée ne vous fut pas moins funeste qu'à moi. Je serai malheureux, sans doute ; mais si jamais la voix du sang s'élève au fond de votre cœur, combien vous le serez plus encore d'avoir sacrifié à des chimères l'unique fruit de vos entrailles, unique au monde, en beauté, en mérite, en vertus, et pour qui le ciel, prodigue de ses dons, n'oublia rien qu'un meilleur père !

BILLET

INCLUS DANS LA PRÉCÉDENTE LETTRE.

Je rends à Julie d'Étange le droit de disposer d'elle-même, et de donner sa main sans consulter son cœur.

S.-P.

LETTRE XII.

DE JULIE A SAINT-PREUX.

Je voulois vous décrire la scène qui vient de se passer, et qui a produit le billet que vous avez dû recevoir; mais mon père a pris ses mesures si justes qu'elle n'a fini qu'un moment avant le départ du courrier. Sa lettre est sans doute arrivée à temps à la poste; il n'en peut être de même de celle-ci; votre résolution sera prise et votre réponse partie avant qu'elle vous parvienne, ainsi tout détail seroit désormais inutile. J'ai fait mon devoir; vous ferez le vôtre : mais le sort nous accable, l'honneur nous trahit; nous serons séparés à jamais, et, pour comble d'horreur, je vais passer dans les... Hélas! j'ai pu vivre dans les tiens! O devoir! à quoi sers-tu? O Providence !... Il faut gémir et se taire.

La plume échappe de ma main. J'étois incommodée depuis quelques jours; l'entretien de ce matin m'a prodigieusement agitée.... la tête et le cœur me font mal... Je me sens défaillir... le ciel auroit-il pitié de mes peines?... Je ne puis me soutenir. Je suis forcée à me mettre au lit, et me console dans l'espoir de n'en point relever. Adieu, mes uniques amours. Adieu, pour la dernière fois, cher et tendre ami de Julie. Ah! si je ne dois plus vivre pour toi, n'ai-je pas déjà cessé de vivre?

LETTRE XIII.

DE JULIE A MADAME D'ORBE.

Il est donc vrai, chère et cruelle amie, que tu me rappelles à la vie et à mes douleurs? J'ai vu l'instant heureux où j'allois rejoindre la plus tendre des mères : tes soins inhumains m'ont enchaînée pour la pleurer plus long-temps ; et quand le désir de la suivre m'arrache à la terre, le regret de te quitter m'y retient. Si je me console de vivre, c'est par l'espoir de n'avoir pas échappé tout entière à la mort. Ils ne sont plus ces agréments de mon visage que mon cœur a payés si cher : la maladie dont je sors m'en a délivrée. Cette heureuse perte ralentira l'ardeur grossière d'un homme assez dépourvu de délicatesse pour m'oser épouser sans mon aveu. Ne trouvant plus en moi ce qui lui plut, il se souciera peu du reste. Sans manquer de parole à mon père, sans offenser l'ami dont il tient la vie, je saurai rebuter cet importun : ma bouche gardera le silence, mais mon aspect parlera pour moi. Son dégoût me garantira de sa tyrannie, et il me trouvera trop laide pour daigner me rendre malheureuse.

Ah! chère cousine, tu connus un cœur plus constant et plus tendre qui ne se fût pas ainsi rebuté. Son goût ne se bornoit pas aux traits et à la figure; c'étoit moi qu'il aimoit et non pas mon visage; c'étoit par tout notre être que nous étions unis l'un à l'autre, et tant que Julie eût été la même, la beauté pouvoit fuir, l'amour fût toujours demeuré. Cependant il a pu consentir...... l'ingrat!..... Il l'a dû puisque j'ai pu l'exiger. Qui est-ce qui retient par leur parole ceux qui veulent retirer leur cœur? Ai-je donc voulu retirer le mien?.... l'ai-je fait? O Dieu! faut-il que tout me rappelle incessamment un temps qui n'est plus, et des feux qui ne doivent plus être! J'ai beau vouloir arracher de mon cœur cette image chérie, je l'y sens trop fortement attachée : je le déchire sans le dégager, et mes efforts pour en effacer un si doux souvenir ne font que l'y graver davantage.

Oserai-je te dire un délire de ma fièvre, qui, loin de s'éteindre avec elle, me tourmente encore plus depuis ma guérison? Oui, connois et plains l'égarement d'esprit de ta malheureuse amie, et rends grâces au ciel d'avoir préservé ton cœur de l'horrible passion qui le donne. Dans un des moments où j'étois le plus mal, je crus, durant l'ardeur du redoublement, voir à côté de mon lit cet infortuné, non tel qu'il charmoit jadis mes regards durant le court bonheur de ma vie, mais pâle, défait, mal en ordre, et le désespoir dans les yeux.

Il étoit à genoux ; il prit une de mes mains, et sans se dégoûter de l'état où elle étoit, sans craindre la communication d'un venin si terrible, il la couvroit de baisers et de larmes. A son aspect j'éprouvai cette vive et délicieuse émotion que me donnoit quelquefois sa présence inattendue. Je voulus m'élancer vers lui ; on me retint ; tu l'arrachas de ma présence ; et ce qui me toucha le plus vivement, ce furent ses gémissements que je crus entendre à mesure qu'il s'éloignoit.

Je ne puis te représenter l'effet étonnant que ce rêve a produit sur moi. Ma fièvre a été longue et violente ; j'ai perdu la connoissance durant plusieurs jours, j'ai souvent rêvé à lui dans mes transports ; mais aucun de ces rêves n'a laissé dans mon imagination des impressions aussi profondes que celle de ce dernier. Elle est telle qu'il m'est impossible de l'effacer de ma mémoire et de mes sens. A chaque minute, à chaque instant, il me semble le voir dans la même attitude ; son air, son habillement, son geste, son triste regard, frappent encore mes yeux : je crois sentir ses lèvres se presser sur ma main ; je la sens mouiller de ses larmes ; les sons de sa voix plaintive me font tressaillir ; je le vois entraîné loin de moi, je fais effort pour le retenir encore : tout me retrace une scène imaginaire avec plus de force que les événements qui me sont réellement arrivés.

J'ai long-temps hésité à te faire cette confidence; la honte m'empêche de te la faire de bouche; mais mon agitation, loin de se calmer, ne fait qu'augmenter de jour en jour, et je ne puis plus résister au besoin de t'avouer ma folie. Ah! qu'elle s'empare de moi tout entière! Que ne puis-je achever de perdre ainsi la raison, puisque le peu qui m'en reste ne sert plus qu'à me tourmenter!

Je reviens à mon rêve. Ma cousine, raille-moi, si tu veux, de ma simplicité; mais il y a dans cette vision je ne sais quoi de mystérieux qui la distingue du délire ordinaire. Est-ce un pressentiment de la mort du meilleur des hommes? est-ce un avertissement qu'il n'est déjà plus? Le ciel daigne-t-il me guider au moins une fois, et m'invite-t-il à suivre celui qu'il me fit aimer? Hélas! l'ordre de mourir sera pour moi le premier de ses bienfaits.

J'ai beau me rappeler tous ces vains discours dont la philosophie amuse les gens qui ne sentent rien; ils ne m'en imposent plus, et je sens que je les méprise. On ne voit point les esprits, je le veux croire; mais deux ames si étroitement unies ne sauroient-elles avoir entre elles une communication immédiate, indépendante du corps et des sens? L'impression directe que l'une reçoit de l'autre ne peut-elle pas la transmettre au cerveau, et recevoir de lui par contre-coup les sensations qu'elle lui a données?... Pauvre Julie, que d'extravagances! Que les passions nous rendent crédules! et qu'un cœur vivement touché se détache avec peine des erreurs mêmes qu'il aperçoit!

~~~~~~

LETTRE XIV.

RÉPONSE.

Ah! fille trop malheureuse et trop sensible, n'es-tu donc née que pour souffrir? Je voudrois en vain t'épargner des douleurs; tu sembles les chercher sans cesse, et ton ascendant est plus fort que tous mes soins. A tant de vrais sujets de peine n'ajoute pas au moins des chimères; et, puisque ma discrétion t'est plus nuisible qu'utile, sors d'une erreur qui te tourmente : peut-être la triste vérité te sera-t-elle encore moins cruelle. Apprends donc que ton rêve n'est point un rêve; que ce n'est point l'ombre de ton ami que tu as vue, mais sa personne, et que cette touchante scène, incessamment présente à ton imagination, s'est passée réellement dans ta chambre le surlendemain du jour où tu fus le plus mal.

La veille je t'avois quittée assez tard, et M. d'Orbe, qui voulut me relever auprès de toi cette nuit-là, étoit prêt à sortir, quand tout à coup nous vîmes entrer brusquement et se précipiter à nos pieds ce pauvre malheureux dans un état à faire pitié. Il avoit pris la poste à la réception de ta dernière lettre. Courant jour et nuit, il fit la route en trois jours, et ne s'arrêta qu'à la dernière poste en attendant la nuit pour entrer en ville. Je te l'avoue à ma honte, je fus moins prompte que M. d'Orbe à lui sauter au cou : sans savoir encore la raison de son voyage, j'en prévoyois la conséquence. Tant de souvenirs amers, ton danger, le sien, le désordre où je le voyois, tout empoisonnoit une si douce surprise; et j'étois trop saisie pour lui faire beaucoup de caresses. Je l'embrassai pourtant avec un serrement de cœur qu'il partageoit, et qui se fit sentir réciproquement par de muettes étreintes, plus éloquentes que les cris et les pleurs. Son premier mot fut : *Que fait-elle ? Ah ! que fait-elle ? Donnez-moi la vie ou la mort*. Je compris alors qu'il étoit instruit de ta maladie; et, croyant qu'il n'en ignoroit pas non plus l'espèce, j'en parlai sans autre précaution que d'exténuer le danger. Sitôt qu'il sut que c'étoit la petite-vérole, il fit un cri et se trouva mal. La fatigue et l'insomnie, jointes à l'inquiétude d'esprit, l'avoient jeté dans un tel abattement qu'on fut long-temps à le faire revenir. A peine pouvoit-il parler; on le fit coucher.

Vaincu par la nature, il dormit douze heures de suite, mais avec tant d'agitation, qu'un pareil sommeil devoit plus épuiser que réparer ses forces. Le lendemain, nouvel embarras; il vouloit te voir absolument. Je lui opposai le danger de te causer une révolution; il offrit d'attendre qu'il n'y eût plus de risque, mais son séjour même en étoit un terrible. J'essayai de le lui faire sentir; il me coupa durement la parole. Gardez votre barbare éloquence, me dit-il d'un ton d'indignation; c'est trop l'exercer à ma ruine. N'espérez pas me chasser encore comme vous fîtes à mon exil : je viendrois cent fois du bout du monde pour la voir un seul instant. Mais je jure par l'auteur de mon être, ajouta-t-il impétueusement, que je ne partirai point d'ici sans l'avoir vue. Éprouvons une fois si je vous rendrai pitoyable, ou si vous me rendrez parjure.

Son parti étoit pris. M. d'Orbe fut d'avis de chercher les moyens de le satisfaire pour le pouvoir renvoyer avant que son retour fût découvert : car il n'étoit connu dans la maison que du seul Hanz, dont j'étois sûre, et nous l'avions appelé devant nos gens d'un autre nom que le sien¹. Je lui promis qu'il te verroit la nuit suivante, à condition qu'il ne resteroit qu'un instant, qu'il ne te parleroit point, et qu'il repartiroit le lendemain avant le jour : j'en exigeai sa parole. Alors je fus tranquille; je laissai mon mari avec lui et je retournai près de toi.

Je te trouvai sensiblement mieux, l'éruption étoit achevée : le médecin me rendit le courage et l'espoir. Je me concertai d'avance avec Babi; et le

---

¹ On voit dans la quatrième partie que ce nom substitué étoit celui de Saint-Preux.

redoublement, quoique moindre, t'ayant encore embarrassé la tête, je pris ce temps pour écarter tout le monde et faire dire à mon mari d'amener son hôte, jugeant qu'à la fin de l'accès tu serois moins en état de le reconnoître. Nous eûmes toutes les peines du monde à renvoyer ton désolé père, qui chaque nuit s'obstinoit à vouloir rester. Enfin, je lui dis en colère qu'il n'épargneroit la peine de personne, que j'étois également résolue à veiller, et qu'il savoit bien, tout père qu'il étoit, que sa tendresse n'étoit pas plus vigilante que la mienne. Il partit à regret; nous restâmes seules. M. d'Orbe arriva sur les onze heures, et me dit qu'il avoit laissé ton ami dans la rue : je l'allai chercher; je le pris par la main : il trembloit comme la feuille. En passant dans l'antichambre les forces lui manquèrent; il respiroit avec peine, et fut contraint de s'asseoir.

Alors démêlant quelques objets à la foible lueur d'une lumière éloignée : Oui, dit-il avec un profond soupir, je reconnois les mêmes lieux. Une fois en ma vie je les ai traversés... à la même heure... avec le même mystère... j'étois tremblant comme aujourd'hui... le cœur me palpitoit de même... O téméraire! j'étois mortel, et j'osois goûter!... Que vais-je voir maintenant dans ce même asile où tout respiroit la volupté dont mon ame étoit enivrée, dans ce même objet qui faisoit et partageoit mes transports! l'image du trépas, un appareil de douleur, la vertu malheureuse, et la beauté mourante !

Chère cousine, j'épargne à ton pauvre cœur le détail de cette attendrissante scène. Il te vit, et se tut; il l'avoit promis : mais quel silence! Il se jeta à genoux; il baisoit tes rideaux en sanglotant; il élevoit les mains et les yeux, il poussoit de sourds gémissements; il avoit peine à contenir sa douleur et ses cris. Sans le voir, tu sortis machinalement une de tes mains; il s'en saisit avec une espèce de fureur; les baisers de feu qu'il appliquoit sur cette main malade t'éveillèrent mieux que le bruit et la voix de tout ce qui t'environnoit. Je vis que tu l'avois reconnu; et malgré sa résistance et ses plaintes, je l'arrachai de la chambre à l'instant, espérant éluder l'idée d'une si courte apparition par le prétexte du délire. Mais voyant ensuite que tu ne m'en disois rien, je crus que tu l'avois oubliée; je défendis à Babi de t'en parler, et je sais qu'elle m'a tenu parole. Vaine prudence que l'amour a déconcertée, et qui n'a fait que laisser fermenter un souvenir qu'il n'est plus temps d'effacer.

Il partit comme il l'avoit promis, et je lui fis jurer qu'il ne s'arrêteroit pas au voisinage. Mais, ma chère, ce n'est pas tout; il faut achever de te dire ce qu'aussi-bien tu ne pourrois ignorer long-temps. Milord Édouard passa deux jours après; il se pressa pour l'atteindre; il le joignit à Dijon, et le trouva malade. L'infortuné avoit gagné la petite-vérole : il m'avoit caché qu'il ne l'avoit point eue, et je te l'avois mené sans précaution. Ne pouvant guérir ton mal il le voulut partager. En me rappelant la manière dont il baisoit ta main, je ne puis douter qu'il ne se soit inoculé volontairement. On ne pouvoit être plus mal préparé; mais c'étoit l'inoculation de l'amour, elle fut heureuse. Ce père de la vie l'a conservée au plus tendre amant qui fut jamais : il est guéri; et, suivant la dernière lettre de milord Édouard, ils doivent être actuellement repartis pour Paris.

Voilà, trop aimable cousine, de quoi bannir les terreurs funèbres qui t'alarmoient sans sujet. Depuis long-temps tu as renoncé à la personne de ton ami, et sa vie est en sûreté. Ne songe donc qu'à conserver la tienne, et à t'acquitter de bonne grâce du sacrifice que ton cœur a promis à l'amour paternel. Cesse enfin d'être le jouet d'un vain espoir, et de te repaître de chimères. Tu te presses beaucoup d'être fière de ta laideur; sois plus humble, crois-moi, tu n'as encore que trop sujet de l'être. Tu as essuyé une cruelle atteinte, mais ton visage a été épargné. Ce que tu prends pour des cicatrices ne sont que des rougeurs qui seront bientôt effacées. Je fus plus maltraitée que cela, et cependant tu vois que je ne suis pas trop mal encore. Mon ange, tu resteras jolie en dépit de toi; et l'indifférent Wolmar, que trois ans d'absence n'ont pu guérir d'un amour conçu dans huit jours, s'en guérira-t-il en te voyant à toute heure! O! si ta seule ressource est de déplaire, que ton sort est désespéré!

LETTRE XV.

DE JULIE A SAINT-PREUX.

C'en est trop, c'en est trop. Ami, tu as vaincu. Je ne suis point à l'épreuve de tant d'amour; ma résistance est épuisée. J'ai fait usage de toutes mes forces, ma conscience m'en rend le consolant témoignage. Que le ciel ne me demande point compte du plus qu'il ne m'a donné. Ce triste cœur que tu achetas tant de fois, et qui coûta si cher au tien, t'appartient sans réserve; il fut à toi du premier moment où mes yeux te virent; il te restera jusqu'à mon dernier soupir. Tu l'as trop bien mérité pour le perdre, et je suis lasse de servir aux dépens de la justice une chimérique vertu.

Oui, tendre et généreux amant, ta Julie sera toujours tienne, elle t'aimera toujours : il le faut, je le veux, je le dois. Je te rends l'empire que l'amour t'a donné, il ne te sera plus ôté. C'est en vain qu'une voix mensongère murmure au fond de mon ame, elle ne m'abusera plus. Que sont les vains devoirs qu'elle m'oppose contre ceux d'aimer à jamais ce que le ciel m'a fait aimer? le plus sacré de tous n'est-il pas envers toi? n'est-ce pas à toi seul que j'ai tout promis? le premier vœu de mon cœur ne fut-il pas de ne t'oublier jamais? et ton inviolable fidélité n'est-elle pas un nouveau lien pour la mienne? Ah! dans le transport d'amour qui me rend à toi, mon seul regret est d'avoir combattu des sentiments si chers et si légitimes. Nature, ô douce nature! reprends tous tes droits; j'abjure les barbares vertus qui t'anéantissent. Les penchants que tu m'as donnés seront-ils plus trompeurs qu'une raison qui m'égara tant de fois?

Respecte ces tendres penchants, mon aimable ami; tu leur dois trop pour les haïr; mais souffres-en le cher et doux partage; souffre que les droits du sang et de l'amitié ne soient pas éteints par ceux de l'amour. Ne pense point que pour te suivre j'abandonne jamais la maison paternelle; n'espère point que je me refuse aux liens que m'impose une autorité sacrée: la cruelle perte de l'un des auteurs de mes jours m'a trop appris à craindre d'affliger l'autre. Non, celle dont il attend désormais toute sa consolation ne contristera point son ame accablée d'ennuis, je n'aurai point donné la mort à tout ce qui me donna la vie. Non, non; je connois mon crime et ne puis le haïr. Devoir, honneur, vertu, tout cela ne me dit plus rien; mais pourtant je ne suis point un monstre; je suis foible et non dénaturée. Mon parti est pris, je ne veux désoler aucun de ceux que j'aime. Qu'un père esclave de sa parole, et jaloux d'un vain titre, dispose de ma main qu'il a promise; que l'amour seul dispose de mon cœur; que mes pleurs ne cessent de couler dans le sein d'une tendre amie. Que je sois vile et malheureuse; mais que tout ce qui m'est cher soit heureux et content s'il est possible. Formez tous trois ma seule existence, et que votre bonheur me fasse oublier ma misère et mon désespoir.

LETTRE XVI.

RÉPONSE.

Nous renaissons, ma Julie; tous les vrais sentimens de nos ames reprennent leur cours. La nature nous a conservé l'être, et l'amour nous rend à la vie. En doutois-tu? l'osas-tu croire, de pouvoir m'ôter ton cœur? Va, je le connois mieux que toi, ce cœur que le ciel a fait pour le mien. Je les sens joints par une existence commune qu'ils ne peuvent perdre qu'à la mort. Dépend-il de nous de les séparer, ni même de le vouloir? tiennent-ils l'un à l'autre par des nœuds que les hommes aient formés et qu'ils puissent rompre? Non, non, Julie, si le sort cruel nous refuse le doux nom d'époux, rien ne peut nous ôter celui d'amants fidèles; il fera la consolation de nos tristes jours, et nous l'emporterons au tombeau.

Ainsi nous recommençons de vivre pour recommencer de souffrir, et le sentiment de notre existence n'est pour nous qu'un sentiment de douleur. Infortunés ! que sommes-nous devenus ? Comment avons-nous cessé d'être ce que nous fûmes ? Où est cet enchantement de bonheur suprême ? Où sont ces ravissements exquis dont les vertus animoient nos feux ? Il ne reste de nous que notre amour; l'amour seul reste, et ses charmes se sont éclipsés. Fille trop soumise, amante sans courage, tous nos maux nous viennent de tes erreurs. Hélas ! un cœur moins pur t'auroit bien moins égarée ! Oui, c'est l'honnêteté du tien qui nous perd; les sentiments droits qui le remplissent en ont chassé la sagesse. Tu as voulu concilier la tendresse filiale avec l'indomptable amour; en te livrant à la fois à tous tes penchants, tu les confonds au lieu de les accorder, et deviens coupable à force de vertus. O Julie, quel est ton inconcevable empire ! par quel étrange pouvoir tu fascines ma raison ! même en me faisant rougir de nos feux, tu te fais encore estimer par tes fautes; tu me forces de t'admirer en partageant tes remords... Des remords !... étoit-ce à toi d'en sentir ?... toi que j'aimai... toi que je ne puis cesser d'adorer... Le crime pourroit-il approcher de ton cœur?... Cruelle! en me le rendant ce cœur qui m'appartient, rends-le-moi tel qu'il me fut donné.

Que m'as-tu dit?... qu'oses-tu me faire entendre?... Toi passer dans les bras d'un autre?... un autre te posséder!... N'être plus à moi!... ou, pour comble d'horreur, n'être pas à moi seul! Moi, j'éprouverois cet affreux supplice! je te verrois survivre à toi-même!... Non; j'aime mieux te perdre que te partager... Que le ciel ne me donna-t-il un courage digne des transports qui m'agitent?... avant que ta main se fût avilie dans ce nœud funeste abhorré par l'amour et réprouvé par l'honneur, j'irois de la mienne te plonger un poignard dans le sein; j'épuiserois ton chaste cœur d'un sang que n'auroit point souillé l'infidélité. A ce pur sang je mêlerois celui qui brûle dans mes veines d'un feu que rien ne peut éteindre; je tomberois dans tes bras; je rendrois sur tes lèvres mon dernier soupir... je recevrois le tien... Julie expirante!... ces yeux si doux éteints par les horreurs de la mort! ce sein, ce trône de l'amour, déchiré par ma main, versant à gros bouillons le sang et la vie!... Non, vis et souffre, porte la peine de ma lâcheté. Non, je voudrois que tu ne fusses plus; mais je ne puis t'aimer assez pour te poignarder.

O si tu connoissois l'état de ce cœur serré de détresse! jamais il ne brûla d'un feu si sacré, jamais ton innocence et ta vertu ne lui furent si chères. Je suis amant, je sais aimer, je le sens; mais je ne suis qu'un homme, et il est au-dessus de la force humaine de renoncer à la suprême félicité. Une nuit, une seule nuit a changé pour jamais toute mon ame. Ote-moi ce dangereux souvenir, et je suis vertueux. Mais cette nuit fatale règne au fond de mon cœur et va couvrir de son ombre le reste de ma vie. Ah! Julie! objet adoré! s'il faut être à jamais misérables, encore une heure de bonheur et des regrets éternels.

Écoute celui qui t'aime. Pourquoi voudrions-nous être plus sages nous seuls que tout le reste des hommes, et suivre avec une simplicité d'enfants de chimériques vertus dont tout le monde parle et que personne ne pratique? Quoi! serons-nous meilleurs moralistes que ces foules de savants dont Londres et Paris sont peuplés, qui tous se raillent de la fidélité conjugale et regardent l'adultère comme un jeu! Les exemples n'en sont point scandaleux; il n'est pas même permis d'y trouver à redire; et tous les honnêtes gens se riroient ici de celui qui, par respect pour le mariage, résisteroit au penchant de son cœur. En effet, disent-ils, un tort qui n'est que dans l'opinion n'est-il pas nul quand il est secret? Quel mal reçoit un mari d'une infidélité qu'il ignore? de quelle complaisance une femme ne rachète-t-elle pas ses fautes[1]?

[1] Et où le bon Suisse avoit-il vu cela? Il y a long-temps que les

quelle douceur n'emploie-t-elle pas à guérir ou prévenir ses soupçons? Privé d'un bien imaginaire, il vit réellement plus heureux; et ce prétendu crime dont on fait tant de bruit n'est qu'un lien de plus dans la société.

A Dieu ne plaise, ô chère amie de mon cœur, que je veuille rassurer le tien par ces honteuses maximes! je les abhorre sans savoir les combattre, et ma conscience y répond mieux que ma raison. Non que je me fasse fort d'un courage que je hais, ni que je voulusse d'une vertu si coûteuse; mais je me crois moins coupable en me reprochant mes fautes qu'en m'efforçant de les justifier; et je regarde comme le comble du crime d'en vouloir ôter le remords.

Je ne sais ce que j'écris : je me sens l'âme dans un état affreux, pire que celui même où j'étois avant d'avoir reçu ta lettre. L'espoir que tu me rends est triste et sombre; il éteint cette lueur si pure qui nous guida tant de fois; tes attraits s'en ternissent et ne deviennent que plus touchants; je te vois tendre et malheureuse; mon cœur est inondé des pleurs qui coulent de tes yeux, et je

---

femmes galantes l'ont pris sur un plus haut ton. Elles commencent par établir fièrement leurs amants dans la maison; et si l'on daigne y souffrir le mari, c'est autant qu'il se comporte envers eux avec le respect qu'il leur doit. Une femme qui se cacheroit d'un mauvais commerce feroit croire qu'elle en a honte, et seroit déshonorée; pas une honnête femme ne voudroit la voir.

me reproche avec amertume un bonheur que je
ne puis plus goûter qu'aux dépens du tien.

Je sens pourtant qu'une ardeur secrète m'anime
encore et me rend le courage que veulent m'ôter
les remords. Chère amie, ah! sais-tu de combien
de pertes un amour pareil au mien peut te dédommager? Sais-tu jusqu'à quel point un amant qui
ne respire que pour toi peut te faire aimer la vie?
conçois-tu bien que c'est pour toi seule que je
veux vivre, agir, penser, sentir désormais? Non,
source délicieuse de mon être, je n'aurai plus
d'ame que ton ame, je ne serai plus rien qu'une
partie de toi-même, et tu trouveras au fond de
mon cœur une si douce existence que tu ne sentiras point ce que la tienne aura perdu de ses
charmes. Hé bien! nous serons coupables, mais
nous ne serons point méchants; nous serons coupables, mais nous aimerons toujours la vertu; loin
d'oser excuser nos fautes, nous en gémirons, nous
les pleurerons ensemble, nous les rachèterons,
s'il est possible, à force d'être bienfaisants et bons.
Julie! ô Julie! que ferois-tu? que peux-tu faire?
Tu ne peux échapper à mon cœur; n'a-t-il pas
épousé le tien?

Ces vains projets de fortune qui m'ont si grossièrement abusé sont oubliés depuis long-temps.
Je vais m'occuper uniquement des soins que je
dois à milord Édouard : il veut m'entraîner en
Angleterre; il prétend que je puis l'y servir. Hé

bien! je l'y suivrai : mais je me déroberai tous les ans ; je me rendrai secrètement près de toi. Si je ne puis te parler, au moins je t'aurai vue ; j'aurai du moins baisé tes pas ; un regard de tes yeux m'aura donné dix mois de vie. Forcé de repartir, en m'éloignant de celle que j'aime je compterai pour me consoler les pas qui doivent m'en rapprocher. Ces fréquents voyages donneront le change à ton malheureux amant ; il croira déjà jouir de ta vue en partant pour t'aller voir ; le souvenir de ses transports l'enchantera durant son retour ; malgré le sort cruel, ses tristes ans ne seront pas tout-à-fait perdus ; il n'y en aura point qui ne soient marqués par des plaisirs, et les courts moments qu'il passera près de toi se multiplieront sur sa vie entière.

LETTRE XVII.

DE MADAME D'ORBE A L'AMANT DE JULIE.

Votre amante n'est plus ; mais j'ai retrouvé mon amie, et vous en avez acquis une dont le cœur peut vous rendre beaucoup plus que vous n'avez perdu. Julie est mariée, et digne de rendre heureux l'honnête homme qui vient d'unir son sort au sien. Après tant d'imprudences, rendez grâces au ciel qui vous a sauvés tous deux, elle de l'ignominie, et vous du regret de l'avoir déshonorée. Respectez son nouvel état, ne lui écrivez point, elle vous en prie. Attendez qu'elle vous écrive; c'est ce qu'elle fera dans peu. Voici le temps où je vais connoître si vous méritez l'estime que j'eus pour vous, et si votre cœur est sensible à une amitié pure et sans intérêt.

~~~~~~

LETTRE XVIII.

DE JULIE A SON AMI.

Vous êtes depuis si long-temps le dépositaire de tous les secrets de mon cœur, qu'il ne sauroit plus perdre une si douce habitude. Dans la plus importante occasion de ma vie, il veut s'épancher avec vous : ouvrez-lui le vôtre, mon aimable ami; recueillez dans votre sein les longs discours de l'amitié : si quelquefois elle rend diffus l'ami qui parle, elle rend toujours patient l'ami qui écoute.

Liée au sort d'un époux, ou plutôt aux volontés d'un père par une chaîne indissoluble, j'entre dans une nouvelle carrière qui ne doit finir qu'à la mort. En la commençant, jetons un moment les yeux sur celle que je quitte; il ne nous sera pas pénible de rappeler un temps si cher : peut-être y trouverai-je des leçons pour bien user de celui qui me reste; peut-être y trouverez-vous des lumières pour expliquer ce que ma conduite eut toujours d'obscur à vos yeux. Au moins, en considérant ce que nous fûmes l'un à l'autre, nos cœurs n'en sentiront que mieux ce qu'ils se doivent jusqu'à la fin de nos jours.

Il y a six ans à peu près que je vous vis pour la première fois : vous étiez jeune, bien fait, aimable : d'autres jeunes gens m'ont paru plus beaux et mieux faits que vous; aucun ne m'a donné la moindre émotion, et mon cœur fut à vous dès la première vue [1]. Je crus voir sur votre visage les traits de l'ame qu'il falloit à la mienne. Il me sembla que mes sens ne servoient que d'organe à des sentiments plus nobles; et j'aimai dans vous moins ce que j'y voyois que ce que je croyois sentir en moi-même. Il n'y a pas deux mois que je pensois encore ne m'être pas trompée ; l'aveugle amour, me disois-je, avoit raison; nous étions faits l'un pour l'autre; je serois à lui si l'ordre humain n'eût troublé les rapports de la nature; et s'il étoit permis à quelqu'un d'être heureux, nous aurions dû l'être ensemble.

Mes sentiments nous furent communs : ils m'auroient abusée si je les eusse éprouvés seule. L'a-

---

[1] M. Richardson se moque beaucoup de ces attachements nés de la première vue, et fondés sur des conformités indéfinissables. C'est fort bien fait de s'en moquer ; mais comme il n'en existe pourtant que trop de cette espèce, au lieu de s'amuser à les nier, ne feroit-on pas mieux de nous apprendre à les vaincre?

mour que j'ai connu ne peut naître que d'une convenance réciproque et d'un accord des ames. On n'aime point si l'on n'est aimé, du moins on n'aime pas long-temps. Ces passions sans retour qui font, dit-on, tant de malheureux, ne sont fondées que sur les sens : si quelques unes pénètrent jusqu'à l'ame, c'est par des rapports faux dont on est bientôt détrompé. L'amour sensuel ne peut se passer de la possession, et s'éteint par elle. Le véritable amour ne peut se passer du cœur, et dure autant que les rapports qui l'ont fait naître¹. Tel fut le nôtre en commençant : tel il sera, j'espère, jusqu'à la fin de nos jours, quand nous l'aurons mieux ordonné. Je vis, je sentis que j'étois aimée et que je devois l'être : la bouche étoit muette, le regard étoit contraint, mais le cœur se faisoit entendre. Nous éprouvâmes bientôt entre nous ce je ne sais quoi qui rend le silence éloquent, qui fait parler des yeux baissés, qui donne une timidité téméraire, qui montre les désirs par la crainte, et dit tout ce qu'il n'ose exprimer.

Je sentis mon cœur, et me jugeai perdue à votre premier mot. J'aperçus la gêne de votre réserve; j'approuvai ce respect, je vous en aimai davantage : je cherchois à vous dédommager d'un silence pénible et nécessaire sans qu'il en coûtât à mon innocence ; je forçai mon naturel ; j'imitai

---

¹ Quand ces rapports sont chimériques, il dure autant que l'illusion qui nous les fait imaginer.

ma cousine, je devins badine et folâtre comme elle, pour prévenir des explications trop graves et faire passer mille tendres caresses à la faveur de ce feint enjouement. Je voulois vous rendre si doux votre état présent, que la crainte d'en changer augmentât votre retenue. Tout cela me réussit mal : on ne sort point de son naturel impunément. Insensée que j'étois! j'accélérai ma perte au lieu de la prévenir, j'employai du poison pour palliatif; et ce qui devoit vous faire taire fut précisément ce qui vous fit parler. J'eus beau, par une froideur affectée, vous tenir éloigné dans le tête-à-tête, cette contrainte même me trahit : vous écrivîtes; au lieu de jeter au feu votre première lettre ou de la porter à ma mère, j'osai l'ouvrir : ce fut là mon crime, et tout le reste fut forcé. Je voulus m'empêcher de répondre à ces lettres funestes que je ne pouvois m'empêcher de lire. Cet affreux combat altéra ma santé : je vis l'abîme où j'allois me précipiter; j'eus horreur de moi-même, et ne pus me résoudre à vous laisser partir. Je tombai dans une sorte de désespoir; j'aurois mieux aimé que vous ne fussiez plus que de n'être point à moi : j'en vins jusqu'à souhaiter votre mort, jusqu'à vous la demander. Le ciel a vu mon cœur : cet effort doit racheter quelques fautes.

Vous voyant prêt à m'obéir, il fallut parler. J'avois reçu de la Chaillot des leçons qui ne me firent que mieux connoître les dangers de cet aveu. L'amour qui me l'arrachoit m'apprit à en éluder l'effet: Vous fûtes mon dernier refuge ; j'eus assez de confiance en vous pour vous armer contre ma foiblesse ; je vous crus digne de me sauver de moi-même, et je vous rendis justice. En vous voyant respecter un dépôt si cher, je connus que ma passion ne m'aveugloit point sur les vertus qu'elle me faisoit trouver en vous. Je m'y livrois avec d'autant plus de sécurité, qu'il me sembla que nos cœurs se suffisoient l'un à l'autre. Sûre de ne trouver au fond du mien que des sentimens honnêtes, je goûtois sans précaution les charmes d'une douce familiarité. Hélas! je ne voyois pas que le mal s'invétéroit par ma négligence, et que l'habitude étoit plus dangereuse que l'amour. Touchée de votre retenue, je crus pouvoir sans risque modérer la mienne ; dans l'innocence de mes désirs, je pensois encourager en vous la vertu même par les tendres caresses de l'amitié. J'appris dans le bosquet de Clarens que j'avois trop compté sur moi, et qu'il ne faut rien accorder aux sens quand on veut leur refuser quelque chose. Un instant, un seul instant embrasa les miens d'un feu que rien ne put éteindre ; et si ma volonté résistoit encore, dès-lors mon cœur fut corrompu.

Vous partagiez mon égarement : votre lettre me fit trembler. Le péril étoit double : pour me garantir de vous et de moi il fallut vous éloigner.

Ce fut le dernier effort d'une vertu mourante. En fuyant, vous achevâtes de vaincre ; et sitôt que je ne vous vis plus, ma langueur m'ôta le peu de force qui me restoit pour vous résister.

Mon père, en quittant le service, avoit amené chez lui M. de Wolmar ; la vie qu'il lui devoit, et une liaison de vingt ans, lui rendoit cet ami si cher, qu'il ne pouvoit se séparer de lui. M. de Wolmar avançoit en âge ; et, quoique riche et de grande naissance, il ne trouvoit point de femme qui lui convînt. Mon père lui avoit parlé de sa fille en homme qui souhaitoit de se faire un gendre de son ami : il fut question de la voir, et c'est dans ce dessein qu'ils firent le voyage ensemble. Mon destin voulut que je plusse à M. de Wolmar, qui n'avoit jamais rien aimé. Ils se donnèrent secrètement leur parole ; et M. de Wolmar ayant beaucoup d'affaires à régler dans une cour du Nord où étoient sa famille et sa fortune, il en demanda le temps, et partit sur cet engagement mutuel. Après son départ, mon père nous déclara, à ma mère et à moi, qu'il me l'avoit destiné pour époux, et m'ordonna d'un ton qui ne laissoit point de réplique à ma timidité de me disposer à recevoir sa main. Ma mère, qui n'avoit que trop remarqué le penchant de mon cœur, et qui se sentoit pour vous une inclination naturelle, essaya plusieurs fois d'ébranler cette résolution : sans oser vous proposer, elle parloit de manière à donner à mon père de la considération pour vous, et le désir de vous connoître : mais la qualité qui vous manquoit le rendit insensible à toutes celles que vous possédiez ; et s'il convenoit que la naissance ne les pouvoit remplacer, il prétendoit qu'elle seule pouvoit les faire valoir.

L'impossibilité d'être heureuse irrita des feux qu'elle eût dû éteindre. Une flatteuse illusion me soutenoit dans mes peines ; je perdis avec elle la force de les supporter. Tant qu'il me fût resté quelque espoir d'être à vous, peut-être aurois-je triomphé de moi ; et il m'en eût moins coûté de vous résister toute ma vie que de renoncer à vous pour jamais ; et la seule idée d'un combat éternel m'ôta le courage de vaincre.

La tristesse et l'amour consumoient mon cœur ; je tombai dans un abattement dont mes lettres se sentirent. Celle que vous m'écrivîtes de Meillerie y mit le comble ; à mes propres douleurs se joignit le sentiment de votre désespoir. Hélas ! c'est toujours l'ame la plus foible qui porte les peines de toutes deux. Le parti que vous m'osiez proposer mit le comble à mes perplexités. L'infortune de mes jours étoit assurée, l'inévitable choix qui me restoit à faire étoit d'y joindre celle de mes parents ou la vôtre. Je ne pus supporter cette horrible alternative : les forces de la nature ont un terme ; tant d'agitations épuisèrent les miennes. Je souhaitai d'être délivrée de la vie. Le ciel parut avoir pitié de moi; mais la cruelle mort m'épargna pour me perdre. Je vous vis, je fus guérie, et je péris.

Si je ne trouvai point le bonheur dans mes fautes, je n'avois jamais espéré l'y trouver. Je sentois que mon cœur étoit fait pour la vertu, et qu'il ne pouvoit être heureux sans elle; je succombai par foiblesse et non par erreur; je n'eus pas même l'excuse de l'aveuglement. Il ne me restoit aucun espoir; je ne pouvois plus qu'être infortunée. L'innocence et l'amour m'étoient également nécessaires; ne pouvant les conserver ensemble, et voyant votre égarement, je ne consultai que vous dans mon choix, et me perdis pour vous sauver.

Mais il n'est pas si facile qu'on pense de renoncer à la vertu : elle tourmente long-temps ceux qui l'abandonnent, et ses charmes, qui font les délices des ames pures, font le premier supplice du méchant, qui les aime encore et n'en sauroit plus jouir. Coupable et non dépravée, je ne pus échapper aux remords qui m'attendoient; l'honnêteté me fut chère, même après l'avoir perdue; ma honte, pour être secrète, ne m'en fut pas moins amère, et quand tout l'univers en eût été témoin, je ne l'aurois pas mieux sentie. Je me consolois dans ma douleur comme un blessé qui craint la gangrène, et en qui le sentiment de son mal soutient l'espoir d'en guérir.

Cependant cet état d'opprobre m'étoit odieux. A force de vouloir étouffer le reproche sans renoncer au crime, il m'arriva ce qu'il arrive à toute ame honnête qui s'égare et qui se plaît dans son égarement. Une illusion nouvelle vint adoucir l'amertume du repentir; j'espérai tirer de ma faute un moyen de la réparer, et j'osai former le projet de contraindre mon père à nous unir. Le premier fruit de notre amour devoit serrer ce doux lien ; je le demandois au ciel comme le gage de mon retour à la vertu et de notre bonheur commun ; je le désirois comme une autre à ma place auroit pu le craindre : le tendre amour, tempérant par son prestige le murmure de la conscience, me consoloit de ma foiblesse par l'effet que j'en attendois, et faisoit d'une si chère attente le charme et l'espoir de ma vie.

Sitôt que j'aurois porté des marques sensibles de mon état, j'avois résolu d'en faire, en présence de toute ma famille, une déclaration publique à M. Perret[1]. Je suis timide, il est vrai ; je sentois tout ce qu'il m'en devoit coûter ; mais l'honneur même animoit mon courage, et j'aimois mieux supporter une fois la confusion que j'avois méritée, que de nourrir une honte éternelle au fond de mon cœur. Je savois que mon père me donneroit la mort ou mon amant : cette alternative n'avoit rien d'effrayant pour moi ; et, de manière ou d'autre, j'envisageois dans cette démarche la fin de tous mes malheurs.

[1] Pasteur du lieu.

Tel étoit, mon bon ami, le mystère que je voulus vous dérober, et que vous cherchiez à pénétrer avec une si curieuse inquiétude. Mille raisons me forçoient à cette réserve avec un homme aussi emporté que vous, sans compter qu'il ne falloit pas armer d'un nouveau prétexte votre indiscrète importunité. Il étoit à propos surtout de vous éloigner durant une si périlleuse scène, et je savois bien que vous n'auriez jamais consenti à m'abandonner dans un danger pareil s'il vous eût été connu.

Hélas! je fus encore abusée par une si douce espérance. Le ciel rejeta des projets conçus dans le crime : je ne méritois pas l'honneur d'être mère; mon attente sera toujours vaine, et il me fut refusé d'expier ma faute aux dépens de ma réputation. Dans le désespoir que j'en conçus, l'imprudent rendez-vous qui mettoit votre vie en danger fut une témérité que mon fol amour me voiloit d'une si douce excuse : je m'en prenois à moi du mauvais succès de mes vœux, et mon cœur, abusé par ses désirs, ne voyoit dans l'ardeur de les contenter que le soin de les rendre un jour légitimes.

Je les crus un instant accomplis : cette erreur fut la source du plus cuisant de mes regrets; et l'amour exaucé par la nature n'en fut que plus cruellement trahi par la destinée. Vous avez su[1] quel accident détruisit, avec le germe que je por-

---

[1] Ceci suppose d'autres lettres que nous n'avons pas.

tois dans mon sein, le dernier fondement de mes espérances. Ce malheur m'arriva précisément dans le temps de notre séparation, comme si le ciel eût voulu m'accabler alors de tous les maux que j'avois mérités, et couper à la fois tous les liens qui pouvoient nous unir.

Votre départ fut la fin de mes erreurs ainsi que de mes plaisirs; je reconnus, mais trop tard, les chimères qui m'avoient abusée. Je me vis aussi méprisable que je l'étois devenue, et aussi malheureuse que je devois toujours l'être avec un amour sans innocence et des désirs sans espoir qu'il m'étoit impossible d'éteindre. Tourmentée de mille vains regrets, je renonçai à des réflexions aussi douloureuses qu'inutiles; je ne valois plus la peine que je songeasse à moi-même, je consacrai ma vie à m'occuper de vous. Je n'avois plus d'honneur que le vôtre, plus d'espérance qu'en votre bonheur; et les sentiments qui me venoient de vous étoient les seuls dont je crusse pouvoir être encore émue.

L'amour ne m'aveugloit point sur vos défauts, mais il me les rendoit chers; et telle étoit son illusion, que je vous aurois moins aimé si vous aviez été plus parfait. Je connoissois votre cœur, vos emportements; je savois qu'avec plus de courage que moi vous aviez moins de patience, et que les maux dont mon ame étoit accablée mettroient la vôtre au désespoir; c'est par cette raison que je vous cachai toujours avec soin les engagements de mon père; et, à notre séparation, voulant profiter du zèle de milord Édouard pour votre fortune et vous en inspirer un pareil à vous-même, je vous flattai d'un espoir que je n'avois pas. Je fis plus; connoissant le danger qui nous menaçoit, je pris la seule précaution qui pouvoit nous en garantir; et, vous engageant avec ma parole ma liberté autant qu'il m'étoit possible, je tâchai d'inspirer à vous de la confiance, à moi de la fermeté, par une promesse que je n'osasse enfreindre et qui pût vous tranquilliser. C'étoit un devoir puéril, j'en conviens, et cependant je ne m'en serois jamais départie. La vertu est si nécessaire à nos cœurs, que, quand on a une fois abandonné la véritable, on s'en fait ensuite une à sa mode, et l'on y tient plus fortement peut-être, parce qu'elle est de notre choix.

Je ne vous dirai point combien j'éprouvai d'agitations depuis votre éloignement. La pire de toutes étoit la crainte d'être oubliée. Le séjour où vous étiez me faisoit trembler; votre manière d'y vivre augmentoit mon effroi; je croyois déjà vous voir avilir jusqu'à n'être plus qu'un homme à bonnes fortunes. Cette ignominie m'étoit plus cruelle que tous mes maux; j'aurois mieux aimé vous savoir malheureux que méprisable; après tant de peines auxquelles j'étois accoutumée, votre déshonneur étoit la seule que je ne pouvois supporter.

Je fus rassurée sur des craintes que le ton de vos lettres commençoit à confirmer ; et je le fus par un moyen qui eût pu mettre le comble aux alarmes d'une autre. Je parle du désordre où vous vous laissâtes entraîner, et dont le prompt et libre aveu fut de toutes les preuves de votre franchise celle qui m'a le plus touchée. Je vous connoissois trop pour ignorer ce qu'un pareil aveu devoit vous coûter, quand même j'aurois cessé de vous être chère ; je vis que l'amour, vainqueur de la honte, avoit pu seul vous l'arracher. Je jugeai qu'un cœur si sincère étoit incapable d'une infidélité cachée ; je trouvai moins de tort dans votre faute que de mérite à la confesser, et, me rappelant vos anciens engagements, je me guéris pour jamais de la jalousie.

Mon ami, je n'en fus pas plus heureuse ; pour un tourment de moins, sans cesse il en renaissoit mille autres, et je ne connus jamais mieux combien il est insensé de chercher dans l'égarement de son cœur un repos qu'on ne trouve que dans la sagesse. Depuis long-temps je pleurois en secret la meilleure des mères, qu'une langueur mortelle consumoit insensiblement. Babi, à qui le fatal effet de ma chute m'avoit forcée à me confier, me trahit et lui découvrit nos amours et mes fautes. A peine eus-je retiré vos lettres de chez ma cousine, qu'elles furent surprises. Le témoignage étoit convaincant ; la tristesse acheva d'ôter à ma mère le peu de forces que son mal lui avoit laissées. Je faillis expirer de regret à ses pieds. Loin de m'exposer à la mort que je méritois, elle voila ma honte, et se contenta d'en gémir : vous-même, qui l'aviez si cruellement abusée, ne pûtes lui devenir odieux. Je fus témoin de l'effet que produisit votre lettre sur son cœur tendre et compatissant. Hélas! elle désiroit votre bonheur et le mien. Elle tenta plus d'une fois.... Que sert de rappeler une espérance à jamais éteinte? Le ciel en avoit autrement ordonné. Elle finit ses tristes jours dans la douleur de n'avoir pu fléchir un époux sévère, et de laisser une fille si peu digne d'elle.

Accablée d'une si cruelle perte, mon ame n'eut plus de force que pour la sentir; la voix de la nature gémissante étouffa les murmures de l'amour. Je pris dans une espèce d'horreur la cause de tant de maux; je voulus étouffer enfin l'odieuse passion qui me les avoit attirés, et renoncer à vous pour jamais. Il le falloit, sans doute ; n'avois-je pas assez de quoi pleurer le reste de ma vie, sans chercher incessamment de nouveaux sujets de larmes? Tout sembloit favoriser ma résolution. Si la tristesse attendrit l'ame, une profonde affliction l'endurcit. Le souvenir de ma mère mourante effaçoit le vôtre; nous étions éloignés; l'espoir m'avoit abandonnée. Jamais mon incomparable amie ne fut si sublime ni si digne d'occuper seule tout mon cœur; sa vertu, sa raison, son amitié, ses tendres caresses, sembloient l'avoir purifié : je vous crus oublié, je me crus guérie. Il étoit trop tard; ce que j'avois pris pour la froideur d'un amour éteint n'étoit que l'abattement du désespoir.

Comme un malade qui cesse de souffrir en tombant en foiblesse, se ranime à de plus vives douleurs, je sentis bientôt renaître toutes les miennes quand mon père m'eut annoncé le prochain retour de M. de Wolmar. Ce fut alors que l'invincible amour me rendit des forces que je croyois n'avoir plus. Pour la première fois de ma vie j'osai résister en face à mon père; je lui protestai nettement que jamais M. de Wolmar ne me seroit rien, que j'étois déterminée à mourir fille, qu'il étoit maître de ma vie, mais non pas de mon cœur, et que rien ne me feroit changer de volonté. Je ne vous parlerai ni de sa colère ni des traitements que j'eus à souffrir. Je fus inébranlable : ma timidité surmontée m'avoit portée à l'autre extrémité; et si j'avois le ton moins impérieux que mon père, je l'avois tout aussi résolu.

Il vit que j'avois pris mon parti, et qu'il ne gagneroit rien sur moi par autorité. Un instant je me crus délivrée de ses persécutions; mais que devins-je quand tout à coup je vis à mes pieds le plus tendre des pères attendri et fondant en larmes ? Sans me permettre de me lever il me serroit les genoux, et, fixant ses yeux mouillés sur les miens, il me dit d'une voix touchante que j'entends encore au dedans de moi : Ma fille, respecte les cheveux blancs de ton malheureux père; ne le fais pas descendre avec douleur au tombeau, comme celle qui te porta dans son sein : ah! veux-tu donner la mort à toute ta famille ?

Concevez mon saisissement. Cette attitude, ce ton, ce geste, ce discours, cette affreuse idée, me bouleversèrent au point que je me laissai aller demi-morte entre ses bras, et ce ne fut qu'après bien des sanglots dont j'étois oppressée que je pus lui répondre d'une voix altérée et foible : O mon père ! j'avois des armes contre vos menaces, je n'en ai point contre vos pleurs; c'est vous qui ferez mourir votre fille.

Nous étions tous deux tellement agités que nous ne pûmes de long-temps nous remettre. Cependant, en repassant en moi-même ses derniers mots, je conçus qu'il étoit plus instruit que je n'avois cru, et, résolue de me prévaloir contre lui de ses propres connoissances, je me préparois à lui faire, au péril de ma vie, un aveu trop long-temps différé, quand, m'arrêtant avec vivacité comme s'il eût prévu et craint ce que j'allois lui dire, il me parla ainsi :

« Je sais quelle fantaisie indigne d'une fille bien
« née vous nourrissez au fond de votre cœur : il
« est temps de sacrifier au devoir et à l'honnêteté
« une passion honteuse qui vous déshonore et que

« vous ne satisferez jamais qu'aux dépens de ma vie.
« Écoutez une fois ce que l'honneur d'un père et
« le vôtre exigent de vous, et jugez-vous vous-
« même.

« M. de Wolmar est un homme d'une grande
« naissance, distingué par toutes les qualités qui
« peuvent la soutenir, qui jouit de la considéra-
« tion publique, et qui la mérite. Je lui dois la
« vie; vous savez les engagements que j'ai pris avec
« lui. Ce qu'il faut vous apprendre encore, c'est
« qu'étant allé dans son pays pour mettre ordre à
« ses affaires, il s'est trouvé enveloppé dans la der-
« nière révolution, qu'il y a perdu ses biens, qu'il
« n'a lui-même échappé à l'exil en Sibérie que par
« un bonheur singulier; et qu'il revient avec le
« triste débris de sa fortune, sur la parole de son
« ami qui n'en manqua jamais à personne. Pres-
« crivez-moi maintenant la réception qu'il faut lui
« faire à son retour. Lui dirai-je : Monsieur, je
« vous promis ma fille tandis que vous étiez riche;
« mais à présent que vous n'avez plus rien, je me
« rétracte, et ma fille ne veut point de vous? Si ce
« n'est pas ainsi que j'énonce mon refus, c'est ainsi
« qu'on l'interprétera : vos amours allégués seront
« pris pour un prétexte, ou ne seront pour moi
« qu'un affront de plus; et nous passerons, vous
« pour une fille perdue, moi pour un malhonnête
« homme qui sacrifie son devoir et sa foi à un vil
« intérêt, et joint l'ingratitude à l'infidélité. Ma

« fille, il est trop tard pour finir dans l'opprobre
« une vie sans tache, et soixante ans d'honneur
« ne s'abandonnent pas en un quart d'heure.

« Voyez donc, continua-t-il, combien tout ce
« que vous pouvez me dire est à présent hors de
« propos; voyez si des préférences que la pudeur
« désavoue, et quelque feu passager de jeunesse,
« peuvent jamais être mis en balance avec le devoir
« d'une fille et l'honneur compromis d'un père.
« S'il n'étoit question pour l'un des deux que d'im-
« moler son bonheur à l'autre, ma tendresse vous
« disputeroit un si doux sacrifice : mais, mon en-
« fant, l'honneur a parlé, et dans le sang dont tu
« sors, c'est toujours lui qui décide. »

Je ne manquois pas de bonnes réponses à ce discours; mais les préjugés de mon père lui donnent des principes si différents des miens, que des raisons qui me sembloient sans réplique ne l'auroient pas même ébranlé. D'ailleurs, ne sachant ni d'où lui venoient les lumières qu'il paroissoit avoir acquises sur ma conduite, ni jusqu'où elles pouvoient aller, craignant, à son affectation de m'interrompre, qu'il n'eût déjà pris son parti sur ce que j'avois à lui dire, et, plus que tout cela, retenue par une honte que je n'ai jamais pu vaincre, j'aimai mieux employer une excuse qui me parut plus sûre, parce qu'elle étoit plus selon sa manière de penser. Je lui déclarai sans détour l'engagement que j'avois pris avec vous; je protestai que je ne vous manquerois point de parole, et que, quoi qu'il pût arriver, je ne me marierois jamais sans votre consentement.

En effet, je m'aperçus avec joie que mon scrupule ne lui déplaisoit pas : il me fit de vifs reproches sur ma promesse, mais il n'y objecta rien ; tant un gentilhomme plein d'honneur a naturellement une haute idée de la foi des engagements, et regarde la parole comme une chose toujours sacrée. Au lieu donc de s'amuser à disputer sur la nullité de cette promesse, dont je ne serois jamais convenue, il m'obligea d'écrire un billet, auquel il joignit une lettre qu'il fit partir sur-le-champ. Avec quelle agitation n'attendis-je point votre réponse! combien je fis de vœux pour vous trouver moins de délicatesse que vous ne deviez en avoir! Mais je vous connoissois trop pour douter de votre obéissance, et je savois que, plus le sacrifice exigé vous seroit pénible, plus vous seriez prompt à vous l'imposer. La réponse vint; elle me fut cachée durant ma maladie : après mon rétablissement mes craintes furent confirmées, et il ne me resta plus d'excuses. Au moins mon père me déclara qu'il n'en recevroit plus; et avec l'ascendant que le terrible mot qu'il m'avoit dit lui donnoit sur mes volontés, il me fit jurer que je ne dirois rien à M. de Wolmar qui pût le détourner de m'épouser : car, ajouta-t-il, cela lui paraîtroit un jeu concerté entre nous, et, à quelque prix que ce soit, il faut que ce mariage s'achève, ou que je meure de douleur.

Vous le savez, mon ami; ma santé, si robuste contre la fatigue et les injures de l'air, ne peut résister aux intempéries des passions; et c'est dans mon trop sensible cœur qu'est la source de tous les maux et de mon corps et de mon ame. Soit que de longs chagrins eussent corrompu mon sang, soit que la nature eût pris ce temps pour l'épurer d'un levain funeste, je me sentis fort incommodée à la fin de cet entretien. En sortant de la chambre de mon père je m'efforçai pour vous écrire un mot, et me trouvai si mal, qu'en me mettant au lit j'espérai ne m'en plus relever. Tout le reste vous est trop connu; mon imprudence attira la vôtre. Vous vîntes; je vous vis, et crus n'avoir fait qu'un de ces rêves qui vous offroient si souvent à moi durant mon délire. Mais quand j'appris que vous étiez venu, que je vous avois vu réellement, et que, voulant partager le mal dont vous ne pouviez me guérir, vous l'aviez pris à dessein, je ne pus supporter cette dernière épreuve; et voyant un si tendre amour survivre à l'espérance, le mien, que j'avois pris tant de peine à contenir, ne connut plus de frein, et se ranima bientôt avec plus d'ardeur que jamais. Je vis qu'il falloit aimer malgré moi, je sentis qu'il falloit être coupable; que je ne pouvois résister ni à mon père ni à mon amant, et que je n'accorderois jamais les droits de l'amour et du sang qu'aux dépens de l'honnêteté. Ainsi tous mes bons sentiments achevèrent de s'éteindre, toutes mes facultés s'altérèrent, le crime perdit son horreur à mes yeux, je me sentis tout autre au dedans de moi; enfin les transports effrénés d'une passion rendue furieuse par les obstacles, me jetèrent dans le plus affreux désespoir qui puisse accabler une ame; j'osai désespérer de la vertu. Votre lettre, plus propre à réveiller les remords qu'à les prévenir, acheva de m'égarer. Mon cœur étoit si corrompu, que ma raison ne put résister aux discours de vos philosophes; les horreurs dont l'idée n'avoit jamais souillé mon esprit osèrent s'y présenter. La volonté les combattoit encore, mais l'imagination s'accoutumoit à les voir; et si je ne portois pas d'avance le crime au fond de mon cœur, je n'y portois plus ces résolutions généreuses qui seules peuvent lui résister.

J'ai peine à poursuivre : arrêtons un moment. Rappelez-vous ces temps de bonheur et d'innonence où ce feu si vif et si doux dont nous étions animés épuroit tous nos sentiments, où sa sainte ardeur¹ nous rendoit la pudeur plus chère et l'honnêteté plus aimable, où les désirs mêmes ne sembloient naître que pour nous donner l'honneur de les vaincre et d'en être plus dignes l'un de l'autre. Relisez nos premières lettres, songez à ces mo-

---

¹ Sainte ardeur! Julie, ah! Julie, quel mot pour une femme aussi bien guérie que vous croyez l'être!

ments si courts et trop peu goûtés où l'amour se paroit à nos yeux de tous les charmes de la vertu, et où nous nous aimions trop pour former entre nous des liens désavoués par elle.

Qu'étions-nous? et que sommes-nous devenus? Deux tendres amants passèrent ensemble une année entière dans le plus rigoureux silence : leurs soupirs n'osoient s'exhaler, mais leurs cœurs s'entendoient: ils croyoient souffrir, et ils étoient heureux. A force de s'entendre ils se parlèrent; mais, contents de savoir triompher d'eux-mêmes et de s'en rendre mutuellement l'honorable témoignage, ils passèrent une autre année dans une réserve non moins sévère ; ils se disoient leurs peines, et ils étoient heureux. Ces longs combats furent mal soutenus ; un instant de foiblesse les égara ; ils s'oublièrent dans les plaisirs : mais s'ils cessèrent d'être chastes, au moins ils étoient fidèles, au moins le ciel et la nature autorisoient les nœuds qu'ils avoient formés, au moins la vertu leur étoit toujours chère , ils l'aimoient encore et la savoient encore honorer; ils s'étoient moins corrompus qu'avilis. Moins dignes d'être heureux, ils l'étoient pourtant encore.

Que font maintenant ces amants si tendres, qui brûloient d'une flamme si pure, qui sentoient si bien le prix de l'honnêteté ? Qui l'apprendra sans gémir sur eux ? Les voilà livrés au crime ; l'idée même de souiller le lit conjugal ne leur fait plus d'horreur... Ils méditent des adultères ! Quoi ! sont-ils bien les mêmes ? leurs ames n'ont-elles point changé ? Comment cette ravissante image que le méchant n'aperçut jamais peut-elle s'effacer des cœurs où elle a brillé ? comment l'attrait de la vertu ne dégoûte-t-il pas pour toujours du vice ceux qui l'ont une fois connue ? combien de siècles ont pu produire ce changement étrange ? quelle longueur de temps put détruire un si charmant souvenir, et faire perdre le vrai sentiment du bonheur à qui l'a pu savourer une fois ? Ah ! si le premier désordre est pénible et lent, que tous les autres sont prompts et faciles ! Prestige des passions, tu fascines ainsi la raison, tu trompes la sagesse et changes la nature avant qu'on s'en aperçoive ! On s'égare un seul moment de la vie, on se détourne d'un seul pas de la droite route ; aussitôt une pente inévitable nous entraîne et nous perd ; on tombe enfin dans le gouffre, et l'on se réveille épouvanté de se trouver couvert de crimes avec un cœur né pour la vertu. Mon bon ami, laissons retomber ce voile : avons-nous besoin de voir le précipice affreux qu'il nous cache pour éviter d'en approcher ? Je reprends mon récit.

M. de Wolmar arriva, et ne se rebuta pas du changement de mon visage. Mon père ne me laissa pas respirer. Le deuil de ma mère alloit finir, et ma douleur étoit à l'épreuve du temps. Je ne pouvois alléguer ni l'un ni l'autre pour éluder ma promesse : il fallut l'accomplir. Le jour qui devoit m'ôter pour jamais à vous et à moi me parut le dernier de ma vie. J'aurois vu les apprêts de ma sépulture avec moins d'effroi que ceux de mon mariage. Plus j'approchois du moment fatal, moins je pouvois déraciner de mon cœur mes premières affections; elles s'irritoient par mes efforts pour les éteindre. Enfin, je me lassai de combattre inutilement. Dans l'instant même où j'étois prête à jurer à un autre une éternelle fidélité, mon cœur vous juroit encore un amour éternel, et je fus menée au temple comme une victime impure qui souille le sacrifice où l'on va l'immoler.

Arrivée à l'église, je sentis en entrant une sorte d'émotion que je n'avois jamais éprouvée. Je ne sais quelle terreur vint saisir mon ame dans ce lieu simple et auguste, tout rempli de la majesté de celui qu'on y sert. Une frayeur soudaine me fit frissonner; tremblante et prête à tomber en défaillance, j'eus peine à me traîner jusqu'au pied de la chaire. Loin de me remettre, je sentis mon trouble augmenter durant la cérémonie; et s'il me laissoit apercevoir les objets, c'étoit pour en être épouvantée. Le jour sombre de l'édifice, le profond silence des spectateurs, leur maintien modeste et recueilli, le cortége de tous mes parents, l'imposant aspect de mon vénéré père, tout donnoit à ce qui s'alloit passer un air de solennité qui m'excitoit à l'attention et au respect, et qui m'eût fait frémir à la seule idée d'un parjure. Je crus voir l'organe de la Providence et entendre la voix de Dieu dans le ministre prononçant gravement la sainte liturgie. La pureté, la dignité, la sainteté du mariage, si vivement exposées dans les paroles de l'Écriture, ses chastes et sublimes devoirs si importants au bonheur, à l'ordre, à la paix, à la durée du genre humain, si doux à remplir pour eux-mêmes; tout cela me fit une telle impression, que je crus sentir intérieurement une révolution subite. Une puissance inconnue sembla corriger tout à coup le désordre de mes affections, et les rétablir selon la loi du devoir et de la nature. L'œil éternel qui voit tout, disois-je en moi-même, lit maintenant au fond de mon cœur; il compare ma volonté cachée à la réponse de ma bouche : le ciel et la terre sont témoins de l'engagement sacré que je prends; ils le seront encore de ma fidélité à l'observer. Quel droit peut respecter parmi les hommes quiconque ose violer le premier de tous?

Un coup d'œil jeté par hasard sur monsieur et madame d'Orbe, que je vis à côté l'un de l'autre en fixant sur moi des yeux attendris, m'émut plus puissamment encore que n'avoient fait tous les autres objets. Aimable et vertueux couple, pour moins connoître l'amour en êtes-vous moins unis? Le devoir et l'honnêteté vous lient : tendres amis, époux fidèles, sans brûler de ce feu dévorant qui consume l'ame, vous vous aimez d'un sentiment pur et doux qui la nourrit, que la sagesse autorise, et que la raison dirige; vous n'en êtes que plus solidement heureux. Ah! puissé-je dans un lien pareil recouvrer la même innocence et jouir du même bonheur! Si je ne l'ai pas mérité comme vous, je m'en rendrai digne à votre exemple. Ces sentiments réveillèrent mon espérance et mon courage. J'envisageai le saint nœud que j'allois former comme un nouvel état qui devoit purifier mon ame et la rendre à tous ses devoirs. Quand le pasteur me demanda si je promettois obéissance et fidélité parfaite à celui que j'acceptois pour époux, ma bouche et mon cœur le promirent. Je le tiendrai jusqu'à la mort.

De retour au logis, je soupirois après une heure de solitude et de recueillement. Je l'obtins, non sans peine; et quelque empressement que j'eusse d'en profiter, je ne m'examinai d'abord qu'avec répugnance, craignant de n'avoir éprouvé qu'une fermentation passagère en changeant de condition, et de me retrouver aussi peu digne épouse que j'avois été fille peu sage. L'épreuve étoit sûre, mais dangereuse : je commençai par songer à vous. Je me rendois le témoignage que nul tendre souvenir n'avoit profané l'engagement solennel que je venois de prendre. Je ne pouvois concevoir par quel prodige votre opiniâtre image m'avoit pu laisser si long-temps en paix avec tant de sujets de me la rappeler : je me serois défiée de l'indifférence et de l'oubli comme d'un état trompeur qui m'étoit trop peu naturel pour être durable. Cette illusion n'étoit guère à craindre : je sentis que je vous aimois autant et plus peut-être que je n'avois jamais fait; mais je le sentis sans rougir. Je vis que je n'avois pas besoin, pour penser à vous, d'oublier que j'étois la femme d'un autre. En me disant combien vous m'étiez cher, mon cœur étoit ému, mais ma conscience et mes sens étoient tranquilles, et je connus dès ce moment que j'étois réellement changée. Quel torrent de pure joie vint alors inonder mon ame! Quel sentiment de paix, effacé depuis si long-temps, vint ranimer ce cœur flétri par l'ignominie, et répandre dans tout mon être une sérénité nouvelle! Je crus me sentir renaître; je crus recommencer une autre vie. Douce et consolante vertu, je la recommence pour toi; c'est toi qui me la rendras chère; c'est à toi que je la veux consacrer. Ah! j'ai trop appris ce qu'il en coûte à te perdre, pour t'abandonner une seconde fois!

Dans le ravissement d'un changement si grand, si prompt, si inespéré, j'osai considérer l'état où j'étois la veille; je frémis de l'indigne abaissement où m'avoit réduite l'oubli de moi-même et de tous les dangers que j'avois courus depuis mon premier égarement. Quelle heureuse révolution me venoit de montrer l'horreur du crime qui m'avoit tentée, et réveilloit en moi le goût de la sagesse! par quel rare bonheur avois-je été plus fidèle à l'amour qu'à l'honneur qui me fut si cher? Par quelle faveur du sort votre inconstance ou la mienne ne m'avoit-elle point livrée à de nouvelles inclinations? Comment eussé-je opposé à un autre amant une résistance que le premier avoit déjà vaincue, et une honte accoutumée à céder aux désirs? Aurois-je plus respecté les droits d'un amour éteint que je n'avois respecté ceux de la vertu, jouissant encore de tout leur empire? Quelle sûreté avois-je eue de n'aimer que vous seule au monde, si ce n'est un sentiment intérieur que croient avoir tous les amants, qui se jurent une constance éternelle, et se parjurent innocemment toutes les fois qu'il plaît au ciel de changer leur cœur? Chaque défaite eût ainsi préparé la suivante; l'habitude du vice en eût effacé l'horreur à mes yeux. Entraînée du déshonneur à l'infamie sans trouver de prise pour m'arrêter, d'une amante abusée je devenois une fille perdue, l'opprobre de mon sexe et le désespoir de ma famille. Qui m'a garantie d'un effet si naturel de ma première faute? qui m'a retenue après le premier pas? qui m'a conservé ma réputation et l'estime de ceux qui me sont chers? qui m'a mise sous la sauvegarde d'un époux vertueux, sage, aimable par son caractère et même par sa personne, et rempli pour moi d'un respect et d'un attachement si peu mérités? qui me permet enfin d'aspirer encore au titre d'honnête femme, et me rend le courage d'en être digne?

Je le vois, je le sens ; la main secourable qui m'a conduite à travers les ténèbres est celle qui lève à mes yeux le voile de l'erreur, et me rend à moi malgré moi-même. La voix secrète qui ne cessoit de murmurer au fond de mon cœur s'élève et tonne avec plus de force au moment où j'étois prête à périr. L'auteur de toute vérité n'a point souffert que je sortisse de sa présence coupable d'un vil parjure ; et, prévenant mon crime par mes remords, il m'a montré l'abîme où j'allois me précipiter. Providence éternelle, qui fais ramper l'insecte et rouler les cieux, tu veilles sur la moindre de tes œuvres ! tu me rappelles au bien que tu m'as fait aimer ! daigne accepter d'un cœur épuré par tes soins l'hommage que toi seule rends digne de t'être offert.

A l'instant, pénétrée d'un vif sentiment du danger dont j'étois délivrée, et de l'état d'honneur et de sûreté où je me sentois rétablie, je me prosternai contre terre, j'élevai vers le ciel mes mains suppliantes, j'invoquai l'être dont il est le trône, et qui soutient ou détruit quand il lui plaît par nos propres forces la liberté qu'il nous donne. Je veux, lui dis-je, le bien que tu veux, et dont toi seul es la source. Je veux aimer l'époux que tu m'as donné. Je veux être fidèle, parce que c'est le premier devoir qui lie la famille de toute la société. Je veux être chaste, parce que c'est la première vertu qui nourrit toutes les autres. Je veux tout ce qui se rapporte à l'ordre de la nature que tu as établi, et aux règles de la raison que je tiens de toi. Je remets mon cœur sous ta garde et mes désirs en ta main. Rends toutes mes actions conformes à ma volonté constante, qui est la tienne; et ne permets plus que l'erreur d'un moment l'emporte sur le choix de toute ma vie.

Après cette courte prière, la première que j'eusse faite avec un vrai zèle, je me sentis tellement affermie dans mes résolutions, il me parut si facile et si doux de les suivre, que je vis clairement où je devois chercher désormais la force dont j'avois besoin pour résister à mon propre cœur, et que je ne pouvois trouver en moi-même. Je tirai de cette seule découverte une confiance nouvelle, et je déplorai le triste aveuglement qui me l'avoit fait manquer si long-temps. Je n'avois jamais été tout-à-fait sans religion : mais peut-être vaudroit-il mieux n'en point avoir du tout que d'en avoir une extérieure et maniérée, qui sans toucher le cœur rassure la conscience; de se borner à des formules, et de croire exactement en Dieu à certaines heures pour n'y plus penser le reste du temps. Scrupuleusement attachée au culte public, je n'en savois rien tirer pour la pratique de ma vie. Je me sentois bien née, et me livrois à mes penchants; j'aimois à réfléchir, et me fiois à ma raison; ne pouvant accorder l'esprit de l'Évangile avec celui du monde, ni la foi avec les œuvres, j'avois pris un milieu qui contentoit ma vaine sagesse ; j'avois des maximes pour croire et d'autres pour agir ; j'oubliois dans un lieu ce que j'avois pensé dans l'autre ; j'étois dévote à l'église et philosophe au logis. Hélas ! je n'étois rien nulle part ; mes prières n'étoient que des mots, mes raisonnemens des sophismes, et je suivois pour toute lumière la fausse lueur des feux errants qui me guidoient pour me perdre.

Je ne puis vous dire combien ce principe intérieur qui m'avoit manqué jusqu'ici m'a donné de mépris pour ceux qui m'ont si mal conduite. Quelle étoit, je vous prie, leur raison première? et sur quelle base étoient-ils fondés? Un heureux instinct me porte au bien : une violente passion s'élève ; elle a sa racine dans le même instinct ; que ferai-je pour la détruire ? De la considération de l'ordre je tire la beauté de la vertu, et sa bonté de l'utilité commune. Mais que fait tout cela contre mon intérêt particulier? et lequel au fond m'importe le plus, de mon bonheur aux dépens du reste des hommes, ou du bonheur des autres aux dépens du mien ? Si la crainte de la honte ou du châtiment m'empêche de mal faire pour mon profit, je n'ai qu'à mal faire en secret, la vertu n'a plus rien à me dire ; et si je suis surprise en faute, on punira, comme à Sparte, non le délit, mais la maladresse. Enfin, que le caractère et l'amour du beau soient empreints par la nature au fond de mon ame, j'aurai ma règle aussi long-temps qu'ils ne seront point défigurés. Mais comment m'assurer de conserver toujours dans sa pureté cette effigie intérieure qui n'a point, parmi les êtres sensibles, de modèle auquel on puisse la comparer? Ne sait-on pas que les affections désordonnées corrompent le jugement ainsi que la volonté, et que la conscience s'altère et se modifie insensiblement dans chaque siècle, dans chaque peuple, dans chaque individu, selon l'inconstance et la variété des préjugés?

Adorez l'Être éternel, mon digne et sage ami; d'un souffle vous détruirez ces fantômes de raison qui n'ont qu'une vaine apparence, et fuient comme une ombre devant l'immuable vérité. Rien n'existe que par celui qui est; c'est lui qui donne un but à la justice, une base à la vertu, un prix à cette courte vie employée à lui plaire; c'est lui qui ne cesse de crier aux coupables que leurs crimes secrets ont été vus, et qui sait dire au juste oublié, Tes vertus ont un témoin; c'est lui, c'est sa substance inaltérable qui est le vrai modèle des perfections dont nous portons tous une image en nous-mêmes. Nos passions ont beau la défigurer, tous ses traits liés à l'essence infinie se représentent toujours à la raison, et lui servent à rétablir ce que l'imposture et l'erreur en ont altéré. Ces distinctions me semblent faciles, le sens commun suffit pour les faire. Tout ce qu'on ne peut séparer de l'idée de cette essence est Dieu; tout le reste est l'ouvrage des hommes. C'est à la contemplation de ce divin modèle que l'ame s'épure et s'élève, qu'elle apprend à mépriser ses inclinations basses et à surmonter ses vils penchants. Un cœur pénétré de ces sublimes vérités se refuse aux petites passions des hommes; cette grandeur infinie le dégoûte de leur orgueil; le charme de la méditation l'arrache aux désirs terrestres; et quand l'être immense dont il s'occupe n'existeroit pas, il seroit encore bon qu'il s'en occupât sans cesse pour être plus maître de lui-même, plus fort, plus heureux et plus sage.

Cherchez-vous un exemple sensible des vains sophismes d'une raison qui ne s'appuie que sur elle-même, considérons de sang-froid les discours de vos philosophes dignes apologistes du crime, qui ne séduisirent jamais que des cœurs déjà corrompus. Ne diroit-on pas qu'en s'attaquant directement au plus saint et au plus solennel des engagements, ces dangereux raisonneurs ont résolu d'anéantir d'un seul coup toute la société humaine, qui n'est fondée que sur la foi des conventions? Mais voyez, je vous prie, comment ils disculpent un adultère secret. C'est, disent-ils, qu'il n'en résulte aucun mal, pas même pour l'époux qui l'ignore : comme s'ils pouvoient être sûrs qu'il l'ignorera toujours! comme s'il suffisoit, pour autoriser le parjure et l'infidélité, qu'ils ne nuisissent pas à autrui! comme si ce n'étoit pas assez pour abhorrer le crime, du mal qu'il fait à ceux qui le commettent ! Quoi donc ! ce n'est pas un mal de manquer de foi, d'anéantir autant qu'il est en soi la force du serment et des contrats les plus inviolables? Ce n'est pas un mal de se forcer soi-même à devenir fourbe et menteur? Ce n'est pas un mal de former des liens qui vous font désirer le mal et la mort d'autrui, la mort de celui même qu'on doit le plus aimer, et avec qui l'on a juré de vivre? Ce n'est pas un mal qu'un état dont mille autres crimes sont toujours le fruit? Un bien qui produiroit tant de maux seroit par cela seul un mal lui-même.

L'un des deux penseroit-il être innocent parce qu'il est libre peut-être de son côté, et ne manque de foi à personne? il se trompe grossièrement. Ce n'est pas seulement l'intérêt des époux, mais la cause commune de tous les hommes, que la pureté du mariage ne soit point altérée. Chaque fois que deux époux s'unissent par un nœud solennel, il intervient un engagement tacite de tout le genre humain de respecter ce lien sacré, d'honorer en eux l'union conjugale; et c'est, ce me semble, une raison très-forte contre les mariages clandestins, qui, n'offrant nul signe de cette union, exposent des cœurs innocents à brûler d'une flamme adultère. Le public est en quelque sorte garant d'une convention passée en sa présence; et l'on peut dire que l'honneur d'une femme pudique est sous la protection spéciale de tous les gens de bien. Ainsi quiconque ose le corrompre pèche, premièrement parce qu'il la fait pécher, et qu'on partage toujours les crimes qu'on fait commettre ; il pèche encore directement lui-même, parce qu'il viole la foi publique et sacrée du mariage, sans lequel rien ne peut subsister dans l'ordre légitime des choses humaines.

Le crime est secret, disent-ils, et il n'en résulte aucun mal pour personne. Si ces philosophes croient l'existence de Dieu et l'immortalité de l'ame, peuvent-ils appeler un crime secret celui qui a pour témoin le premier offensé et le seul vrai juge ? étrange secret que celui qu'on dérobe à tous les yeux, hors ceux à qui l'on a le plus d'intérêt à le cacher ! Quand même ils ne reconnoîtroient pas la présence de la Divinité, comment osent-ils soutenir qu'ils ne font de mal à personne ? comment prouvent-ils qu'il est indifférent à un père d'avoir des héritiers qui ne soient pas de son sang, d'être chargé peut-être de plus d'enfants qu'il n'en auroit eu, et forcé de partager ses biens aux gages de son déshonneur, sans sentir pour eux des entrailles de père ? Supposons ces raisonneurs matérialistes ; on n'en est que mieux fondé à leur opposer la douce voix de la nature, qui réclame au fond de tous les cœurs contre une orgueilleuse philosophie, qu'on n'attaqua jamais par de bonnes raisons. En effet, si le corps seul produit la pensée, et que le sentiment dépende uniquement des organes, deux êtres formés d'un même sang ne doivent-ils pas avoir entre eux une plus étroite analogie, un attachement plus fort l'un pour l'autre; et se ressembler d'ame comme de visage, ce qui est une grande raison de s'aimer?

N'est-ce donc faire aucun mal, à votre avis, que d'anéantir ou troubler par un sang étranger cette union naturelle, et d'altérer dans son principe l'affection mutuelle qui doit lier entre eux tous les membres d'une famille? Y a-t-il au monde un honnête homme qui n'eût horreur de changer l'enfant d'un autre en nourrice? et le crime est-il moindre de le changer dans le sein de la mère?

Si je considère mon sexe en particulier, que de maux j'aperçois dans ce désordre qu'ils prétendent ne faire aucun mal! ne fût-ce que l'avilissement d'une femme coupable à qui la perte de l'honneur ôte bientôt toutes les autres vertus. Que d'indices trop sûrs pour un tendre époux d'une intelligence qu'ils pensent justifier par le secret, ne fût-ce que de n'être plus aimé de sa femme! Que fera-t-elle avec ses soins artificieux, que mieux prouver son indifférence? Est-ce l'œil de l'amour qu'on abuse par de feintes caresses? et quel supplice, auprès d'un objet chéri, de sentir que la main nous embrasse, et que le cœur nous repousse! Je veux que la fortune seconde une prudence qu'elle a si souvent trompée; je compte un moment pour rien la témérité de confier sa prétendue innocence et le repos d'autrui à des précautions que le ciel se plaît à confondre : que de faussetés, que de mensonges, que de fourberies pour couvrir un mauvais commerce, pour tromper un mari, pour corrompre des domestiques, pour en imposer au public! Quel scandale pour des complices! quel exemple pour des enfants! que devient leur éducation parmi tant de soins pour satisfaire impunément de coupables feux? Que devient la paix de la maison et l'union des chefs? Quoi! dans tout cela l'époux n'est point lésé? Mais qui le dédommagera donc d'un cœur qui lui étoit dû? qui lui donnera le repos et la sûreté? qui le guérira de ses justes soupçons? qui fera confier un père au sentiment de la nature en embrassant son propre enfant?

A l'égard des liaisons prétendues que l'adultère et l'infidélité peuvent former entre les familles, c'est moins une raison sérieuse qu'une plaisanterie absurde et brutale, qui ne mérite pour toute réponse que le mépris et l'indignation. Les trahisons, les querelles, les combats, les meurtres, les empoisonnements, dont ce désordre a couvert la terre dans tous les temps, montrent assez ce qu'on doit attendre pour le repos et l'union des hommes d'un attachement formé par le crime. S'il résulte quelque sorte de société de ce vil et méprisable commerce, elle est semblable à celle des brigands, qu'il faut détruire et anéantir pour assurer les sociétés légitimes.

J'ai tâché de suspendre l'indignation que m'inspirent ces maximes pour les discuter paisiblement avec vous. Plus je les trouve insensées, moins je dois dédaigner de les réfuter, pour me faire honte à moi-même de les avoir peut-être écoutées avec trop peu d'éloignement. Vous voyez combien elles supportent mal l'examen de la saine raison. Mais où chercher la saine raison, sinon dans celui qui en est la source? et que penser de ceux qui consacrent à perdre les hommes ce flambeau divin qu'il leur donna pour les guider? Défions-nous d'une philosophie en paroles; défions-nous d'une fausse vertu qui sape toutes les vertus, et s'applique à justifier tous les vices pour s'autoriser à les avoir tous. Le meilleur moyen de trouver ce qui est bien est de le chercher sincèrement; et l'on ne peut long-temps le chercher ainsi sans remonter à l'auteur de tout bien. C'est ce qu'il me semble avoir fait depuis que je m'occupe à rectifier mes sentiments et ma raison; c'est ce que vous ferez mieux que moi quand vous voudrez suivre la même route. Il m'est consolant de songer que vous avez souvent nourri mon esprit des grandes idées de la religion; et vous, dont le cœur n'eut rien de caché pour moi, ne m'en eussiez pas ainsi parlé si vous aviez eu d'autres sentiments. Il me semble même que ces conversations avoient pour nous des charmes. La présence de l'Être suprême ne nous fut jamais importune; elle nous donnoit plus d'espoir que d'épouvante; elle n'effraya jamais que l'ame du méchant; nous aimions à l'avoir pour témoin de nos entretiens; à nous élever conjointement jusqu'à lui. Si quelquefois nous étions humiliés par la honte, nous nous disions, en déplorant nos foiblesses : Au moins il voit le fond de nos cœurs; et nous en étions plus tranquilles.

Si cette sécurité nous égara, c'est au principe sur lequel elle étoit fondée à nous ramener. N'est-il pas bien indigne d'un homme de ne pouvoir jamais s'accorder avec lui-même, d'avoir une règle pour ses actions, une autre pour ses sentiments, de penser comme s'il étoit sans corps, agir comme s'il étoit sans ame, et de ne jamais approprier à soi tout entier rien de ce qu'il fait en toute sa vie ? Pour moi, je trouve qu'on est bien fort avec nos anciennes maximes quand on ne les borne pas à de vaines spéculations. La foiblesse est de l'homme, et le Dieu clément qui le fit la lui pardonnera sans doute; mais le crime est du méchant, et ne restera point impuni devant l'auteur de toute justice. Un incrédule, d'ailleurs heureusement né, se livre aux vertus qu'il aime; il fait le bien par goût et non par choix. Si tous ses désirs sont droits, il les suit sans contrainte; il les suivroit de même s'ils ne l'étoient pas; car pourquoi se gêneroit-il ? Mais celui qui reconnoît et sert le père commun des hommes se croit une plus haute destination; l'ardeur de la remplir anime son zèle, et, suivant une règle plus sûre que ses penchants, il sait faire le bien qui lui coûte, et sacrifier les désirs de son cœur à la loi du devoir. Tel est, mon ami, le sacrifice héroïque auquel nous sommes tous deux appelés. L'amour qui nous unissoit eût fait le charme de notre vie. Il survéquit à l'espérance; il brava le temps et l'éloignement; il supporta toutes les épreuves. Un sentiment si parfait ne devoit point périr de lui-même; il étoit digne de n'être immolé qu'à la vertu.

Je vous dirai plus : tout est changé entre nous; il faut nécessairement que votre cœur change. Julie de Wolmar n'est plus votre ancienne Julie; la révolution de vos sentiments pour elle est inévitable; et il ne vous reste que le choix de faire honneur de ce changement au vice ou à la vertu. J'ai dans la mémoire un passage d'un auteur que vous ne récuserez pas : « L'amour, dit-il, est privé « de son plus grand charme quand l'honnêteté « l'abandonne. Pour en sentir tout le prix, il faut « que le cœur s'y complaise et qu'il nous élève en « élevant l'objet aimé. Otez l'idée de la perfection, « vous ôtez l'enthousiasme; ôtez l'estime, et l'a- « mour n'est plus rien. Comment une femme ho- « norera-t-elle un homme qu'elle doit mépriser? « comment pourra-t-il honorer lui-même celle qui « n'a pas craint de s'abandonner à un vil corrup- « teur? Ainsi bientôt ils se mépriseront mutuelle- « ment. L'amour, ce sentiment céleste, ne sera

« plus pour eux qu'un honteux commerce. Ils au-
« ront perdu l'honneur et n'auront point trouvé la
« félicité¹. » Voilà notre leçon, mon ami; c'est
vous qui l'avez dictée. Jamais nos cœurs s'aimèrent-
ils plus délicieusement, et jamais l'honnêteté leur
fut-elle aussi chère que dans le temps heureux où
cette lettre fut écrite? Voyez donc à quoi nous
meneroient aujourd'hui de coupables feux nourris
aux dépens des plus doux transports qui ravissent
l'ame! L'horreur du vice qui nous est si naturelle
à tous deux s'étendroit bientôt sur le complice de
nos fautes; nous nous haïrions pour nous être trop
aimés, et l'amour s'éteindroit dans les remords. Ne
vaut-il pas mieux épurer un sentiment si cher pour
le rendre durable? Ne vaut-il pas mieux en conserver au moins ce qui peut s'accorder avec l'innocence? N'est-ce pas conserver tout ce qu'il eut
de plus charmant? Oui, mon bon et digne ami,
pour nous aimer toujours il faut renoncer l'un à
l'autre. Oublions tout le reste, et soyez l'amant
de mon ame. Cette idée est si douce qu'elle console
de tout.

Voilà le fidèle tableau de ma vie, et l'histoire
naïve de tout ce qui s'est passé dans mon cœur. Je
vous aime toujours, n'en doutez pas. Le sentiment
qui m'attache à vous est si tendre et si vif encore,
qu'une autre en seroit peut-être alarmée; pour
moi, j'en connus un trop différent pour me défier

¹ Voyez la première partie, lettre XXIV.

de celui-ci. Je sens qu'il a changé de nature; et du moins en cela mes fautes passées fondent ma sécurité présente. Je sais que l'exacte bienséance et la vertu de parade exigeroient davantage encore, et ne seroient pas contentes que vous ne fussiez tout-à-fait oublié. Je crois avoir une règle plus sûre, et je m'y tiens. J'écoute en secret ma conscience; elle ne me reproche rien, et jamais elle ne trompe une ame qui la consulte sincèrement. Si cela ne suffit pas pour me justifier dans le monde, cela suffit pour ma propre tranquillité. Comment s'est fait cet heureux changement? Je l'ignore. Ce que je sais, c'est que je l'ai vivement désiré. Dieu seul a fait le reste. Je penserois qu'une ame une fois corrompue l'est pour toujours, et ne revient plus au bien d'elle-même, à moins que quelque révolution subite, quelque brusque changement de fortune et de situation ne change tout à coup ses rapports, et par un violent ébranlement ne l'aide à retrouver une bonne assiette. Toutes ses habitudes étant rompues et toutes ses passions modifiées, dans ce bouleversement général, on reprend quelquefois son caractère primitif, et l'on devient comme un nouvel être sorti récemment des mains de la nature. Alors le souvenir de sa précédente bassesse peut servir de préservatif contre une rechute. Hier on étoit abject et foible, aujourd'hui on est fort et magnanime. En se contemplant de si près dans deux états si différents, on en sent mieux le prix où l'on est remonté, et l'on en devient plus attentif à s'y soutenir. Mon mariage m'a fait éprouver quelque chose de semblable à ce que je tâche de vous expliquer. Ce lien si redouté me délivre d'une servitude beaucoup plus redoutable, et mon époux m'en devient plus cher pour m'avoir rendue à moi-même.

Nous étions trop unis vous et moi pour qu'en changeant d'espèce notre union se détruise. Si vous perdez une tendre amante, vous gagnez une fidèle amie; et, quoi que nous en ayons pu dire durant nos illusions, je doute que ce changement vous soit désavantageux. Tirez-en le même parti que moi, je vous en conjure, pour devenir meilleur et plus sage, et pour épurer par des mœurs chrétiennes les leçons de la philosophie. Je ne serai jamais heureuse que vous ne soyez heureux aussi, et je sens plus que jamais qu'il n'y a point de bonheur sans la vertu. Si vous m'aimez véritablement, donnez-moi la douce consolation de voir que nos cœurs ne s'accordent pas moins dans leur retour au bien qu'ils s'accordèrent dans leur égarement.

Je ne crois pas avoir besoin d'apologie pour cette longue lettre. Si vous m'étiez moins cher, elle seroit plus courte. Avant de la finir, il me reste une grâce à vous demander. Un cruel fardeau me pèse sur le cœur. Ma conduite passée est ignorée de M. de Wolmar; mais une sincérité sans réserve fait partie de la fidélité que je lui dois. J'aurois déjà cent fois tout avoué; vous seul m'avez retenue. Quoique je connoisse la sagesse et la modération de M. de Wolmar, c'est toujours vous compromettre que de vous nommer, et je n'ai point voulu le faire sans votre consentement. Seroit-ce vous déplaire que de vous le demander? et aurois-je trop présumé de vous ou de moi en me flattant de l'obtenir? Songez, je vous supplie, que cette réserve ne sauroit être innocente, qu'elle m'est chaque jour plus cruelle, et que jusqu'à la réception de votre réponse je n'aurai pas un instant de tranquillité.

LETTRE XIX.

RÉPONSE.

Et vous ne seriez plus ma Julie? Ah! ne dites pas cela, digne et respectable femme; vous l'êtes plus que jamais. Vous êtes celle qui méritez les hommages de tout l'univers; vous êtes celle que j'adorai en commençant d'être sensible à la véritable beauté; vous êtes celle que je ne cesserai d'adorer, même après ma mort, s'il reste encore en mon ame quelque souvenir des attraits vraiment célestes qui l'enchantèrent durant ma vie. Cet effort de courage qui vous ramène à toute votre vertu ne vous rend que plus semblable à vous-même. Non, non, quelque supplice que j'éprouve à le sentir et le dire, jamais vous ne fûtes mieux ma Julie qu'au moment que vous renoncez à moi. Hélas! c'est en vous perdant que je vous ai retrouvée. Mais moi dont le cœur frémit au seul projet de vous imiter, moi tourmenté d'une passion criminelle que je ne puis ni supporter ni vaincre, suis-je celui que je pensois être? Étois-je digne de vous plaire? Quel droit avois-je de vous importuner de mes plaintes et de mon désespoir? C'étoit bien à moi d'oser soupirer pour vous! Et qu'étois-je pour vous aimer?

Insensé! comme si je n'éprouvois pas assez d'humiliations sans en rechercher de nouvelles! Pourquoi compter des différences que l'amour fit disparoître? Il m'élevoit, il m'égaloit à vous; sa flamme me soutenoit, nos cœurs s'étoient confondus; tous leurs sentiments nous étoient communs, et les miens partageoient la grandeur des vôtres. Me voilà donc retombé dans toute ma bassesse! Doux espoir, qui nourrissois mon ame et m'abusas si long-temps, te voilà donc éteint sans retour! Elle ne sera point à moi! Je la perds pour toujours! Elle fait le bonheur d'un autre!..... O rage! ô tourment de l'enfer!.... Infidèle! ah! devois-tu jamais?.... Pardon, pardon, madame; ayez pitié de mes fureurs. O dieu! vous l'avez trop bien dit, elle n'est plus.... elle n'est plus, cette tendre Julie à qui je pouvois montrer tous les mouvements de mon cœur! Quoi! je me trouvois malheureux, et je pouvois me plaindre!.... elle pouvoit m'écouter! J'étois malheureux!.... que suis-je donc aujourd'hui?!.... Non, je ne vous ferai plus rougir de vous ni de moi. C'en est fait, il faut renoncer l'un à l'autre ; il faut nous quitter : la vertu même en a dicté l'arrêt ; votre main l'a pu tracer. Oublions-nous.... oubliez-moi du moins. Je l'ai résolu, je le jure ; je ne vous parlerai plus de moi.

Oserai-je vous parler de vous encore, et conserver le seul intérêt qui me reste au monde, celui de votre bonheur? En m'exposant l'état de votre ame vous ne m'avez rien dit de votre sort. Ah! pour prix d'un sacrifice qui doit être senti de vous, daignez me tirer de ce doute insupportable: Julie, êtes-vous heureuse? Si vous l'êtes, donnez-moi dans mon désespoir la seule consolation dont je sois susceptible ; si vous ne l'êtes pas, par pitié daignez me le dire ; j'en serai moins long-temps malheureux.

Plus je réfléchis sur l'aveu que vous méditez, moins j'y puis consentir ; et le même motif qui m'ôta toujours le courage de vous faire un refus me doit rendre inexorable sur celui-ci. Le sujet est de la dernière importance, et je vous exhorte à bien peser mes raisons. Premièrement, il me semble que votre extrême délicatesse vous jette à cet égard dans l'erreur, et je ne vois point sur quel fondement la plus austère vertu pourroit exiger une pareille confession. Nul engagement au monde ne peut avoir un effet rétroactif. On ne sauroit s'obliger pour le passé, ni promettre ce qu'on n'a plus le pouvoir de tenir : pourquoi devroit-on compte à celui à qui l'on s'engage de l'usage antérieur qu'on a fait de sa liberté et d'une fidélité qu'on ne lui a point promise? Ne vous y trompez pas, Julie, ce n'est pas à votre époux, c'est à votre ami que vous avez manqué de foi. Avant la tyrannie de votre père, le ciel et la nature nous avoient unis l'un à l'autre. Vous avez fait, en formant d'autres nœuds, un crime que l'amour ni l'honneur peut-être ne pardonnent point, et c'est à moi seul de réclamer le bien que M. de Wolmar m'a ravi.

S'il est des cas où le devoir puisse exiger un pareil aveu, c'est quand le danger d'une rechute oblige une femme prudente à prendre des précautions pour s'en garantir. Mais votre lettre m'a plus éclairé que vous ne pensez sur vos vrais sentiments. En la lisant, j'ai senti dans mon propre cœur combien le vôtre eût abhorré de près, même au sein de l'amour, un engagement criminel dont l'éloignement nous ôtoit l'horreur.

Dès-là que le devoir et l'honnêteté n'exigent pas cette confidence, la sagesse et la raison la défendent; car c'est risquer sans nécessité ce qu'il y a de plus précieux dans le mariage, l'attachement d'un époux, la mutuelle confiance, la paix de la maison. Avez-vous assez réfléchi sur une pareille démarche ? Connoissez-vous assez votre mari pour être sûre de l'effet qu'elle produira sur lui ? Savez-vous combien il y a d'hommes au monde auxquels il n'en faudroit pas davantage pour concevoir une jalousie effrénée, un mépris invincible, et peut-être attenter aux jours d'une femme ? Il faut pour ce délicat examen avoir égard aux temps, aux lieux, aux caractères. Dans le pays où je suis, de pareilles confidences sont sans aucun danger, et ceux qui traitent si légèrement la foi conjugale ne sont pas gens à faire une si grande affaire des fautes qui précédèrent l'engagement. Sans parler des raisons qui rendent quelquefois ces aveux indispensables, et qui n'ont pas eu lieu pour vous, je connois des femmes assez médiocrement estimables qui se sont fait à peu de risque un mérite de cette sincérité, peut-être pour obtenir à ce prix une confiance dont elles pussent abuser au besoin. Mais dans des lieux où la sainteté du mariage est plus respectée, dans des lieux où ce lien sacré forme une union solide, et où les maris ont un véritable attachement pour leurs femmes, ils leur demandent un compte plus sévère d'elles-mêmes ; ils veulent que leurs cœurs n'aient connu que pour eux un sentiment tendre ; usurpant un droit qu'ils n'ont pas, ils exigent qu'elles soient à eux seuls avant de leur appartenir, et ne pardonnent pas plus l'abus de la liberté qu'une infidélité réelle.

Croyez-moi, vertueuse Julie, défiez-vous d'un zèle sans fruit et sans nécessité. Gardez un secret dangereux que rien ne vous oblige à révéler, dont la communication peut vous perdre et n'est d'aucun usage à votre époux. S'il est digne de cet aveu, son ame en sera contristée, et vous l'aurez affligé sans raison. S'il n'en est pas digne, pourquoi voulez-vous donner un prétexte à ses torts envers vous? Que savez-vous si votre vertu, qui vous a soutenue contre les attaques de votre cœur, vous soutiendroit encore contre des chagrins domestiques toujours renaissants? N'empirez point volontairement vos maux, de peur qu'ils ne deviennent plus forts que votre courage, et que vous ne retombiez à force de scrupules dans un état pire que celui dont vous avez eu peine à sortir. La sagesse est la base de toute vertu : consultez-la, je vous en conjure, dans la plus importante occasion de votre vie ; et si ce fatal secret vous pèse si cruellement, attendez du moins pour vous en décharger que le temps, les années, vous donnent une connoissance plus parfaite de votre époux, et ajoutent dans son cœur, à l'effet de votre beauté, l'effet plus sûr encore des charmes de votre caractère, et la douce habitude de les sentir. Enfin, quand ces raisons, toutes solides qu'elles sont, ne vous persuaderoient pas, ne fermez point l'oreille à la voix qui vous les expose. O Julie! écoutez un homme capable de quelque vertu, et qui mérite au moins de vous quelque sacrifice par celui qu'il vous fait aujourd'hui.

Il faut finir cette lettre. Je ne pourrois, je le sens, m'empêcher d'y reprendre un ton que vous ne devez plus entendre. Julie, il faut vous quitter! si jeune encore, il faut déjà renoncer au bonheur! O temps qui ne dois plus revenir! temps passé pour toujours, source de regrets éternels! plaisirs, transports, douces extases, moments délicieux, ravissements célestes! mes amours, mes uniques amours, honneur et charme de ma vie! adieu pour jamais.

LETTRE XX.

DE JULIE A SAINT-PREUX.

Vous me demandez si je suis heureuse. Cette question me touche, et en la faisant vous m'aidez à y répondre; car, bien loin de chercher l'oubli dont vous parlez, j'avoue que je ne saurois être heureuse si vous cessiez de m'aimer : mais je le suis à tous égards, et rien ne manque à mon bonheur que le vôtre. Si j'ai évité dans ma lettre précédente de parler de M. de Wolmar, je l'ai fait par ménagement pour vous. Je connoissois trop votre sensibilité pour ne pas craindre d'aigrir vos peines; mais votre inquiétude sur mon sort m'obligeant à vous parler de celui dont il dépend, je ne puis vous en parler que d'une manière digne de lui, comme il convient à son épouse et à une amie de la vérité.

M. de Wolmar a près de cinquante ans; sa vie unie, réglée, et le calme des passions, lui ont conservé une constitution si saine et un air si frais, qu'il paroît à peine en avoir quarante; et il n'a rien d'un âge avancé que l'expérience et la sagesse. Sa physionomie est noble et prévenante, son abord simple et ouvert; ses manières sont plus honnêtes qu'empressées; il parle peu et d'un grand sens, mais sans affecter ni précision ni sentences. Il est le même pour tout le monde, ne cherche et ne fuit personne, et n'a jamais d'autres préférences que celles de la raison.

Malgré sa froideur naturelle, son cœur, secondant les intentions de mon père, crut sentir que je lui convenois, et pour la première fois de sa vie il prit un attachement. Ce goût modéré, mais durable, s'est si bien réglé sur les bienséances, et s'est maintenu dans une telle égalité, qu'il n'a pas eu besoin de changer de ton en changeant d'état, et que, sans blesser la gravité conjugale, il conserve avec moi depuis son mariage les mêmes manières qu'il avoit auparavant. Je ne l'ai jamais vu ni gai ni triste, mais toujours content; jamais il ne me parle de lui, rarement de moi; il ne me cherche pas, mais il n'est pas fâché que je le cherche, et me quitte peu volontiers. Il ne rit point : il est sérieux sans donner envie de l'être ; au contraire, son abord serein semble m'inviter à l'enjouement ; et comme les plaisirs que je goûte sont les seuls auxquels il paroît sensible, une des attentions que je lui dois est de chercher à m'amuser. En un mot, il veut que je sois heureuse : il ne me le dit pas, mais je le vois ; et vouloir le bonheur de sa femme n'est-ce pas l'avoir obtenu ?

Avec quelque soin que j'aie pu observer, je n'ai su lui trouver de passion d'aucune espèce que celle qu'il a pour moi. Encore cette passion est-elle si égale et si tempérée, qu'on diroit qu'il n'aime qu'autant qu'il veut aimer, et qu'il ne le veut qu'autant que la raison le permet. Il est réellement ce que milord Édouard croit être, en quoi je le trouve bien supérieur à tous nous autres gens à sentiment que nous admirons tant nous-mêmes ; car le cœur nous trompe en mille manières, et n'agit que par un principe toujours suspect : mais la raison n'a d'autre fin que ce qui est bien ; ses règles sont sûres, claires, faciles dans la conduite de la vie ; et jamais elle ne s'égare que dans d'inutiles spéculations qui ne sont pas faites pour elle.

Le plus grand goût de M. de Wolmar est d'observer. Il aime à juger des caractères des hommes et des actions qu'il voit faire. Il en juge avec une profonde sagesse et la plus parfaite impartialité. Si un ennemi lui faisoit du mal, il en discuteroit les

PARTIE III, LETTRE XX.

motifs et les moyens aussi paisiblement que s'il s'agissoit d'une chose indifférente. Je ne sais comment il a entendu parler de vous, mais il m'en a parlé plusieurs fois lui-même avec beaucoup d'estime, et je le connois incapable de déguisement. J'ai cru remarquer quelquefois qu'il m'observoit durant ces entretiens; mais il y a grande apparence que cette prétendue remarque n'est que le secret reproche d'une conscience alarmée. Quoi qu'il en soit, j'ai fait en cela mon devoir; la crainte ni la honte ne m'ont point inspiré de réserve injuste, et je vous ai rendu justice auprès de lui, comme je la lui rends auprès de vous.

J'oubliois de vous parler de nos revenus et de leur administration. Le débris des biens de M. de Wolmar, joint à celui de mon père, qui ne s'est réservé qu'une pension, lui fait une fortune honnête et modérée, dont il use noblement et sagement, en maintenant chez lui non l'incommode et vrai appareil du luxe, mais l'abondance, les véritables commodités de la vie[1], et le nécessaire chez

---

[1] Il n'y a pas d'association plus commune que celle du faste et de la lésine. On prend sur la nature, sur les vrais plaisirs, sur le besoin même, tout ce qu'on donne à l'opinion. Tel homme orne son palais aux dépens de sa cuisine; tel autre aime mieux une belle vaisselle qu'un bon dîner; tel autre fait un repas d'appareil, et meurt de faim tout le reste de l'année. Quand je vois un buffet de vermeil, je m'attends à du vin qui m'empoisonne. Combien de fois, dans des maisons de campagne, en respirant le frais au matin, l'aspect d'un beau jardin vous tente! On se lève de bonne heure;

ses voisins indigents. L'ordre qu'il a mis dans sa maison est l'image de celui qui règne au fond de son ame, et semble imiter dans un petit ménage l'ordre établi dans le gouvernement du monde. On n'y voit ni cette inflexible régularité qui donne plus de gêne que d'avantage, et n'est supportable qu'à celui qui l'impose, ni cette confusion mal entendue qui, pour trop avoir, ôte l'usage de tout. On y reconnoît toujours la main du maître, et l'on ne la sent jamais; il a si bien ordonné le premier arrangement qu'à présent tout va tout seul, et qu'on jouit à la fois de la règle et de la liberté.

Voilà, mon bon ami, une idée abrégée, mais fidèle, du caractère de M. de Wolmar, autant que je l'ai pu connoître depuis que je vis avec lui. Tel il m'a paru le premier jour, tel il me paroît le dernier sans aucune altération; ce qui me fait espérer que je l'ai bien vu, et qu'il ne me reste plus rien à découvrir; car je n'imagine pas qu'il pût se montrer autrement sans y perdre.

<small>on se promène, on gagne de l'appétit, on veut déjeûner : l'officier est sorti, ou les provisions manquent, ou madame n'a pas donné ses ordres, ou l'on vous fait ennuyer d'attendre. Quelquefois on vous prévient, on vient magnifiquement vous offrir de tout, à condition que vous n'accepterez rien. Il faut rester à jeun jusqu'à trois heures, ou déjeûner avec des tulipes. Je me souviens de m'être promené dans un très-beau parc, dont on disoit que la maîtresse aimoit beaucoup le café, et n'en prenoit jamais, attendu qu'il coûtoit quatre sous la tasse; mais elle donnoit de grand cœur mille écus à son jardinier. Je crois que j'aimerois mieux avoir des charmilles moins bien taillées, et prendre du café plus souvent.</small>

Sur ce tableau vous pouvez d'avance vous répondre à vous-même; et il faudroit me mépriser beaucoup pour ne pas me croire heureuse avec tant de sujet de l'être [1]. Ce qui m'a long-temps abusée, et qui peut-être vous abuse encore, c'est la pensée que l'amour est nécessaire pour former un heureux mariage. Mon ami, c'est une erreur : l'honnêteté, la vertu, de certaines convenances moins de conditions et d'âges que de caractères et d'humeurs, suffisent entre deux époux; ce qui n'empêche point qu'il ne résulte de cette union un attachement très-tendre, qui, pour n'être pas précisément de l'amour, n'en est pas moins doux, et n'en est que plus durable. L'amour est accompagné d'une inquiétude continuelle de jalousie ou de privation, peu convenable au mariage, qui est un état de jouissance et de paix. On ne s'épouse point pour penser uniquement l'un à l'autre, mais pour remplir conjointement les devoirs de la vie civile, gouverner prudemment la maison, bien élever ses enfants. Les amants ne voient jamais qu'eux, ne s'occupent incessamment que d'eux, et la seule chose qu'ils sachent faire est de s'aimer. Ce n'est pas assez pour des époux, qui ont tant d'autres soins à remplir. Il n'y a point de passion qui nous fasse une si forte illusion que l'amour : on prend sa vio-

[1] Apparemment qu'elle n'avoit pas découvert encore le fatal secret qui la tourmenta si fort dans la suite, ou qu'elle ne vouloit pas alors le confier à son ami.

lence pour un signe de sa durée ; le cœur surchargé d'un sentiment si doux l'étend pour ainsi dire sur l'avenir, et tant que cet amour dure on croit qu'il ne finira point. Mais, au contraire, c'est son ardeur même qui le consume ; il s'use avec la jeunesse, il s'efface avec la beauté, il s'éteint sous les glaces de l'âge ; et depuis que le monde existe on n'a jamais vu deux amants en cheveux blancs soupirer l'un pour l'autre. On doit donc compter qu'on cessera de s'adorer tôt ou tard ; alors, l'idole qu'on servoit détruite, on se voit réciproquement tel qu'on est. On cherche avec étonnement l'objet qu'on aima : ne le trouvant plus, on se dépite contre celui qui reste, et souvent l'imagination le défigure autant qu'elle l'avoit paré. Il y a peu de gens, dit La Rochefoucauld, qui ne soient honteux de s'être aimés quand ils ne s'aiment plus[1]. Combien alors il est à craindre que l'ennui ne succède à des sentiments trop vifs ; que leur déclin, sans s'arrêter à l'indifférence, ne passe jusqu'au dégoût ; qu'on ne se trouve enfin tout-à-fait rassasiés l'un de l'autre ; et que pour s'être trop aimés amants on n'en vienne à se haïr époux ! Mon cher ami, vous m'avez toujours paru bien aimable, beaucoup trop pour mon innocence et pour mon repos ; mais je ne vous ai jamais vu qu'amoureux : que sais-je ce que vous

---

[1] Je serois bien surpris que Julie eût lu et cité La Rochefoucauld en toute autre occasion ; jamais son triste livre ne sera goûté des bonnes gens.

seriez devenu cessant de l'être ? L'amour éteint vous eût toujours laissé la vertu, je l'avoue ; mais en est-ce assez pour être heureux dans un lien que le cœur doit serrer ? et combien d'hommes vertueux ne laissent pas d'être des maris insupportables ! Sur tout cela vous en pouvez dire autant de moi.

Pour M. de Wolmar, nulle illusion ne nous prévient l'un pour l'autre : nous nous voyons tels que nous sommes ; le sentiment qui nous joint n'est point l'aveugle transport des cœurs passionnés ; mais l'immuable et constant attachement de deux personnes honnêtes et raisonnables, qui, destinées à passer ensemble le reste de leurs jours, sont contentes de leur sort et tâchent de se le rendre doux l'une à l'autre. Il semble que quand on nous eût formés exprès pour nous unir, on n'auroit pu réussir mieux. S'il avoit le cœur aussi tendre que moi, il seroit impossible que tant de sensibilité de part et d'autre ne se heurtât quelquefois, et qu'il n'en résultât des querelles. Si j'étois aussi tranquille que lui, trop de froideur régneroit entre nous, et rendroit la société moins agréable et moins douce. S'il ne m'aimoit point, nous vivrions mal ensemble ; s'il m'eût trop aimée, il m'eût été importun. Chacun des deux est précisément ce qu'il faut à l'autre ; il m'éclaire et je l'anime ; nous en valons mieux réunis, et il semble que nous soyons destinés à ne faire entre nous qu'une seule ame ;

dont il est l'entendement et moi la volonté. Il n'y a pas jusqu'à son âge un peu avancé qui ne tourne au commun avantage : car, avec la passion dont j'étois tourmentée, il est certain que s'il eût été plus jeune je l'aurois épousé avec plus de peine encore, et cet excès de répugnance eût peut-être empêché l'heureuse révolution qui s'est faite en moi.

Mon ami, le ciel éclaire la bonne intention des pères, et récompense la docilité des enfants. A Dieu ne plaise que je veuille insulter à vos déplaisirs ! Le seul désir de vous rassurer pleinement sur mon sort me fait ajouter ce que je vais vous dire. Quand avec les sentiments que j'eus ci-devant pour vous, et les connoissances que j'ai maintenant, je serois libre encore et maîtresse de me choisir un mari, je prends à témoin de ma sincérité ce Dieu qui daigne m'éclairer et qui lit au fond de mon cœur, ce n'est pas vous que je choisirois, c'est M. de Wolmar.

Il importe peut-être à votre entière guérison que j'achève de vous dire ce qui me reste sur le cœur. M. de Wolmar est plus âgé que moi. Si pour me punir de mes fautes le ciel m'ôtoit le digne époux que j'ai si peu mérité, ma ferme résolution est de n'en prendre jamais un autre. S'il n'a pas eu le bonheur de trouver une fille chaste, il laissera du moins une chaste veuve. Vous me connoissez trop bien pour croire qu'après vous avoir fait cette déclaration je sois femme à m'en rétracter jamais [1].

Ce que j'ai dit pour lever vos doutes peut servir encore à résoudre en partie vos objections contre l'aveu que je crois devoir faire à mon mari. Il est trop sage pour me punir d'une démarche humiliante que le repentir seul peut m'arracher, et je ne suis pas plus capable d'user de la ruse des dames dont vous parlez qu'il l'est de m'en soupçonner. Quant à la raison sur laquelle vous prétendez que cet aveu n'est pas nécessaire, elle est certainement

---

[1] Nos situations diverses déterminent et changent malgré nous toutes les affections de nos cœurs : nous serons vicieux et méchants tant que nous aurons intérêt à l'être, et malheureusement les chaînes dont nous sommes chargés multiplient cet intérêt autour de nous. L'effort de corriger le désordre de nos désirs est presque toujours vain, et rarement il est vrai. Ce qu'il faut changer, c'est moins nos désirs que les situations qui les produisent. Si nous voulons devenir bons, ôtons les rapports qui nous empêchent de l'être, il n'y a point d'autre moyen. Je ne voudrois pas pour tout au monde avoir droit à la succession d'autrui, surtout de personnes qui devroient m'être chères ; car que sais-je quel horrible vœu l'indigence pourroit m'arracher? Sur ce principe, examinez bien la résolution de Julie, et la déclaration qu'elle en fait à son ami ; pesez cette résolution dans toutes ses circonstances, et vous verrez comment un cœur droit en doute de lui-même sait s'ôter au besoin tout intérêt contraire au devoir. Dès ce moment Julie, malgré l'amour qui lui reste, met ses sens du parti de sa vertu ; elle se force, pour ainsi dire, d'aimer Wolmar comme son unique époux, comme le seul homme avec lequel elle habitera de sa vie ; elle change l'intérêt secret qu'elle avoit à sa perte en intérêt à le conserver. Ou je ne connois rien au cœur humain, ou c'est à cette seule résolution si critiquée que tient le triomphe de la vertu dans tout le reste de la vie de Julie, et l'attachement sincère et constant qu'elle a jusqu'à la fin pour son mari.

S.

un sophisme ; car quoiqu'on ne soit tenue à rien envers un époux qu'on n'a pas encore, cela n'autorise point à se donner à lui pour autre chose que ce qu'on est. Je l'avois senti, même avant de me marier, et si le serment extorqué par mon père m'empêcha de faire à cet égard mon devoir, je n'en fus que plus coupable, puisque c'est un crime de faire un serment injuste, et un second de le tenir. Mais j'avois une autre raison que mon cœur n'osoit s'avouer, et qui me rendoit beaucoup plus coupable encore. Grâces au ciel elle ne subsiste plus.

Une considération plus légitime et d'un plus grand poids est le danger de troubler inutilement le repos d'un honnête homme qui tire son bonheur de l'estime qu'il a pour sa femme. Il est sûr qu'il ne dépend plus de lui de rompre le nœud qui nous unit, ni de moi d'en avoir été plus digne. Ainsi je risque, par une confidence indiscrète, de l'affliger à pure perte, sans tirer d'autre avantage de ma sincérité que de décharger mon cœur d'un secret funeste qui me pèse cruellement. J'en serai plus tranquille, je le sens, après le lui avoir déclaré ; mais lui, peut-être, le sera-t-il moins ; et ce seroit bien mal réparer mes torts que de préférer mon repos au sien.

Que ferai-je donc dans le doute où je suis ? En attendant que le ciel m'éclaire mieux sur mes devoirs, je suivrai le conseil de votre amitié ; je garderai le silence, je tairai mes fautes à mon époux, et je tâcherai de les effacer par une conduite qui puisse un jour en mériter le pardon.

Pour commencer une réforme aussi nécessaire, trouvez bon, mon ami, que nous cessions désormais tout commerce entre nous. Si M. de Wolmar avoit reçu ma confession, il décideroit jusqu'à quel point nous pouvons nourrir les sentiments de l'amitié qui nous lie, et nous en donner les innocents témoignages; mais puisque je n'ose le consulter là-dessus, j'ai trop appris à mes dépens combien nous peuvent égarer les habitudes les plus légitimes en apparence. Il est temps de devenir sage. Malgré la sécurité de mon cœur, je ne veux plus être juge en ma propre cause, ni me livrer, étant femme, à la même présomption qui me perdit étant fille. Voici la dernière lettre que vous recevrez de moi : je vous supplie aussi de ne plus m'écrire. Cependant, comme je ne cesserai jamais de prendre à vous le plus tendre intérêt, et que ce sentiment est aussi pur que le jour qui m'éclaire, je serai bien aise de savoir quelquefois de vos nouvelles, et de vous voir parvenir au bonheur que vous méritez. Vous pourrez de temps à autre écrire à madame d'Orbe dans les occasions où vous aurez quelque événement intéressant à nous apprendre. J'espère que l'honnêteté de votre ame se peindra toujours dans vos lettres. D'ailleurs ma cousine est vertueuse et assez sage pour ne me communiquer que ce qu'il me conviendra de voir, et pour supprimer cette correspondance si vous étiez capable d'en abuser.

Adieu, mon cher et bon ami : si je croyois que la fortune pût vous rendre heureux, je vous dirois, Courez à la fortune; mais peut-être avez-vous raison de la dédaigner avec tant de trésors pour vous passer d'elle : j'aime mieux vous dire, Courez à la félicité, c'est la fortune du sage. Nous avons toujours senti qu'il n'y en avoit point sans la vertu; mais prenez garde que ce mot de vertu trop abstrait n'ait plus d'éclat que de solidité, et ne soit un nom de parade qui sert plus à éblouir les autres qu'à nous contenter nous-mêmes. Je frémis quand je songe que des gens qui portoient l'adultère au fond de leur cœur osoient parler de vertu. Savez-vous bien ce que signifioit pour nous un terme si respectable et si profané, tandis que nous étions engagés dans un commerce criminel? c'étoit cet amour forcené dont nous étions embrasés l'un et l'autre qui déguisoit ses transports sous ce saint enthousiasme, pour nous les rendre encore plus chers et nous abuser plus long-temps. Nous étions faits, j'ose le croire, pour suivre et chérir la véritable vertu, mais nous nous trompions en la cherchant, et ne suivions qu'un vain fantôme. Il est temps que l'illusion cesse, il est temps de revenir d'un trop long égarement. Mon ami, ce retour ne vous sera pas difficile : vous avez votre guide en vous-même; vous l'avez pu négliger, mais vous ne l'avez jamais rebuté. Votre ame est saine, elle s'attache à tout ce qui est bien; et si quelquefois il lui échappe, c'est qu'elle n'a pas usé de toute sa force pour s'y tenir. Rentrez au fond de votre conscience, et cherchez si vous n'y retrouveriez point quelque principe oublié qui serviroit mieux à ordonner toutes vos actions, à les lier plus solidement entre elles et avec un objet commun. Ce n'est pas assez, croyez-moi, que la vertu soit la base de votre conduite, si vous n'établissez cette base même sur un fondement inébranlable. Souvenez-vous de ces Indiens qui font porter le monde sur un grand éléphant, et puis l'éléphant sur une tortue; et quand on leur demande sur quoi porte la tortue, ils ne savent plus que dire.

Je vous conjure de faire quelque attention aux discours de votre amie, et de choisir pour aller au bonheur une route plus sûre que celle qui nous a si long-temps égarés. Je ne cesserai de demander au ciel, pour vous et pour moi, cette félicité pure, et ne serai contente qu'après l'avoir obtenue pour tous les deux. Ah! si jamais nos cœurs se rappellent malgré nous les erreurs de notre jeunesse, faisons au moins que le retour qu'elles auront produit en autorise le souvenir, et que nous puissions dire avec cet ancien : Hélas! nous périssions si nous n'eussions péri [1]!

[1] Mot de Thémistocle rapporté par Plutarque, *Dicts notables des rois et grands capitaines*, § 40.

Ici finissent les sermons de la prêcheuse : elle aura désormais assez à faire à se prêcher elle-même. Adieu, mon aimable ami, adieu pour toujours ; ainsi l'ordonne l'inflexible devoir : mais croyez que le cœur de Julie ne sait point oublier ce qui lui fut cher... Mon dieu ! que fais-je ?... Vous le verrez trop à l'état de ce papier. Ah ! n'est-il pas permis de s'attendrir en disant à son ami le dernier adieu ?

LETTRE XXI.

DE L'AMANT DE JULIE A MILORD ÉDOUARD.

Oui, milord, il est vrai, mon ame est oppressée du poids de la vie ; depuis long-temps elle m'est à charge ; j'ai perdu tout ce qui pouvoit me la rendre chère, il ne m'en reste que les ennuis. Mais on dit qu'il ne m'est pas permis d'en disposer sans l'ordre de celui qui me l'a donnée. Je sais aussi qu'elle vous appartient à plus d'un titre ; vos soins me l'ont sauvée deux fois, et vos bienfaits me la conservent sans cesse : je n'en disposerai jamais que je ne sois sûr de le pouvoir faire sans crime, ni tant qu'il me restera la moindre espérance de la pouvoir employer pour vous.

Vous disiez que je vous étois nécessaire : pourquoi me trompiez-vous ? Depuis que nous sommes à Londres, loin que vous songiez à m'occuper de vous, vous ne vous occupez que de moi. Que vous prenez de soins superflus! Milord, vous le savez, je hais le crime encore plus que la vie; j'adore l'Être éternel. Je vous dois tout, je vous aime, je ne tiens qu'à vous sur la terre : l'amitié, le devoir, y peuvent enchaîner un infortuné; des prétextes et des sophismes ne l'y retiendront point. Éclairez ma raison, parlez à mon cœur; je suis prêt à vous entendre; mais souvenez-vous que ce n'est point le désespoir qu'on abuse.

Vous voulez qu'on raisonne : hé bien! raisonnons. Vous voulez qu'on proportionne la délibération à l'importance de la question qu'on agite; j'y consens. Cherchons la vérité paisiblement, tranquillement; discutons la proposition générale comme s'il s'agissoit d'un autre. Robeck fit l'apologie de la mort volontaire avant de se la donner [1]. Je ne veux pas faire un livre à son exemple, et je ne suis pas fort content du sien; mais j'espère imiter son sang-froid dans cette discussion.

[1] Robeck fit sur le suicide un gros livre, dans lequel il prétendit démontrer qu'il étoit permis de se donner la mort, et pour prouver combien il étoit de bonne foi il se tua. Son ouvrage a pour titre : *Joan. Robeck exercitatio de morte voluntariâ*, etc. *Rintalii*, 1736; in-4°. L'abbé de Saint-Cyran avoit soutenu la même thèse, ainsi que le docteur Donne, théologien anglois. Mais aucun ne prêcha d'exemple comme Robeck. Le docteur mourut doyen de Saint-Paul, en dépit d'une opinion qui préconisoit un acte pour lequel les lois de son pays faisoient traîner le cadavre sur la claie, ne pouvant punir le coupable. Voyez la note de la page 134 de ce volume.

J'ai long-temps médité sur ce grave sujet ; vous devez le savoir, car vous connoissez mon sort, et je vis encore. Plus j'y réfléchis, plus je trouve que la question se réduit à cette proposition fondamentale : Chercher son bien et fuir son mal en ce qui n'offense point autrui, c'est le droit de la nature. Quand notre vie est un mal pour nous et n'est un bien pour personne, il est donc permis de s'en délivrer. S'il y a dans le monde une maxime évidente et certaine, je pense que c'est celle-là ; et si l'on venoit à bout de la renverser, il n'y a point d'action humaine dont on ne pût faire un crime.

Que disent là-dessus nos sophistes ? Premièrement ils regardent la vie comme une chose qui n'est pas à nous, parce qu'elle nous a été donnée : mais c'est précisément parce qu'elle nous a été donnée qu'elle est à nous. Dieu ne leur a-t-il pas donné deux bras ? cependant, quand ils craignent la gangrène, ils s'en font couper un, et tous les deux, s'il le faut. La parité est exacte pour qui croit l'immortalité de l'ame ; car si je sacrifie mon bras à la conservation d'une chose plus précieuse, qui est mon corps, je sacrifie mon corps à la conservation d'une chose plus précieuse, qui est mon bien-être. Si tous les dons que le ciel nous a faits sont naturellement des biens pour nous, ils ne sont que trop sujets à changer de nature ; et il y ajouta la raison pour nous apprendre à les discerner. Si cette règle ne nous autorisoit pas à choisir les uns et rejeter les autres, quel seroit son usage parmi les hommes?

Cette objection si peu solide, ils la retournent de mille manières. Ils regardent l'homme vivant sur la terre comme un soldat mis en faction. Dieu, disent-ils, t'a placé dans ce monde, pourquoi en sors-tu sans son congé? Mais toi-même, il t'a placé dans ta ville, pourquoi en sors-tu sans son congé? Le congé n'est-il pas dans le mal-être? En quelque lieu qu'il me place, soit dans un corps, soit sur la terre, c'est pour y rester autant que j'y suis bien, et pour en sortir dès que j'y suis mal. Voilà la voix de la nature et la voix de Dieu. Il faut attendre l'ordre, j'en conviens; mais quand je meurs naturellement, Dieu ne m'ordonne pas de quitter la vie, il me l'ôte; c'est en me la rendant insupportable qu'il m'ordonne de la quitter. Dans le premier cas, je résiste de toute ma force; dans le second, j'ai le mérite d'obéir.

Concevez-vous qu'il y ait des gens assez injustes pour taxer la mort involontaire de rébellion contre la Providence, comme si l'on vouloit se soustraire à ses lois? Ce n'est point pour s'y soustraire qu'on cesse de vivre, c'est pour les exécuter. Quoi! Dieu n'a-t-il de pouvoir que sur mon corps? est-il quelque lieu dans l'univers où quelque être existant ne soit pas sous sa main? et agira-t-il moins immédiatement sur moi quand ma substance épurée sera plus une et plus semblable à la sienne? Non, sa justice et sa bonté font mon espoir; et, si je croyois que la mort pût me soustraire à sa puissance, je ne voudrois plus mourir.

C'est un des sophismes du Phédon, rempli d'ailleurs de vérités sublimes. Si ton esclave se tuoit, dit Socrate à Cébès, ne le punirois-tu pas, s'il t'étoit possible, pour t'avoir injustement privé de ton bien? Bon Socrate, que nous dites-vous? N'appartient-on plus à Dieu quand on est mort? Ce n'est point cela du tout; mais il falloit dire : Si tu charges ton esclave d'un vêtement qui le gêne dans le service qu'il te doit, le puniras-tu d'avoir quitté cet habit pour mieux faire son service? La grande erreur est de donner trop d'importance à la vie; comme si notre être en dépendoit, et qu'après la mort on ne fût plus rien. Notre vie n'est rien aux yeux de Dieu, elle n'est rien aux yeux de la raison; elle ne doit rien être aux nôtres; et, quand nous laissons notre corps, nous ne faisons que poser un vêtement incommode. Est-ce la peine d'en faire un si grand bruit? Milord, ces déclamateurs ne sont point de bonne foi; absurdes et cruels dans leurs raisonnements, ils aggravent le prétendu crime, comme si l'on s'ôtoit l'existence, et le punissent, comme si l'on existoit toujours.

Quant au Phédon, qui leur a fourni le seul argument spécieux qu'ils aient jamais employé, cette question n'y est traitée que très-légèrement et comme en passant. Socrate, condamné par un jugement inique à perdre la vie dans quelques heures n'avoit pas besoin d'examiner bien attentivement s'il lui étoit permis d'en disposer. En supposant qu'il ait tenu réellement les discours que Platon lui fait tenir, croyez-moi, milord, il les eût médités avec plus de soin dans l'occasion de les mettre en pratique; et la preuve qu'on ne peut tirer de cet immortel ouvrage aucune bonne objection contre le droit de disposer de sa propre vie, c'est que Caton le lut par deux fois tout entier la nuit même qu'il quitta la terre.

Ces mêmes sophistes demandent si jamais la vie peut être un mal. En considérant cette foule d'erreurs, de tourments et de vices dont elle est remplie, on seroit bien plus tenté de demander si jamais elle fut un bien. Le crime assiége sans cesse l'homme le plus vertueux; chaque instant qu'il vit, il est prêt à devenir la proie du méchant ou méchant lui-même. Combattre et souffrir, voilà son sort dans ce monde; mal faire et souffrir, voilà celui du malhonnête homme. Dans tout le reste ils diffèrent entre eux, ils n'ont rien en commun que les misères de la vie. S'il vous falloit des autorités et des faits, je vous citerois des oracles, des réponses de sages, des actes de vertu récompensés par la mort. Laissons tout cela, milord : c'est à vous que je parle, et je vous demande quelle est ici-bas la principale occupation du sage, si ce n'est de se concentrer pour ainsi dire au fond de son ame, et de s'efforcer d'être mort durant sa vie. Le seul moyen qu'ait trouvé la raison pour nous soustraire aux maux de l'humanité n'est-il pas de nous détacher des objets terrestres et de tout ce qu'il y a de mortel en nous, de nous recueillir au dedans de nous-mêmes, de nous élever aux sublimes contemplations? et si nos passions et nos erreurs font nos infortunes, avec quelle ardeur devons-nous soupirer après un état qui nous délivre des unes et des autres! Que font ces hommes sensuels qui multiplient si indiscrètement leurs douleurs par leurs voluptés? ils anéantissent pour ainsi dire leur existence à force de l'étendre sur la terre; ils aggravent le poids de leurs chaînes par le nombre de leurs attachements; ils n'ont point de jouissances qui ne leur préparent mille amères privations; plus ils sentent, et plus ils souffrent; plus ils s'enfoncent dans la vie, et plus ils sont malheureux.

Mais qu'en général ce soit, si l'on veut, un bien pour l'homme de ramper tristement sur la terre, j'y consens : je ne prétends pas que tout le genre humain doive s'immoler d'un commun accord, ni faire un vaste tombeau du monde. Il est, il est des infortunés trop privilégiés pour suivre la route commune, et pour qui le désespoir et les amères douleurs sont le passe-port de la nature : c'est ceux-là qu'il seroit aussi insensé de croire que leur vie est un bien qu'il l'étoit au sophiste Possidonius tourmenté de la goutte de nier qu'elle fût un mal.

Tant qu'il nous est bon de vivre nous le désirons fortement, et il n'y a que le sentiment des maux extrêmes qui puisse vaincre en nous ce désir : car nous avons tous reçu de la nature une très-grande horreur de la mort, et cette horreur déguise à nos yeux les misères de la condition humaine. On supporte long-temps une vie pénible et douloureuse avant de se résoudre à la quitter; mais quand une fois l'ennui de vivre l'emporte sur l'horreur de mourir, alors la vie est évidemment un grand mal, et l'on ne peut s'en délivrer trop tôt. Ainsi, quoiqu'on ne puisse exactement assigner le point où elle cesse d'être un bien, on sait très-certainement au moins qu'elle est un mal long-temps avant de nous le paroître; et chez tout homme sensé le droit d'y renoncer en précède toujours de beaucoup la tentation.

Ce n'est pas tout; après avoir nié que la vie puisse être un mal pour nous ôter le droit de nous en défaire, ils disent ensuite qu'elle est un mal pour nous reprocher de ne la pouvoir endurer. Selon eux c'est une lâcheté de se soustraire à ses douleurs et à ses peines, et il n'y a jamais que des poltrons qui se donnent la mort. O Rome, conquérante du monde, quelle troupe de poltrons t'en donna l'empire ! Qu'Arrie, Éponine, Lucrèce, soient dans le nombre, elles étoient femmes; mais Brutus, mais Cassius, et toi qui partageois avec les dieux les respects de la terre étonnée, grand et divin Caton, toi dont l'image auguste et sacrée animoit les Romains d'un saint zèle et faisoit frémir les tyrans, tes fiers admirateurs ne pensoient pas qu'un jour, dans le coin poudreux d'un collége, de vils rhéteurs prouveroient que tu ne fus qu'un lâche pour avoir refusé au crime l'heureux hommage de la vertu dans les fers. Force et grandeur des écrivains modernes, que vous êtes sublimes, et qu'ils sont intrépides la plume à la main ! Mais dites-moi, brave et vaillant héros, qui vous sauvez si courageusement d'un combat pour supporter plus long-temps la peine de vivre, quand un tison brûlant vient à tomber sur cette éloquente main, pourquoi la retirez-vous si vite ? Quoi ! vous avez la lâcheté de n'oser soutenir l'ardeur du feu ! Rien, dites-vous, ne m'oblige à supporter la vie ? La génération d'un homme a-t-elle coûté plus à la Providence que celle d'un fétu ? et l'une et l'autre n'est-elle pas également son ouvrage ?

Sans doute il y a du courage à souffrir avec constance les maux qu'on ne peut éviter ; mais il n'y a qu'un insensé qui souffre volontairement ceux dont il peut s'exempter sans mal faire, et c'est souvent un très-grand mal d'endurer un mal sans nécessité. Celui qui ne sait pas se délivrer d'une vie douloureuse par une prompte mort, ressemble à celui qui aime mieux laisser envenimer une plaie que de la livrer au fer salutaire d'un chirurgien. Viens, respectable Parisot[1], coupe-moi cette jambe qui me feroit périr : je te verrai faire sans sourciller, et me laisserai traiter de lâche par le brave qui voit tomber la sienne en pourriture, faute d'oser soutenir la même opération.

J'avoue qu'il est des devoirs envers autrui qui ne permettent pas à tout homme de disposer de lui-même; mais en revanche combien en est-il qui l'ordonnent! Qu'un magistrat à qui tient le salut de la patrie, qu'un père de famille qui doit la subsistance à ses enfants, qu'un débiteur insolvable qui ruineroit ses créanciers, se dévouent à leur devoir, quoi qu'il arrive; que mille autres relations civiles et domestiques forcent un honnête homme infortuné de supporter le malheur de vivre pour éviter le malheur plus grand d'être injuste, est-il permis pour cela, dans des cas tout différents, de conserver aux dépens d'une foule de misérables une vie qui n'est utile qu'à celui qui n'ose mourir? Tue-moi, mon enfant, dit le sauvage décrépit à son fils qui le porte et fléchit sous le poids; les ennemis sont là; va combattre avec tes frères, va sauver tes enfants, et n'expose pas ton père à tomber vif entre les mains de ceux dont il mangea les parents. Quand la faim, les maux, la misère, en-

---

[1] Chirurgien de Lyon, homme d'honneur, bon citoyen, ami tendre et généreux, négligé, mais non pas oublié de tel qui fut honoré de ses bienfaits[*].

[*] Il en fait l'éloge dans ses Confessions, au livre VII.

nemis domestiques pires que les sauvages, permettroient à un malheureux estropié de consommer dans son lit le pain d'une famille qui peut à peine en gagner pour elle, celui qui ne tient à rien, celui que le ciel réduit à vivre seul sur la terre, celui dont la malheureuse existence ne peut produire aucun bien, pourquoi n'auroit-il pas au moins le droit de quitter un séjour où ses plaintes sont importunes et ses maux sans utilité ?

Pesez ces considérations, milord, rassemblez toutes ces raisons, et vous trouverez qu'elles se réduisent au plus simple des droits de la nature qu'un homme sensé ne mit jamais en question. En effet, pourquoi seroit-il permis de se guérir de la goutte et non de la vie ? L'une et l'autre ne nous vient-elle pas de la même main ? S'il est pénible de mourir, qu'est-ce à dire ? Les drogues font-elles plaisir à prendre ? Combien de gens préfèrent la mort à la médecine ! Preuve que la nature répugne à l'une et à l'autre. Qu'on me montre donc comment il est plus permis de se délivrer d'un mal passager en faisant des remèdes que d'un mal incurable en s'ôtant la vie, et comment on est moins coupable d'user de quinquina pour la fièvre que d'opium pour la pierre. Si nous regardons à l'objet, l'un et l'autre est de nous délivrer du mal-être ; si nous regardons au moyen, l'un et l'autre est également naturel ; si nous regardons à la répugnance, il y en a également des deux côtés ; si nous regardons à la volonté du maître, quel mal veut-on combattre qu'il ne nous ait pas envoyé? à quelle douleur veut-on se soustraire qui ne nous vienne pas de sa main? Quelle est la borne où finit sa puissance et où l'on peut légitimement résister? Ne nous est-il donc permis de changer l'état d'aucune chose, parce que tout ce qui est est comme il l'a voulu? Faut-il ne rien faire en ce monde de peur d'enfreindre ses lois? et quoi que nous fassions, pouvons-nous jamais les enfreindre? Non, milord, la vocation de l'homme est plus grande et plus noble; Dieu ne l'a point animé pour rester immobile dans un quiétisme éternel; mais il lui a donné la liberté pour faire le bien, la conscience pour le vouloir, et la raison pour le choisir; il l'a constitué seul juge de ses propres actions; il a écrit dans son cœur: Fais ce qui t'est salutaire et n'est nuisible à personne. Si je sens qu'il m'est bon de mourir, je résiste à son ordre en m'opiniâtrant à vivre; car, en me rendant la mort désirable, il me prescrit de la chercher.

Bomston, j'en appelle à votre sagesse et à votre candeur, quelles maximes plus certaines la raison peut-elle déduire de la religion sur la mort volontaire? Si les chrétiens en ont établi d'opposées, ils ne les ont tirées ni des principes de leur religion, ni de sa règle unique, qui est l'Écriture, mais seulement des philosophes païens. Lactance et Augustin, qui les premiers avancèrent cette nouvelle doctrine dont Jésus-Christ ni les apôtres n'avoient pas dit un mot, né s'appuyèrent que sur le raisonnement du Phédon, que j'ai déjà combattu; de sorte que les fidèles, qui croient suivre en cela l'autorité de l'Évangile, ne suivent que celle de Platon. En effet, où verra-t-on dans la Bible entière une loi contre le suicide, ou même une simple improbation? et n'est-il pas bien étrange que, dans les exemples de gens qui se sont donné la mort, on n'y trouve pas un seul mot de blâme contre aucun de ces exemples? Il y a plus, celui de Samson est autorisé par un prodige qui le venge de ses ennemis. Ce miracle se seroit-il fait pour justifier un crime? et cet homme, qui perdit sa force pour s'être laissé séduire par une femme, l'eût-il recouvrée pour commettre un forfait authentique? comme si Dieu lui-même eût voulu tromper les hommes!

Tu ne tueras point, dit le Décalogue. Que s'ensuit-il de là? Si ce commandement doit être pris à la lettre, il ne faut tuer ni les malfaiteurs ni les ennemis; et Moïse, qui fit tant mourir de gens, entendoit fort mal son propre précepte. S'il y a quelques exceptions, la première est certainement en faveur de la mort volontaire, parce qu'elle est exempte de violence et d'injustice, les deux seules considérations qui puissent rendre l'homicide criminel; et que la nature y a mis d'ailleurs un suffisant obstacle.

Mais, disent-ils encore, souffrez patiemment les maux que Dieu vous envoie ; faites-vous un mérite de vos peines. Appliquer ainsi les maximes du christianisme, que c'est mal en saisir l'esprit! L'homme est sujet à mille maux, sa vie est un tissu de misères, et il ne semble naître que pour souffrir. De ces maux, ceux qu'il peut éviter la raison veut qu'il les évite ; et la religion, qui n'est jamais contraire à la raison, l'approuve. Mais que leur somme est petite auprès de ceux qu'il est forcé de souffrir malgré lui! C'est de ceux-ci qu'un Dieu clément permet aux hommes de se faire un mérite ; il accepte en hommage volontaire le tribut forcé qu'il nous impose, et marque au profit de l'autre vie la résignation dans celle-ci. La véritable pénitence de l'homme lui est imposée par la nature ; s'il endure patiemment tout ce qu'il est contraint d'endurer, il a fait à cet égard tout ce que Dieu lui demande ; et si quelqu'un montre assez d'orgueil pour vouloir faire davantage, c'est un fou qu'il faut enfermer, ou un fourbe qu'il faut punir. Fuyons donc sans scrupule tous les maux que nous pouvons fuir, il ne nous en restera que trop à souffrir encore. Délivrons-nous sans remords de la vie même, aussitôt qu'elle est un mal pour nous, puisqu'il dépend de nous de le faire, et qu'en cela nous n'offensons ni Dieu ni les hommes. S'il faut un sacrifice à l'Être suprême, n'est-ce rien que de mourir? Offrons à Dieu la mort qu'il nous impose par la voix de la raison, et versons paisiblement dans son sein notre ame qu'il redemande.

Tels sont les préceptes généraux que le bon sens dicte à tous les hommes, et que la religion autorise[1]. Revenons à nous. Vous avez daigné m'ouvrir votre cœur; je connois vos peines, vous ne souffrez pas moins que moi; vos maux sont sans remède ainsi que les miens, et d'autant plus sans remède que les lois de l'honneur sont plus immuables que celles de la fortune. Vous les supportez, je l'avoue, avec fermeté. La vertu vous soutient; un pas de plus, elle vous dégage. Vous me pressez de souffrir; milord, j'ose vous presser de terminer vos souffrances, et je vous laisse à juger qui de nous est le plus cher à l'autre.

Que tardons-nous à faire un pas qu'il faut tou-

---

[1] L'étrange lettre pour la délibération dont il s'agit! Raisonne-t-on si paisiblement sur une question pareille quand on l'examine pour soi? la lettre est-elle fabriquée, ou l'auteur ne veut-il qu'être réfuté? Ce qui peut tenir en doute, c'est l'exemple de Robeck qu'il cite, et qui semble autoriser le sien. Robeck délibéra si posément, qu'il eut la patience de faire un livre, un gros livre, bien long, bien pesant, bien froid; et quand il eut établi, selon lui, qu'il étoit permis de se donner la mort, il se la donna avec la même tranquillité. Défions-nous des préjugés de siècle et de nation. Quand ce n'est pas la mode de se tuer, on n'imagine que des enragés qui se tuent; tous les actes de courage sont autant de chimères pour les ames foibles; chacun ne juge des autres que par soi : cependant combien n'avons-nous pas d'exemples attestés d'hommes sages en tout autre point qui, sans remords, sans fureur, sans désespoir, renoncent à la vie uniquement parce qu'elle leur est à charge, et meurent plus tranquillement qu'ils n'ont vécu!

jours faire? Attendrons-nous que la vieillesse et les ans nous attachent bassement à la vie après nous en avoir ôté les charmes, et que nous traînions avec effort, ignominie et douleur, un corps infirme et cassé? Nous sommes dans l'âge où la vigueur de l'ame la dégage aisément de ses entraves, et où l'homme sait encore mourir; plus tard il se laisse en gémissant arracher la vie. Profitons d'un temps où l'ennui de vivre nous rend la mort désirable; craignons qu'elle ne vienne avec ses horreurs au moment où nous n'en voudrons plus. Je m'en souviens, il fut un instant où je ne demandois qu'une heure au ciel, et où je serois mort désespéré si je ne l'eusse obtenue. Ah! qu'on a de peine à briser les nœuds qui lient nos cœurs à la terre! et qu'il est sage de la quitter aussitôt qu'ils sont rompus! Je le sens, milord, nous sommes dignes tous deux d'une habitation plus pure : la vertu nous la montre, et le sort nous invite à la chercher. Que l'amitié qui nous joint nous unisse encore à notre dernière heure. Oh! quelle volupté pour deux vrais amis de finir leurs jours volontairement dans les bras l'un de l'autre, de confondre leurs derniers soupirs, d'exhaler à la fois les deux moitiés de leur ame! Quelle douleur, quel regret peut empoisonner leurs derniers instants? Que quittent-ils en sortant du monde? ils s'en vont ensemble; ils ne quittent rien.

LETTRE XXII.

RÉPONSE.

Jeune homme, un aveugle transport t'égare : sois plus discret, ne conseille point en demandant conseil : j'ai connu d'autres maux que les tiens. J'ai l'ame ferme; je suis Anglois. Je sais mourir; car je sais vivre, souffrir en homme. J'ai vu la mort de près, et la regarde avec trop d'indifférence pour l'aller chercher. Parlons de toi.

Il est vrai, tu m'étois nécessaire; mon ame avoit besoin de la tienne; tes soins pouvoient m'être utiles; ta raison pouvoit m'éclairer dans la plus importante affaire de ma vie : si je ne m'en sers point, à qui t'en prends-tu? Où est-elle? qu'est-elle devenue? que peux-tu faire? à quoi es-tu bon dans l'état où te voilà! quels services puis-je espérer de toi? Une douleur insensée te rend stupide et impitoyable : tu n'es pas un homme, tu n'es rien; et si je ne regardois à ce que tu peux être, tel que tu es, je ne vois rien dans le monde au-dessous de toi.

Je n'en veux pour preuve que ta lettre même. Autrefois je trouvois en toi du sens, de la vérité; tes sentiments étoient droits, tu pensois juste, et je ne t'aimois pas seulement par goût, mais par choix, comme un moyen de plus pour moi de cultiver la sagesse. Qu'ai-je trouvé maintenant dans les raisonnements de cette lettre dont tu parois si content ? Un misérable et perpétuel sophisme, qui, dans l'égarement de ta raison, marque celui de ton cœur, et que je ne daignerois pas même relever si je n'avois pitié de ton délire.

Pour renverser tout cela d'un mot, je ne veux te demander qu'une seule chose : toi qui crois Dieu existant, l'ame immortelle, et la liberté de l'homme, tu ne penses pas, sans doute, qu'un être intelligent reçoive un corps et soit placé sur la terre au hasard seulement pour vivre, souffrir, et mourir ? Il y a bien peut-être à la vie humaine un but, une fin, un objet moral ? Je te prie de me répondre clairement sur ce point ; après quoi nous reprendrons pied à pied ta lettre, et tu rougiras de l'avoir écrite.

Mais laissons les maximes générales, dont on fait souvent beaucoup de bruit sans jamais en suivre aucune ; car il se trouve toujours dans l'application quelque condition particulière qui change tellement l'état des choses, que chacun se croit dispensé d'obéir à la règle qu'il prescrit aux autres ; et l'on sait bien que tout homme qui pose des maximes générales entend qu'elles obligent tout le monde, excepté lui. Encore un coup, parlons de toi.

Il t'est donc permis, selon toi, de cesser de vivre ? La preuve en est singulière, c'est que tu as envie de mourir. Voilà certes un argument fort

commode pour les scélérats : ils doivent t'être bien
obligés des armes que tu leur fournis ; il n'y aura
plus de forfaits qu'ils ne justifient par la tentation
de les commettre ; et dès que la violence de la passion l'emportera sur l'horreur du crime, dans le
désir de mal faire, ils en trouveront aussi le droit.

Il t'est donc permis de cesser de vivre ? Je voudrois bien savoir si tu as commencé. Quoi ! fus-tu
placé sur la terre pour n'y rien faire ! Le ciel ne
t'imposa-t-il point avec la vie une tâche pour la
remplir ? Si tu as fait ta journée avant le soir, repose-toi le reste du jour, tu le peux ; mais voyons
ton ouvrage. Quelle réponse tiens-tu prête au juge
suprême qui te demandera compte de ton temps ?
Parle, que lui diras-tu ? J'ai séduit une fille honnête ; j'abandonne un ami dans ses chagrins. Malheureux ! trouve-moi ce juste qui se vante d'avoir
assez vécu, que j'apprenne de lui comment il faut
avoir porté la vie pour être en droit de la quitter.

Tu comptes les maux de l'humanité ; tu ne rougis pas d'épuiser les lieux communs cent fois rebattus, et tu dis : La vie est un mal. Mais regarde,
cherche dans l'ordre des choses si tu y trouves
quelques biens qui ne soient point mêlés de maux.
Est-ce donc à dire qu'il n'y ait aucun bien dans
l'univers ! et peux-tu confondre ce qui est mal
par sa nature avec qui ne souffre le mal que par
accident ? Tu l'as dit toi-même, la vie passive de
l'homme n'est rien, et ne regarde qu'un corps

dont il sera bientôt délivré; mais sa vie active et morale, qui doit influer sur tout son être, consiste dans l'exercice de sa volonté. La vie est un mal pour le méchant qui prospère, et un bien pour l'honnête homme infortuné; car ce n'est pas une modification passagère, mais son rapport avec son objet, qui la rend bonne ou mauvaise. Quelles sont enfin ces douleurs si cruelles qui te forcent de la quitter? Penses-tu que je n'aie pas démêlé sous ta feinte impartialité dans le dénombrement des maux de cette vie la honte de parler des tiens? Crois-moi, n'abandonne pas à la fois toutes tes vertus; garde au moins ton ancienne franchise, et dis ouvertement à ton ami : J'ai perdu l'espoir de corrompre une honnête femme, me voilà forcé d'être homme de bien; j'aime mieux mourir.

Tu t'ennuies de vivre, et tu dis : La vie est un mal. Tôt ou tard tu seras consolé, et tu diras : La vie est un bien. Tu diras plus vrai sans mieux raisonner; car rien n'aura changé que toi. Change donc dès aujourd'hui; et puisque c'est dans la mauvaise disposition de ton ame qu'est tout le mal, corrige tes affections déréglées, et ne brûle pas ta maison pour n'avoir pas la peine de la ranger.

Je souffre, dis-tu, dépend-il de moi de ne pas souffrir? D'abord c'est changer l'état de la question; car il ne s'agit pas de savoir si tu souffres, mais si c'est un mal pour toi de vivre. Passons.

Tu souffres, tu dois chercher à ne plus souffrir. Voyons s'il est besoin de mourir pour cela.

Considère un moment le progrès naturel des maux de l'ame directement opposé au progrès des maux du corps, comme les deux substances sont opposées par leur nature. Ceux-ci s'invétèrent, s'empirent en vieillissant, et détruisent enfin cette machine mortelle. Les autres, au contraire, altérations externes et passagères d'un être immortel et simple, s'effacent insensiblement et le laissent dans sa forme originelle que rien ne sauroit changer. La tristesse, l'ennui, les regrets, le désespoir, sont des douleurs peu durables qui ne s'enracinent jamais dans l'ame; et l'expérience dément toujours ce sentiment d'amertume qui nous fait regarder nos peines comme éternelles. Je dirai plus, je ne puis croire que les vices qui nous corrompent nous soient plus inhérents que nos chagrins; non seulement je pense qu'ils périssent avec le corps qui les occasione, mais je ne doute pas qu'une plus longue vie ne pût suffire pour corriger les hommes, et que plusieurs siècles de jeunesse ne nous apprissent qu'il n'y a rien de meilleur que la vertu.

Quoi qu'il en soit, puisque la plupart de nos maux physiques ne font qu'augmenter sans cesse, de violentes douleurs du corps, quand elles sont incurables, peuvent autoriser un homme à disposer de lui; car toutes ses facultés étant aliénées par la douleur, et le mal étant sans remède, il n'a plus l'usage ni de sa volonté ni de sa raison; il cesse d'être homme avant de mourir, et ne fait, en s'ôtant la vie, qu'achever de quitter un corps qui l'embarrasse et où son ame n'est déjà plus.

Mais il n'en est pas ainsi des douleurs de l'ame, qui, pour vives qu'elles soient, portent toujours leur remède avec elles. En effet, qu'est-ce qui rend un mal quelconque intolérable? c'est sa durée. Les opérations de la chirurgie sont communément beaucoup plus cruelles que les souffrances qu'elles guérissent; mais la douleur du mal est permanente, celle de l'opération passagère, et l'on préfère celle-ci. Qu'est-il donc besoin d'opération pour des douleurs qu'éteint leur propre durée, qui seule les rendroit insupportables? Est-il raisonnable d'appliquer d'aussi violents remèdes aux maux qui s'effacent d'eux-mêmes? Pour qui fait cas de la constance et n'estime les ans que le peu qu'ils valent, de deux moyens de se délivrer des mêmes souffrances, lequel doit être préféré de la mort ou du temps? Attends, et tu seras guéri. Que demandes-tu davantage?

Ah! c'est ce qui redouble mes peines de songer qu'elles finiront? Vain sophisme de la douleur, bon mot sans raison, sans justesse, et peut-être sans bonne foi. Quel absurde motif de désespoir que l'espoir de terminer sa misère [1]! Même en sup-

[1] Non, milord, on ne termine pas ainsi sa misère, on y met le

posant ce bizarre sentiment, qui n'aimeroit mieux aigrir un moment la douleur présente par l'assurance de la voir finir, comme on scarifie une plaie pour la faire cicatriser? et quand la douleur auroit un charme qui nous feroit aimer à souffrir, s'en priver en s'ôtant la vie, n'est-ce pas faire à l'instant même tout ce qu'on craint de l'avenir?

Penses-y bien, jeune homme; que sont dix, vingt, trente ans, pour un être immortel? La peine et le plaisir passent comme une ombre; la vie s'écoule en un instant, elle n'est rien par elle-même, son prix dépend de son emploi. Le bien seul qu'on a fait demeure, et c'est par lui qu'elle est quelque chose.

Ne dis donc plus que c'est un mal pour toi de vivre, puisqu'il dépend de toi seul que ce soit un bien, et que si c'est un mal d'avoir vécu, c'est une raison de plus pour vivre encore. Ne dis pas non plus qu'il t'est permis de mourir, car autant vaudroit dire qu'il t'est permis de n'être pas homme, qu'il t'est permis de te révolter contre l'auteur de ton être, et de tromper ta destination. Mais en ajoutant que ta mort ne fait de mal à personne, songes-tu que c'est à ton ami que tu l'oses dire?

Ta mort ne fait de mal à personne? J'entends;

---

comble; on rompt les derniers nœuds qui nous attachoient au bonheur. En regrettant ce qui nous fut cher, on tient encore à l'objet de sa douleur par sa douleur même, et cet état est moins affreux que de ne tenir plus à rien.

mourir à nos dépens ne t'importe guère, tu comptes pour rien nos regrets. Je ne te parle plus des droits de l'amitié que tu méprises : n'en est-il point de plus chers encore¹ qui t'obligent à te conserver ? S'il est une personne au monde qui t'ait assez aimé pour ne vouloir pas te survivre, et à qui ton bonheur manque pour être heureuse, penses-tu ne lui rien devoir ? Tes funestes projets exécutés ne troubleront-ils point la paix d'une ame rendue avec tant de peine à sa première innocence ? Ne crains-tu point de rouvrir dans ce cœur trop tendre des blessures mal refermées ? Ne crains-tu point que ta perte n'en entraîne une autre encore plus cruelle, en ôtant au monde et à la vertu leur plus digne ornement ? et si elle te survit, ne crains-tu point d'exciter dans son sein le remords, plus pesant à supporter que la vie ? Ingrat ami, amant sans délicatesse, seras-tu toujours occupé de toi-même ? Ne songeras-tu jamais qu'à tes peines ? N'es-tu point sensible au bonheur de ce qui te fut cher ? et ne saurois-tu vivre pour celle qui voulut mourir avec toi ?

Tu parles des devoirs du magistrat et du père de famille, et parce qu'ils ne te sont pas imposés, tu te crois affranchi de tout : et la société à qui tu dois ta conservation, tes talents, tes lumières ; la patrie à qui tu appartiens, les malheureux qui ont

---

¹ Des droits plus chers que ceux de l'amitié ! et c'est un sage qui le dit ! Mais ce prétendu sage étoit amoureux lui-même.

besoin de toi, ne leur dois-tu rien ? O l'exact dénombrement que tu fais ! parmi les devoirs que
tu comptes, tu n'oublies que ceux d'homme et de
citoyen. Où est ce vertueux patriote qui refuse de
vendre son sang à un prince étranger parce qu'il
ne doit le verser que pour son pays, et qui veut
maintenant le répandre en désespéré contre l'ex-
presse défense des lois ? Les lois, les lois, jeune
homme ! le sage les méprise-t-il ? Socrate innocent,
par respect pour elles, ne voulut pas sortir de pri-
son : tu ne balances point à les violer pour sortir
injustement de la vie, et tu demandes, Quel mal
fais-je ?

Tu veux t'autoriser par des exemples ; tu m'oses
nommer des Romains ! Toi, des Romains ! il t'appartient bien d'oser prononcer ces noms illustres !
Dis-moi, Brutus mourut-il en amant désespéré ! et
Caton déchira-t-il ses entrailles pour sa maîtresse !
Homme petit et foible, qu'y a-t-il entre Caton et
toi ! montre-moi la mesure commune de cette ame
sublime et de la tienne. Téméraire, ah ! tais-toi.
Je crains de profaner son nom par son apologie.
A ce nom saint et auguste, tout ami de la vertu
doit mettre le front dans la poussière, et honorer
en silence la mémoire du plus grand des hommes.

Que tes exemples sont mal choisis ! et que tu
juges bassement des Romains, si tu penses qu'ils
se crussent en droit de s'ôter la vie aussitôt qu'elle
leur étoit à charge ! Regarde les beaux temps de

la république, et cherche si tu y verras un seul citoyen vertueux se délivrer ainsi du poids de ses devoirs, même après les plus cruelles infortunes. Régulus retournant à Carthage prévint-il par sa mort les tourments qui l'attendoient? Que n'eût point donné Posthumius pour que cette ressource lui fût permise aux Fourches Caudines? Quel effort de courage le sénat même n'admira-t-il pas dans le consul Varron pour avoir pu survivre à sa défaite! Par quelle raison tant de généraux se laissèrent-ils volontairement livrer aux ennemis, eux à qui l'ignominie étoit si cruelle, et à qui il en coûtoit si peu de mourir? C'est qu'ils devoient à la patrie leur sang, leur vie et leurs derniers soupirs, et que la honte ni les revers ne les pouvoient détourner de ce devoir sacré. Mais quand les lois furent anéanties, et que l'état fut en proie à des tyrans, les citoyens reprirent leur liberté naturelle et leurs droits sur eux-mêmes. Quand Rome ne fut plus, il fut permis à des Romains de cesser d'être : ils avoient rempli leurs fonctions sur la terre; ils n'avoient plus de patrie; ils étoient en droit de disposer d'eux, et de se rendre eux-mêmes la liberté qu'ils ne pouvoient plus rendre à leur pays. Après avoir employé leur vie à servir Rome expirante et à combattre pour les lois, ils moururent vertueux et grands comme ils avoient vécu; et leur mort fut encore un tribut à la gloire du nom romain, afin qu'on ne vît dans aucun d'eux le spectacle indigne de vrais citoyens servant un usurpateur.

Mais toi, qui es-tu ? qu'as-tu fait ? Crois-tu t'excuser sur ton obscurité ? ta foiblesse t'exempte-t-elle de tes devoirs ? et pour n'avoir ni nom ni rang dans ta patrie, en es-tu moins soumis à ses lois ? Il te sied bien d'oser parler de mourir, tandis que tu dois l'usage de ta vie à tes semblables ! Apprends qu'une mort telle que tu la médites est honteuse et furtive ; c'est un vol fait au genre humain. Avant de le quitter, rends-lui ce qu'il a fait pour toi. Mais je ne tiens à rien... je suis inutile au monde... Philosophe d'un jour ! ignores-tu que tu ne saurois faire un pas sur la terre sans y trouver quelque devoir à remplir ; et que tout homme est utile à l'humanité par cela seul qu'il existe ?

Écoute-moi, jeune insensé : tu m'es cher, j'ai pitié de tes erreurs. S'il te reste au fond du cœur le moindre sentiment de vertu, viens, que je t'apprenne à aimer la vie. Chaque fois que tu seras tenté d'en sortir, dis en toi-même : « Que je fasse « encore une bonne action avant que de mourir. » Puis va chercher quelque indigent à secourir, quelque infortuné à consoler, quelque opprimé à défendre. Rapproche de moi les malheureux que mon abord intimide : ne crains d'abuser ni de ma bourse ni de mon crédit ; prends, épuise mes biens, fais-moi riche. Si cette considération te retient aujourd'hui, elle te retiendra encore demain, après-demain, toute ta vie. Si elle ne te retient pas, meurs : tu n'es qu'un méchant.

LETTRE XXIII.

DE MILORD ÉDOUARD A L'AMANT DE JULIE.

Je ne pourrai, mon cher, vous embrasser aujourd'hui, comme je l'avois espéré, et l'on me retient encore pour deux jours à Kensington. Le train de la cour est qu'on y travaille beaucoup sans rien faire, et que toutes les affaires s'y succèdent sans s'achever. Celle qui m'arrête ici depuis huit jours ne demandoit pas deux heures : mais, comme la plus importante affaire des ministres est d'avoir toujours l'air affairé, ils perdent plus de temps à me remettre qu'ils n'en auroient mis à m'expédier. Mon impatience un peu trop visible n'abrége pas ces délais. Vous savez que la cour ne me convient guère; elle m'est encore plus insupportable depuis que nous vivons ensemble, et j'aime cent fois mieux partager votre mélancolie que l'ennui des valets qui peuplent ce pays.

Cependant, en causant avec ces empressés fainéants, il m'est venu une idée qui vous regarde, et sur laquelle je n'attends que votre aveu pour disposer de vous. Je vois qu'en combattant vos peines vous souffrez à la fois du mal et de la résistance. Si vous voulez vivre et guérir, c'est moins parce que l'honneur et la raison l'exigent que pour complaire à vos amis. Mon cher, ce n'est pas assez : il faut reprendre le goût de la vie pour en bien remplir les devoirs, et avec tant d'indifférence pour toute chose, on ne réussit jamais à rien. Nous avons beau faire l'un et l'autre, la raison seule ne vous rendra pas la raison. Il faut qu'une multitude d'objets nouveaux et frappants vous arrachent une partie de l'attention que votre cœur ne donne qu'à celui qui l'occupe. Il faut, pour vous rendre à vous-même, que vous sortiez d'au dedans de vous, et ce n'est que dans l'agitation d'une vie active que vous pouvez retrouver le repos.

Il se présente pour cette épreuve une occasion qui n'est pas à dédaigner ; il est question d'une entreprise grande, belle, et telle que bien des âges n'en voient pas de semblables. Il dépend de vous d'en être témoin et d'y concourir. Vous verrez le plus grand spectacle qui puisse frapper les yeux des hommes ; votre goût pour l'observation trouvera de quoi se contenter. Vos fonctions seront honorables ; elles n'exigeront, avec les talents que vous possédez, que du courage et de la santé. Vous y trouverez plus de péril que de gêne ; elles ne vous en conviendront que mieux. Enfin votre engagement ne sera pas fort long. Je ne puis vous en dire aujourd'hui davantage, parce que ce projet sur le point d'éclore est pourtant encore un secret dont je ne suis pas le maître. J'ajouterai seulement que si vous négligez cette heureuse et rare occasion, vous ne la retrouverez probablement jamais et la regretterez peut-être toute votre vie.

J'ai donné ordre à mon coureur, qui vous porte cette lettre, de vous chercher où que vous soyez, et de ne point revenir sans votre réponse; car elle presse, et je dois donner la mienne avant de partir d'ici.

LETTRE XXIV.

RÉPONSE.

Faites, milord; ordonnez de moi; vous ne serez désavoué sur rien. En attendant que je mérite de vous servir, au moins que je vous obéisse.

LETTRE XXV.

DE MILORD ÉDOUARD A L'AMANT DE JULIE.

Puisque vous approuvez l'idée qui m'est venue, je ne veux pas tarder un moment à vous marquer que tout vient d'être conclu, et à vous expliquer de quoi il s'agit, selon la permission que j'en ai reçue en répondant de vous.

Vous savez qu'on vient d'armer à Plimouth une escadre de cinq vaisseaux de guerre, et qu'elle est prête à mettre à la voile. Celui qui doit la commander est M. George Anson, habile et vaillant officier, mon ancien ami. Elle est destinée pour la mer du Sud, où elle doit se rendre par le détroit de Le Maire, et en revenir par les Indes orientales. Ainsi vous voyez qu'il n'est pas question de moins que du tour du monde, expédition qu'on estime devoir durer environ trois ans. J'aurois pu vous faire inscrire comme volontaire; mais, pour vous donner plus de considération dans l'équipage, j'y ai fait ajouter un titre, et vous êtes couché sur l'état en qualité d'ingénieur des troupes de débarquement : ce qui vous convient d'autant mieux que le génie étant votre première destination, je sais que vous l'avez appris dès votre enfance.

Je compte retourner demain à Londres[1], et vous présenter à M. Anson dans deux jours. En attendant, songez à votre équipage, et à vous pourvoir d'instruments et de livres, car l'embarquement est prêt; et l'on n'attend plus que l'ordre du départ. Mon cher ami, j'espère que Dieu vous ramènera

---

[1] Je n'entends pas trop bien ceci. Kensington n'étant qu'à un quart de lieue de Londres, les seigneurs qui vont à la cour n'y couchent pas : cependant voilà milord Édouard forcé d'y passer je ne sais combien de jours.

sain de corps et de cœur de ce long voyage, et qu'à votre retour nous nous rejoindrons pour ne nous séparer jamais.

LETTRE XXVI.

DE L'AMANT DE JULIE A MADAME D'ORBE.

Je pars, chère et charmante cousine, pour faire le tour du globe; je vais chercher dans un autre hémisphère la paix dont je n'ai pu jouir dans celui-ci. Insensé que je suis! je vais errer dans l'univers sans avoir un lieu pour y reposer mon cœur; je vais chercher un asile au monde où je puisse être loin de vous! mais il faut respecter les volontés d'un ami, d'un bienfaiteur, d'un père. Sans espérer de guérir, il faut au moins le vouloir, puisque Julie et la vertu l'ordonnent. Dans trois heures je vais être à la merci des flots; dans trois jours je ne verrai plus l'Europe; dans trois mois je serai dans des mers inconnues où règnent d'éternels orages; dans trois ans peut-être... Qu'il seroit affreux de ne vous plus voir! Hélas! le plus grand péril est au fond de mon cœur: car, quoi qu'il en soit de mon sort, je l'ai résolu, je le jure, vous me verrez digne de paroître à vos yeux, ou vous ne me reverrez jamais.

Milord Édouard, qui retourne à Rome, vous remettra cette lettre en passant, et vous fera le détail de ce qui me regarde. Vous connoissez son ame, et vous devinerez aisément ce qu'il ne vous dira pas. Vous connûtes la mienne, jugez aussi de ce que je ne vous dis pas moi-même. Ah! milord, vos yeux les reverront!

Votre amie a donc ainsi que vous le bonheur d'être mère! Elle devoit donc l'être?... Ciel inexorable!... O ma mère! pourquoi vous donna-t-il un fils dans sa colère?

Il faut finir, je le sens. Adieu, charmantes cousines. Adieu, beautés incomparables. Adieu, pures et célestes ames. Adieu, tendres et inséparables amies, femmes uniques sur la terre. Chacune de vous est le seul objet digne du cœur de l'autre. Faites mutuellement votre bonheur. Daignez vous rappeler quelquefois la mémoire d'un infortuné qui n'existoit que pour partager entre vous tous les sentiments de son ame, et qui cessa de vivre au moment qu'il s'éloigna de vous. Si jamais... J'entends le signal et les cris des matelots; je vois fraîchir le vent et déployer les voiles : il faut monter à bord, il faut partir. Mer vaste, mer immense, qui dois peut-être m'engloutir dans ton sein, puissé-je retrouver sur tes flots le calme qui fuit mon cœur agité!

FIN DE LA TROISIÈME PARTIE.

QUATRIÈME PARTIE[1].

LETTRE I.

DE MADAME DE WOLMAR A MADAME D'ORBE.

Que tu tardes long-temps à revenir ! Toutes ces allées et venues ne m'accommodent point. Que d'heures se perdent à te rendre où tu devrois toujours être, et qui pis est, à t'en éloigner ! L'idée de se voir pour si peu de temps gâte tout le plaisir d'être ensemble. Ne sens-tu pas qu'être ainsi alternativement chez toi et chez moi, c'est n'être bien nulle part ? et n'imagines-tu point quelque moyen de faire que tu sois en même temps chez l'une et chez l'autre ?

Que faisons-nous, chère cousine ? Que d'instants précieux nous laissons perdre, quand il ne nous en reste plus à prodiguer ! Les années se multiplient, la jeunesse commence à fuir ; la vie s'écoule ; le bonheur passager qu'elle offre est entre nos mains, et nous négligeons d'en jouir ! Te souvient-il du

---

[1] Rousseau met cette quatrième partie en parallèle avec la *Princesse de Clèves*. Il prétend que cette partie, et la sixième, sont des chefs-d'œuvre de diction. (V. *Confessions.*)

temps où nous étions encore filles, de ces premiers temps si charmants et si doux qu'on ne retrouve plus dans un autre âge, et que le cœur oublie avec tant de peine? Combien de fois, forcées de nous séparer pour peu de jours, et même pour peu d'heures, nous disions en nous embrassant tristement : Ah ! si jamais nous disposons de nous, on ne nous verra plus séparées ! Nous en disposons maintenant, et nous passons la moitié de l'année éloignées l'une de l'autre. Quoi ! nous aimerions-nous moins ! Chère et tendre amie, nous le sentons toutes deux, combien le temps, l'habitude et tes bienfaits ont rendu notre attachement plus fort et plus indissoluble ! Pour moi, ton absence me paroît de jour en jour plus insupportable, et je ne puis plus vivre un instant sans toi. Ce progrès de notre amitié est plus naturel qu'il ne semble; il a sa raison dans notre situation ainsi que dans nos caractères. A mesure qu'on avance en âge, tous les sentiments se concentrent; on perd tous les jours quelque chose de ce qui nous fut cher, et l'on ne le remplace plus. On meurt ainsi par degrés, jusqu'à ce que, n'aimant enfin que soi-même, on ait cessé de sentir et de vivre avant de cesser d'exister. Mais un cœur sensible se défend de toute sa force contre cette mort anticipée; quand le froid commence aux extrémités, il rassemble autour de lui toute sa chaleur naturelle; plus il perd, plus il s'attache à ce qui lui reste, et il tient pour ainsi dire au dernier objet par les liens de tous les autres.

Voilà ce qu'il me semble éprouver déjà, quoique jeune encore. Ah ! ma chère, mon pauvre cœur a tant aimé ! il s'est épuisé de si bonne heure, qu'il vieillit avant le temps ; et tant d'affections diverses l'ont tellement absorbé, qu'il n'y reste plus de place pour des attachements nouveaux. Tu m'as vue successivement fille, amie, amante, épouse et mère. Tu sais si tous ces titres m'ont été chers ! Quelques uns de ces liens sont détruits, d'autres sont relâchés. Ma mère, ma tendre mère, n'est plus ; il ne me reste que des pleurs à donner à sa mémoire, et je ne goûte qu'à moitié le plus doux sentiment de la nature. L'amour est éteint, il l'est pour jamais, et c'est encore une place qui ne sera point remplie. Nous avons perdu ton digne et bon mari que j'aimois comme la chère moitié de toi-même, et qui méritoit si bien ta tendresse et mon amitié. Si mes fils étoient plus grands, l'amour maternel rempliroit tous ces vides : mais cet amour, ainsi que tous les autres, a besoin de communication ; et quel retour peut attendre une mère d'un enfant de quatre ou cinq ans ! Nos enfants nous sont chers long-temps avant qu'ils puissent le sentir et nous aimer à leur tour ; et cependant on a si grand besoin de dire combien on les aime à quelqu'un qui nous entende ! Mon mari m'entend, mais il ne me répond pas assez à ma fantaisie ; la tête ne lui en tourne pas comme à moi : sa tendresse pour eux est trop raisonnable, j'en veux une plus vive et qui ressemble mieux à la mienne. Il me faut une amie, une mère qui soit aussi folle que moi de mes enfants et des siens. En un mot, la maternité me rend l'amitié plus nécessaire encore, par le plaisir de parler sans cesse de mes enfants sans donner de l'ennui. Je sens que je jouis doublement des caresses de mon petit Marcellin quand je te les vois partager. Quand j'embrasse ta fille, je crois te presser contre mon sein. Nous l'avons dit cent fois ; en voyant tous nos petits bambins jouer ensemble, nos cœurs unis les confondent, et nous ne savons plus à laquelle appartient chacun des trois.

Ce n'est pas tout : j'ai de fortes raisons pour te souhaiter sans cesse auprès de moi, et ton absence m'est cruelle à plus d'un égard. Songe à mon éloignement pour toute dissimulation, et à cette continuelle réserve où je vis depuis près de six ans avec l'homme du monde qui m'est le plus cher. Mon odieux secret me pèse de plus en plus, et semble chaque jour devenir plus indispensable. Plus l'honnêteté veut que je le révèle, plus la prudence m'oblige à le garder. Conçois-tu quel état affreux c'est pour une femme de porter la défiance, le mensonge et la crainte jusque dans les bras d'un époux, de n'oser ouvrir son cœur à celui qui le possède, et de lui cacher la moitié de sa vie pour assurer le repos de l'autre? A qui, grand Dieu! faut-il déguiser mes plus secrètes pensées, et celer l'intérieur d'une ame dont il auroit lieu d'être si content? A M. de Wolmar, à mon mari, au plus digne époux dont le ciel eût pu récompenser la vertu d'une fille chaste! Pour l'avoir trompé une fois, il faut le tromper tous les jours, et me sentir sans cesse indigne de toutes ses bontés pour moi. Mon cœur n'ose accepter aucun témoignage de son estime; ses plus tendres caresses me font rougir, et toutes les marques de respect et de considération qu'il me donne se changent dans ma conscience en opprobres et en signes de mépris. Il est bien dur d'avoir à se dire sans cesse : C'est une autre que moi qu'il honore. Ah! s'il me connoissoit, il ne me traiteroit pas ainsi. Non, je ne puis supporter cet état affreux; je ne suis jamais seule avec cet homme respectable que je ne sois prête à tomber à genoux devant lui, à lui confesser ma faute, et à mourir de douleur et de honte à ses pieds.

Cependant les raisons qui m'ont retenue dès le commencement prennent chaque jour de nouvelles forces, et je n'ai pas un motif de parler qui ne soit une raison de me taire. En considérant l'état paisible et doux de ma famille, je ne pense point sans effroi qu'un seul mot y peut causer un désordre irréparable. Après six ans passés dans une si parfaite union, irai-je troubler le repos d'un mari si sage et si bon, qui n'a d'autre volonté que celle de son heureuse épouse, ni d'autre plaisir que de voir régner dans sa maison l'ordre et la paix? Contristerai-je par des troubles domestiques les vieux jours d'un père que je vois si content, si charmé du bonheur de sa fille et de son ami? Exposerai-je ces chers enfants, ces enfants aimables et qui promettent tant, à n'avoir qu'une éducation négligée ou scandaleuse, à se voir les tristes victimes de la discorde de leurs parents, entre un père enflammé d'une juste indignation, agité par la jalousie, et une mère infortunée et coupable, toujours noyée dans les pleurs? Je connois M. de Wolmar estimant sa femme; que sais-je ce qu'il sera ne l'estimant plus? peut-être n'est-il si modéré que parce que la passion qui domineroit dans son caractère n'a pas encore eu lieu de se développer. Peut-être sera-t-il aussi violent dans l'emportement de la colère qu'il est doux et tranquille tant qu'il n'a nul sujet de s'irriter.

Si je dois tant d'égards à tout ce qui m'environne, ne m'en dois-je point aussi quelques uns à moi-même? Six ans d'une vie honnête et régulière n'effacent-ils rien des erreurs de la jeunesse? et faut-il m'exposer encore à la peine d'une faute que je pleure depuis si long-temps? Je te l'avoue, ma cousine, je ne tourne point sans répugnance les yeux sur le passé; il m'humilie jusqu'au découragement, et je suis trop sensible à la honte pour en supporter l'idée sans retomber dans une sorte de désespoir. Le temps qui s'est écoulé depuis mon mariage est celui qu'il faut que j'envisage pour me rassurer. Mon état présent m'inspire une confiance que d'importuns souvenirs voudroient m'ôter. J'aime à nourrir mon cœur des sentiments d'honneur que je crois retrouver en moi. Le rang d'épouse et de mère m'élève l'ame et me soutient contre les remords d'un autre état. Quand je vois mes enfants et leur père autour de moi, il me semble que tout y respire la vertu; ils chassent de mon esprit l'idée même de mes anciennes fautes. Leur innocence est la sauvegarde de la mienne; ils m'en deviennent plus chers en me rendant meilleure; et j'ai tant d'horreur pour tout ce qui blesse l'honnêteté, que j'ai peine à me croire la même qui put l'oublier autrefois. Je me sens si loin de ce que j'étois, si sûre de ce que je suis, qu'il s'en faut peu que je ne regarde ce que j'aurois à dire comme un aveu qui m'est étranger et que je ne suis plus obligée de faire.

Voilà l'état d'incertitude et d'anxiété dans lequel je flotte sans cesse en ton absence. Sais-tu ce qui arrivera de tout cela quelque jour? Mon père va bientôt partir pour Berne, résolu de n'en revenir qu'après avoir vu la fin de ce long procès dont il ne veut pas nous laisser l'embarras, et ne se fiant pas trop non plus, je pense, à notre zèle à le poursuivre. Dans l'intervalle de son départ à son retour, je resterai seule avec mon mari, et je sens qu'il sera presque impossible que mon fatal secret ne m'échappe. Quand nous avons du monde, tu sais que M. de Wolmar quitte souvent la compagnie et fait volontiers seul des promenades aux environs : il cause avec les paysans; il s'informe de leur situation; il examine l'état de leurs terres; il les aide au besoin de sa bourse et de ses conseils. Mais quand nous sommes seuls, il ne se promène qu'avec moi; il quitte peu sa femme et ses enfants; et se prête à leurs petits jeux avec une simplicité si charmante, qu'alors je sens pour lui quelque chose de plus tendre encore qu'à l'ordinaire. Ces moments d'attendrissement sont d'autant plus périlleux pour la réserve, qu'il me fournit lui-même les occasions d'en manquer, et qu'il m'a cent fois tenu des propos qui sembloient m'exciter à la confiance. Tôt ou tard il faudra que je lui ouvre mon cœur, je le sens; mais, puisque tu veux que ce soit de concert entre nous, et avec toutes les précautions que la prudence autorise, reviens, et fais de moins longues absences, ou je ne réponds plus de rien.

Ma douce amie, il faut achever; et ce qui reste importe assez pour me coûter le plus à dire. Tu ne m'es pas seulement nécessaire quand je suis avec mes enfants ou avec mon mari, mais surtout quand je suis seule avec ma pauvre Julie; et la solitude m'est dangereuse précisément parce qu'elle m'est douce, et que souvent je la cherche sans y songer. Ce n'est pas, tu le sais, que mon cœur se ressente encore de ses anciennes blessures, non, il est guéri, je le sens, j'en suis très-sûre : j'ose me croire vertueuse. Ce n'est point le présent que je crains, c'est le passé qui me tourmente. Il est des souvenirs aussi redoutables que le sentiment actuel ; on s'attendrit par réminiscence, on a honte de se sentir pleurer, et l'on n'en pleure que davantage. Ces larmes sont de pitié, de regret, de repentir, l'amour n'y a plus de part ; il ne m'est plus rien : mais je pleure les maux qu'il a causés ; je pleure le sort d'un homme estimable que des feux indiscrètement nourris ont privé du repos et peut-être de la vie. Hélas ! sans doute il a péri dans ce long et périlleux voyage que le désespoir lui a fait entreprendre. S'il vivoit, du bout du monde il nous eût donné de ses nouvelles ; près de quatre ans se sont écoulés depuis son départ. On dit que l'escadre sur laquelle il est a souffert mille désastres, qu'elle a perdu les trois quarts de ses équipages, que plusieurs vaisseaux sont submergés, qu'on ne sait ce qu'est devenu le reste. Il n'est plus, il n'est plus ; un secret pressentiment me l'annonce. L'infortuné n'aura pas été plus épargné que tant d'autres. La mer, les maladies, la tristesse bien plus cruelle, auront abrégé ses jours. Ainsi s'éteint tout ce qui brille un moment sur la terre. Il manquoit aux tourments de ma conscience d'avoir à me reprocher la mort d'un honnête homme. Ah! ma chère, quelle ame c'étoit que la sienne!.... comme il savoit aimer!... Il méritoit de vivre... Il aura présenté devant le souverain juge une ame foible, mais saine et aimant la vertu.... Je m'efforce en vain de chasser ces tristes idées; à chaque instant elles reviennent malgré moi. Pour les bannir, ou pour les régler, ton amie a besoin de tes soins; et puisque je ne puis oublier cet infortuné, j'aime mieux en causer avec toi que d'y penser toute seule.

Regarde, que de raisons augmentent le besoin continuel que j'ai de t'avoir avec moi! Plus sage et plus heureuse, si les mêmes raisons te manquent, ton cœur sent-il moins le même besoin? S'il est bien vrai que tu ne veuilles point te remarier, ayant si peu de contentement de ta famille, quelle maison te peut mieux convenir que celle-ci? Pour moi, je souffre à te savoir dans la tienne; car, malgré ta dissimulation, je connois ta manière d'y vivre, et ne suis point dupe de l'air folâtre que tu viens nous étaler à Clarens. Tu m'as bien reproché des défauts en ma vie, mais j'en ai un très-grand à te reprocher à ton tour; c'est que ta douleur est toujours concentrée et solitaire. Tu te caches pour t'affliger, comme si tu rougissois de pleurer devant ton amie. Claire, je n'aime pas cela. Je ne suis point injuste comme toi; je ne blâme point tes regrets, je ne veux pas qu'au bout de deux ans, de dix, ni de toute ta vie tu cesses d'honorer la mémoire d'un si tendre époux; mais je te blâme, après avoir passé tes plus beaux jours à pleurer avec ta Julie, de lui dérober la douceur de pleurer à son tour avec toi, et de laver par de plus dignes larmes la honte de celles qu'elle versa dans ton sein. Si tu es fâchée de t'affliger, ah! tu ne connois pas la véritable affliction. Si tu y prends une sorte de plaisir, pourquoi ne veux-tu pas que je le partage? Ignores-tu que la communication des cœurs imprime à la tristesse je ne sais quoi de doux et de touchant que n'a pas le contentement? et l'amitié n'a-t-elle pas été spécialement donnée aux malheureux pour le soulagement de leurs maux et la consolation de leurs peines?

Voilà, ma chère, des considérations que tu devrois faire, et auxquelles il faut ajouter qu'en te proposant de venir demeurer avec moi je ne te parle pas moins au nom de mon mari qu'au mien. Il m'a paru plusieurs fois surpris, presque scandalisé, que deux amies telles que nous n'habitassent pas ensemble; il assure te l'avoir dit à toi-même, et il n'est pas homme à parler inconsidérément. Je ne sais quel parti tu prendras sur mes représentations; j'ai lieu d'espérer qu'il sera tel que je le désire. Quoi qu'il en soit, le mien est pris, et je n'en changerai pas. Je n'ai point oublié le temps où tu voulois me suivre en Angleterre. Amie incomparable, c'est à présent mon tour. Tu connois mon aversion pour la ville, mon goût pour la campagne, pour les travaux rustiques, et l'attachement que trois ans de séjour m'ont donné pour ma maison de Clarens. Tu n'ignores pas non plus quel embarras c'est de déménager avec toute une famille, et combien ce seroit abuser de la complaisance de mon père de le transplanter si souvent. Hé bien! si tu ne veux pas quitter ton ménage et venir gouverner le mien, je suis résolue à prendre une maison à Lausanne, où nous irons tous demeurer avec toi. Arrange-toi là-dessus; tout le veut, mon cœur, mon devoir, mon bonheur, mon honneur conservé, ma raison recouvrée, mon état, mon mari, mes enfants, moi-même; je te dois tout; tout ce que j'ai de bien me vient de toi, je ne vois rien qui ne m'y rappelle, et sans toi je ne suis rien. Viens donc, ma bien-aimée, mon ange tutélaire, viens conserver ton ouvrage, viens jouir de tes bienfaits. N'ayons plus qu'une famille, comme nous n'avons qu'une ame pour la chérir; tu veilleras sur l'éducation de mes fils, je veillerai sur celle de ta fille : nous nous partagerons les devoirs de mère, et nous en doublerons les plaisirs. Nous élèverons nos cœurs ensemble à celui qui purifia le mien par tes soins; et n'ayant plus rien à désirer en ce monde, nous attendrons en paix l'autre vie dans le sein de l'innocence et de l'amitié.

LETTRE II.

RÉPONSE DE MADAME D'ORBE.

A MADAME DE WOLMAR.

Mon dieu! cousine, que ta lettre m'a donné de plaisir! Charmante prêcheuse!... charmante, en vérité, mais prêcheuse pourtant... pérorant à ravir. Des œuvres, peu de nouvelles. L'architecte athénien... ce beau diseur... tu sais bien... dans ton vieux Plutarque... Pompeuses descriptions, superbe temple! Quand il a tout dit l'autre vient; un homme uni, l'air simple, grave et posé... comme qui diroit ta cousine Claire... D'une voix creuse, lente, et même un peu nasale... *Ce qu'il a dit, je le ferai.* Il se tait, et les mains de battre. Adieu l'homme aux phrases. Mon enfant, nous sommes ces deux architectes; le temple dont il s'agit est celui de l'amitié.

Résumons un peu les belles choses que tu m'as dites. Premièrement, que nous nous aimions, et puis, que je t'étois nécessaire; et puis, que tu me l'étois aussi; et puisqu'étant libres de passer nos jours ensemble, il les y falloit passer. Et tu as trouvé tout cela toute seule! Sans mentir tu es une éloquente personne! Oh bien! que je t'apprenne à quoi je m'occupois de mon côté tandis que tu méditois cette sublime lettre. Après cela tu jugeras toi-même lequel vaut le mieux de ce que tu dis ou de ce que je fais.

A peine eus-je perdu mon mari, que tu remplis le vide qu'il avoit laissé dans mon cœur. De son vivant il en partageoit avec toi les affections; dès qu'il ne fut plus, je ne fus qu'à toi seule; et, selon ta remarque sur l'accord de la tendresse maternelle et de l'amitié, ma fille même n'étoit pour nous qu'un lien de plus. Non seulement je résolus dèslors de passer le reste de ma vie avec toi, mais je formai un projet plus étendu. Pour que nos deux familles n'en fissent qu'une, je me proposai, supposant tous les rapports convenables, d'unir un jour ma fille à ton fils aîné; et ce nom de mari, trouvé par plaisanterie, me parut d'heureux augure pour le lui donner un jour tout de bon.

Dans ce dessein, je cherchai d'abord à lever les embarras d'une succession embrouillée; et, me trouvant assez de bien pour sacrifier quelque chose à la liquidation du reste, je ne songeai qu'à mettre le partage de ma fille en effets assurés et à l'abri de tout procès. Tu sais que j'ai des fantaisies sur bien des choses, ma folie dans celle-ci étoit de te surprendre. Je m'étois mis en tête d'entrer un beau matin dans ta chambre, tenant d'une main mon enfant, de l'autre un portefeuille, et de te présenter l'un et l'autre avec un beau compliment pour déposer en tes mains la mère, la fille et leur bien, c'est-à-dire la dot de celle-ci. Gouverne-la, voulois-je te dire, comme il convient aux intérêts de ton fils; car c'est désormais son affaire et la tienne : pour moi, je ne m'en mêle plus.

Remplie de cette charmante idée, il fallut m'en ouvrir à quelqu'un qui m'aidât à l'exécuter. Or, devine qui je choisis pour cette confidence. Un certain M. de Wolmar : ne le connoîtrois-tu point?—Mon mari, cousine?—Oui, ton mari, cousine. Ce même homme à qui tu as tant de peine à cacher un secret qu'il lui importe de ne pas savoir, est celui qui t'en a su taire un qu'il t'eût été si doux d'apprendre. C'étoit là le vrai sujet de tous ces entretiens mystérieux dont tu nous faisois si comiquement la guerre. Tu vois comme ils sont dissimulés ces maris. N'est-il pas bien plaisant que ce soient eux qui nous accusent de dissimulation? J'exigeois du tien davantage encore. Je voyois fort bien que tu méditois le même projet que moi, mais plus au dedans, et comme celle qui n'exhale ses sentiments qu'à mesure qu'on s'y livre. Cherchant donc à te ménager une surprise plus agréable, je voulois que, quand tu lui proposerois notre réunion, il ne parût pas fort approuver cet empressement, et se montrât un peu froid à consentir. Il me fit là-dessus une réponse que j'ai bien retenue et que tu dois bien retenir; car je doute que, depuis qu'il y a des maris au monde, aucun d'eux en ait fait une pareille. La voici : « Petite cousine, je

« connois Julie... Je la connois bien... mieux qu'elle
« ne croit peut-être. Son cœur est trop honnête
« pour qu'on doive résister à rien de ce qu'elle dé-
« sire, et trop sensible pour qu'on le puisse sans
« l'affliger. Depuis cinq ans que nous sommes unis,
« je ne crois pas qu'elle ait reçu de moi le moindre
« chagrin; j'espère mourir sans lui en avoir jamais
« fait aucun. » Cousine, songe-s-y bien : voilà quel
est le mari dont tu médites sans cesse de troubler
indiscrètement le repos.

Pour moi, j'eus moins de délicatesse, ou plus de
confiance en ta douceur, et j'éloignai si naturellement les discours auxquels ton cœur te ramenoit
souvent, que, ne pouvant taxer le mien de s'attié-
dir pour toi, tu t'allas mettre dans la tête que j'attendois de secondes noces, et que je t'aimois mieux
que tout autre chose, hormis un mari. Car, vois-
tu, ma pauvre enfant, tu n'as pas un secret mouvement qui m'échappe; je te devine, je te pénètre,
je perce jusqu'au plus profond de ton ame : et c'est
pour cela que je t'ai toujours adorée. Ce soupçon,
qui te faisoit si heureusement prendre le change,
m'a paru excellent à nourrir. Je me suis mise à
faire la veuve coquette assez bien pour t'y tromper
toi-même : c'est un rôle pour lequel le talent me
manque moins que l'inclination. J'ai adroitement
employé cet air agaçant que je ne sais pas mal
prendre, et avec lequel je me suis quelquefois
amusée à persifler plus d'un jeune fat. Tu en as été

tout-à-fait la dupe, et m'as crue prête à chercher un successeur à l'homme du monde auquel il étoit le moins aisé d'en trouver. Mais je suis trop franche pour pouvoir me contrefaire long-temps, et tu t'es bientôt rassurée. Cependant je veux te rassurer encore mieux en t'expliquant mes vrais sentiments sur ce point.

Je te l'ai dit cent fois étant fille, je n'étois point faite pour être femme. S'il eût dépendu de moi, je ne me serois point mariée; mais dans notre sexe on n'achète la liberté que par l'esclavage, et il faut commencer par être servante pour devenir sa maîtresse un jour. Quoique mon père ne me gênât pas, j'avois des chagrins dans ma famille. Pour m'en délivrer, j'épousai donc M. d'Orbe. Il étoit si honnête homme et m'aimoit si tendrement, que je l'aimai sincèrement à mon tour. L'expérience me donna du mariage une idée plus avantageuse que celle que j'en avois conçue, et détruisit les impressions que m'en avoit laissées la Chaillot. M. d'Orbe me rendit heureuse, et ne s'en repentit pas. Avec un autre j'aurois toujours rempli mes devoirs, mais je l'aurois désolé; et je sens qu'il fallait aussi un bon mari pour faire de moi une bonne femme. Imaginerois-tu que c'est de cela même que j'avois à me plaindre? Mon enfant, nous nous aimions trop, nous n'étions point gais. Une amitié plus légère eût été plus folâtre; je l'aurois préférée, et je crois que j'aurois mieux aimé vivre moins contente et pouvoir rire plus souvent.

A cela se joignirent les sujets particuliers d'inquiétude que me donnoit ta situation. Je n'ai pas besoin de te rappeler les dangers que t'a fait courir une passion mal réglée : je les vis en frémissant. Si tu n'avois risqué que ta vie, peut-être un reste de gaieté ne m'eût-il pas tout-à-fait abandonnée : mais la tristesse et l'effroi pénétrèrent mon ame, et jusqu'à ce que je t'aie vue mariée, je n'ai pas eu un moment de pure joie. Tu connus ma douleur, tu la sentis : elle a beaucoup fait sur ton bon cœur; et je ne cesserai de bénir ces heureuses larmes qui sont peut-être la cause de ton retour au bien.

Voilà comment s'est passé tout le temps que j'ai vécu avec mon mari. Juge si, depuis que Dieu me l'a ôté, je pourrois espérer d'en retrouver un autre qui fût autant selon mon cœur, et si je suis tentée de le chercher. Non, cousine, le mariage est un état trop grave; sa dignité ne va point avec mon humeur, elle m'attriste et me sied mal, sans compter que toute gêne m'est insupportable. Pense, toi qui me connois, ce que peut être à mes yeux un lien dans lequel je n'ai pas ri durant sept ans sept petites fois à mon aise. Je ne veux pas faire comme toi la matrone à vingt-huit ans. Je me trouve une petite veuve assez piquante, assez mariable encore; et je crois que, si j'étois homme, je m'accommoderois assez de moi. Mais, me remarier, cousine ! Écoute ; je pleure bien sincèrement mon pauvre mari ; j'aurois donné la moitié de ma vie pour passer l'autre avec lui ; et pourtant, s'il pouvoit revenir, je ne le reprendrois, je crois, lui-même que parce que je l'avois déjà pris.

Je viens de t'exposer mes véritables intentions. Si je n'ai pu les exécuter encore malgré les soins de M. de Wolmar, c'est que les difficultés semblent croître avec mon zèle à les surmonter. Mais mon zèle sera le plus fort, et avant que l'été se passe j'espère me réunir à toi pour le reste de nos jours.

Il reste à me justifier du reproche de te cacher mes peines et d'aimer à pleurer loin de toi : je ne le nie pas, c'est à quoi j'emploie ici le meilleur temps que j'y passe. Je n'entre jamais dans ma maison sans y retrouver des vestiges de celui qui me la rendoit chère. Je n'y fais pas un pas, je n'y fixe pas un objet, sans apercevoir quelque signe de tendresse et de la bonté de son cœur ; voudrois-tu que le mien n'en fût pas ému ! Quand je suis ici, je ne sens que la perte que j'ai faite ; quand je suis près de toi, je ne vois que ce qui m'est resté. Peux-tu me faire un crime de ton pouvoir sur mon humeur ? Si je pleure en ton absence et si je ris près de toi, d'où vient cette différence ? Petite ingrate ! c'est que tu me consoles de tout, et que je ne sais plus m'affliger de rien quand je te possède.

Tu as dit bien des choses en faveur de notre ancienne amitié : mais je ne te pardonne pas d'oublier celle qui me fait le plus d'honneur; c'est de te chérir quoique tu m'éclipses. Ma Julie, tu es faite pour régner. Ton empire est le plus absolu que je connoisse : il s'étend jusque sur les volontés, et je l'éprouve plus que personne. Comment cela se fait-il, cousine? Nous aimons toutes deux la vertu; l'honnêteté nous est également chère; nos talents sont les mêmes; j'ai presque autant d'esprit que toi, et ne suis guère moins jolie. Je sais fort bien tout cela; et malgré tout cela tu m'en imposes, tu me subjugues, tu m'atterres, ton génie écrase le mien, et je ne suis rien devant toi. Lors même que tu vivois dans des liaisons que tu te reprochois, et que, n'ayant point imité ta faute, j'aurois dû prendre l'ascendant à mon tour, il ne te demeuroit pas moins. Ta foiblesse, que je blâmois, me sembloit presque une vertu; je ne pouvois m'empêcher d'admirer en toi ce que j'aurois repris dans une autre. Enfin, dans ce temps-là même, je ne t'abordois point sans un certain mouvement de respect involontaire, et il est sûr que toute ta douceur, toute la familiarité de ton commerce étoit nécessaire pour me rendre ton amie : naturellement je devois être ta servante. Explique si tu peux cette énigme; quant à moi, je n'y entends rien.

Mais si fait pourtant, je l'entends un peu, et je

crois même l'avoir autrefois expliquée ; c'est que ton cœur vivifie tous ceux qui l'environnent, et leur donne pour ainsi dire un nouvel être dont ils sont forcés de lui faire hommage, puisqu'ils ne l'auroient point eu sans lui. Je t'ai rendu d'importants services, j'en conviens : tu m'en fais souvenir si souvent, qu'il n'y a pas moyen de l'oublier. Je ne le nie point, sans moi, tu étois perdue. Mais qu'ai-je fait que te rendre ce que j'avois reçu de toi? Est-il possible de te voir long-temps sans se sentir pénétrer l'ame des charmes de la vertu et des douceurs de l'amitié ? Ne sais-tu pas que tout ce qui t'approche est par toi-même armé pour ta défense, et que je n'ai par-dessus les autres que l'avantage des gardes de Sésostris, d'être de ton âge et de ton sexe, et d'avoir été élevée avec toi? Quoi qu'il en soit, Claire se console de valoir moins que Julie, en ce que sans Julie elle vaudroit bien moins encore; et puis, à te dire la vérité, je crois que nous avions grand besoin l'une de l'autre, et que chacune des deux y perdroit beaucoup si le sort nous eût séparées.

Ce qui me fâche le plus dans les affaires qui me retiennent encore ici, c'est le risque de ton secret toujours prêt à s'échapper de ta bouche. Considère, je t'en conjure, que ce qui te porte à le garder est une raison forte et solide, et que ce qui te porte à le révéler n'est qu'un sentiment aveugle. Nos soupçons mêmes que ce secret n'en est plus un pour celui qu'il intéresse nous sont une raison de plus pour ne le lui déclarer qu'avec la plus grande circonspection. Peut-être la réserve de ton mari est-elle un exemple et une leçon pour nous; car en de pareilles matières il y a souvent une grande différence entre ce qu'on feint d'ignorer et ce qu'on est forcé de savoir. Attends donc, je l'exige, que nous en délibérions encore une fois. Si tes pressentiments étoient fondés, et que ton déplorable ami ne fût plus, le meilleur parti qui resteroit à prendre seroit de laisser son histoire et tes malheurs ensevelis avec lui. S'il vit, comme je l'espère, le cas peut devenir différent; mais encore faut-il que ce cas se présente. En tout état de cause, crois-tu ne devoir aucun égard aux derniers conseils d'un infortuné dont tous les maux sont ton ouvrage?

A l'égard des dangers de la solitude, je conçois et j'approuve tes alarmes, quoique je les sache très-mal fondées. Tes fautes passées te rendent craintive; j'en augure d'autant mieux du présent, et tu le serois bien moins s'il te restoit plus de sujet de l'être; mais je ne puis te passer ton effroi sur le sort de notre pauvre ami. A présent que tes affections ont changé d'espèce, crois qu'il ne m'est pas moins cher qu'à toi. Cependant j'ai des pressentiments tout contraires aux tiens, et mieux d'accord avec la raison. Milord Édouard a reçu deux fois de ses nouvelles, et m'a écrit à la seconde qu'il étoit dans la mer du Sud, ayant déjà passé les dangers dont tu parles. Tu sais cela aussi bien que moi, et tu t'affliges comme si tu n'en savois rien. Mais ce que tu ne sais pas et qu'il faut t'apprendre, c'est que le vaisseau sur lequel il est a été vu, il y a deux mois, à la hauteur des Canaries, faisant voile en Europe. Voilà ce qu'on écrit de Hollande à mon père, et dont il n'a pas manqué de me faire part, selon sa coutume de m'instruire des affaires publiques beaucoup plus exactement que des siennes. Le cœur me dit à moi que nous ne serons pas long-temps sans recevoir des nouvelles de notre philosophe, et que tu en seras pour tes larmes, à moins qu'après l'avoir pleuré mort tu ne pleures de ce qu'il est en vie. Mais, Dieu merci, tu n'en es plus là.

> Deh ! fosse or qui quel miser pur un poco,
> Ch' è già di piangere e di viver lasso [1] !

Voilà ce que j'avois à te répondre. Celle qui t'aime t'offre et partage la douce espérance d'une éternelle réunion. Tu vois que tu n'en as formé le projet ni seule ni la première, et que l'exécution en est plus avancée que tu ne pensois. Prends donc patience encore cet été, ma douce amie : il vaut mieux tarder à se rejoindre que d'avoir encore à se séparer.

Hé bien ! belle madame, ai-je tenu parole, et

---

[1] Eh ! que n'est-il un moment ici ce pauvre malheureux, déjà las de souffrir et de vivre ! Pétr.

mon triomphe est-il complet? Allons, qu'on se mette à genoux, qu'on baise avec respect cette lettre, et qu'on reconnoisse humblement qu'au moins une fois en la vie Julie de Wolmar a été vaincue en amitié[1].

LETTRE III.

DE L'AMANT DE JULIE A MADAME D'ORBE.

Ma cousine, ma bienfaitrice, mon amie, j'arrive des extrémités de la terre, et j'en rapporte un cœur tout plein de vous. J'ai passé quatre fois la ligne; j'ai parcouru les deux hémisphères; j'ai vu les quatre parties du monde; j'en ai mis le diamètre entre nous; j'ai fait le tour entier du globe, et n'ai pu vous échapper un moment. On a beau fuir ce qui nous est cher, son image, plus vite que la mer et les vents, nous suit au bout de l'univers; et partout où l'on se porte, avec soi l'on y porte ce qui nous fait vivre. J'ai beaucoup souffert; j'ai vu souffrir davantage. Que d'infortunés j'ai vus mourir! Hélas! ils mettoient un si grand prix à la

[1] Que cette bonne Suissesse est heureuse d'être gaie, quand elle est gaie sans esprit, sans naïveté, sans finesse! Elle ne se doute pas des apprêts qu'il faut parmi nous pour faire passer la bonne humeur. Elle ne sait pas qu'on n'a point cette bonne humeur pour soi, mais pour les autres, et qu'on ne rit pas pour rire, mais pour être applaudi.

vie! et moi je leur ai survécu!... Peut-être étois-je en effet moins à plaindre; les misères de mes compagnons m'étoient plus sensibles que les miennes; je les voyois tout entiers à leurs peines; ils devoient souffrir plus que moi. Je me disois : Je suis mal ici, mais il est un coin sur la terre où je suis heureux et paisible, et je me dédommageois au bord du lac de Genève de ce que j'endurois sur l'océan. J'ai le bonheur en arrivant de voir confirmer mes espérances; milord Édouard m'apprend que vous jouissez toutes deux de la paix et de la santé, et que, si vous en particulier avez perdu le doux titre d'épouse, il vous reste ceux d'amie et de mère, qui doivent suffire à votre bonheur.

Je suis trop pressé de vous envoyer cette lettre, pour vous faire à présent un détail de mon voyage; j'ose espérer d'en avoir bientôt une occasion plus commode. Je me contente ici de vous en donner une légère idée, plus pour exciter que pour satisfaire votre curiosité. J'ai mis près de quatre ans au trajet immense dont je viens de vous parler, et suis revenu dans le même vaisseau sur lequel j'étois parti, le seul que le commandant ait ramené de son escadre.

J'ai vu d'abord l'Amérique méridionale, ce vaste continent que le manque de fer a soumis aux Européens, et dont ils ont fait un désert pour s'en assurer l'empire. J'ai vu les côtes du Brésil où Lisbonne et Londres puisent leurs trésors, et dont les peuples misérables foulent aux pieds l'or et les diamants sans oser y porter la main. J'ai traversé paisiblement les mers orageuses qui sont sous le cercle antarctique ; j'ai trouvé dans la mer Pacifique les plus effroyables tempêtes,

> E in mar dubbioso, sotto ignoto polo,
> Provai l'onde fallaci, e 'l vento infido [1].

J'ai vu de loin le séjour de ces prétendus géants [2] qui ne sont grands qu'en courage, et dont l'indépendance est plus assurée par une vie simple et frugale que par une haute stature. J'ai séjourné trois mois dans une île déserte et délicieuse, douce et touchante image de l'antique beauté de la nature, et qui semble être confinée au bout du monde pour y servir d'asile à l'innocence et à l'amour persécutés : mais l'avide Européen suit son humeur farouche en empêchant l'Indien paisible de l'habiter, et se rend justice en ne l'habitant pas lui-même.

J'ai vu sur les rives du Mexique et du Pérou le même spectacle que dans le Brésil : j'en ai vu les rares et infortunés habitants, tristes restes de deux puissants peuples, accablés de fers, d'opprobre et de misères, au milieu de leurs riches métaux, reprocher au ciel en pleurant les trésors qu'il leur

---

[1] Et sur des mers suspectes, sous un pole inconnu, j'éprouvai la trahison de l'onde et l'infidélité des vents.

[2] Les Patagons.

a prodigués. J'ai vu l'incendie affreux d'une ville entière sans résistance et sans défenseurs. Tel est le droit de la guerre parmi les peuples savants, humains et polis de l'Europe; on ne se borne pas à faire à son ennemi tout le mal dont on peut tirer du profit, mais on compte pour un profit tout le mal qu'on peut lui faire à pure perte. J'ai côtoyé presque toute la partie occidentale de l'Amérique, non sans être frappé d'admiration en voyant quinze cents lieues de côte et la plus grande mer du monde sous l'empire d'une seule puissance qui tient pour ainsi dire en sa main les clefs d'un hémisphère du globe.

Après avoir traversé la grande mer, j'ai trouvé dans l'autre continent un nouveau spectacle. J'ai vu la plus nombreuse et la plus illustre nation de l'univers soumise à une poignée de brigands; j'ai vu de près ce peuple célèbre, et n'ai plus été surpris de le trouver esclave. Autant de fois conquis qu'attaqué, il fut toujours en proie au premier venu, et le sera jusqu'à la fin des siècles. Je l'ai trouvé digne de son sort, n'ayant pas même le courage d'en gémir. Lettré, lâche, hypocrite et charlatan; parlant beaucoup sans rien dire, plein d'esprit sans aucun génie, abondant en signes et stérile en idées; poli, complimenteur, adroit, fourbe et fripon; qui met tous les devoirs en étiquettes, toute la morale en simagrées, et ne connoît d'autre humanité que les salutations et les révérences. J'ai surgi dans une seconde île déserte, plus inconnue, plus charmante encore que la première, et où le plus cruel accident faillit à nous confiner pour jamais. Je fus le seul peut-être qu'un exil si doux n'épouvanta point. Ne suis-je pas désormais partout en exil? J'ai vu dans ce lieu de délices et d'effroi ce que peut tenter l'industrie humaine pour tirer l'homme civilisé d'une solitude où rien ne lui manque, et le replonger dans un gouffre de nouveaux besoins.

J'ai vu dans le vaste océan, où il devroit être si doux à des hommes d'en rencontrer d'autres, deux grands vaisseaux se chercher, se trouver, s'attaquer, se battre avec fureur, comme si cet espace immense eût été trop petit pour chacun d'eux. Je les ai vus vomir l'un contre l'autre le fer et les flammes. Dans un combat assez court, j'ai vu l'image de l'enfer; j'ai entendu les cris de joie des vainqueurs couvrir les plaintes des blessés et les gémissements des mourants. J'ai reçu en rougissant ma part d'un immense butin; je l'ai reçu, mais en dépôt; et s'il fut pris sur des malheureux, c'est à des malheureux qu'il fut rendu.

J'ai vu l'Europe transportée à l'extrémité de l'Afrique par les soins de ce peuple avare, patient et laborieux qui a vaincu par le temps et la constance des difficultés que tout l'héroïsme des autres peuples n'a jamais pu surmonter. J'ai vu ces vastes et malheureuses contrées qui ne semblent destinées qu'à couvrir la terre de troupeaux d'esclaves. A leur vil aspect j'ai détourné les yeux de dédain, d'horreur et de pitié; et, voyant la quatrième partie de mes semblables changée en bêtes pour le service des autres, j'ai gémi d'être homme.

Enfin j'ai vu dans mes compagnons de voyage un peuple intrépide et fier, dont l'exemple et la liberté rétablissoient à mes yeux l'honneur de mon espèce, pour lequel la douleur et la mort ne sont rien, et qui ne craint au monde que la faim et l'ennui. J'ai vu dans leur chef un capitaine, un soldat, un pilote, un sage, un grand homme, et, pour dire encore plus peut-être, le digne ami d'Édouard Bomston : mais ce que je n'ai point vu dans le monde entier, c'est quelqu'un qui ressemble à Claire d'Orbe, à Julie d'Étange, et qui puisse consoler de leur perte un cœur qui sut les aimer.

Comment vous parler de ma guérison? C'est de vous que je dois apprendre à la connoître. Reviens-je plus libre et plus sage que je ne suis parti? J'ose le croire et ne puis l'affirmer. La même image règne toujours dans mon cœur; vous savez s'il est possible qu'elle s'en efface : mais son empire est plus digne d'elle, et si je ne me fais pas illusion, elle règne dans ce cœur infortuné comme dans le vôtre. Oui, ma cousine, il me semble que sa vertu m'a subjugué, que je ne suis pour elle que le meilleur et le plus tendre ami qui fut jamais; que je ne fais plus que l'adorer comme vous l'adorez vous-même; ou plutôt il me semble que mes sentiments ne sont pas affoiblis, mais rectifiés; et avec quelque soin que je m'examine, je les trouve aussi purs que l'objet qui les inspire. Que puis-je vous dire de plus jusqu'à l'épreuve qui peut m'apprendre à juger de moi? Je suis sincère et vrai; je veux être ce que je dois être : mais comment répondre de mon cœur avec tant de raison de m'en défier? Suis-je le maître du passé? Peux-je empêcher que mille feux ne m'aient autrefois dévoré? Comment distinguerai-je par la seule imagination ce qui est de ce qui fut? et comment me représenterai-je amie celle que je ne vis jamais qu'amante? Quoi que vous pensiez peut-être du motif secret de mon empressement, il est honnête et raisonnable; il mérite que vous l'approuviez. Je réponds d'avance au moins de mes intentions. Souffrez que je vous voie, et m'examinez vous-même, ou laissez-moi voir Julie, et je saurai ce que je suis.

Je dois accompagner milord Édouard en Italie. Je passerai près de vous; et je ne vous verrois point! Pensez-vous que cela se puisse? Eh! si vous aviez la barbarie de l'exiger, vous mériteriez de n'être pas obéie. Mais pourquoi l'exigeriez-vous? n'êtes-vous pas cette même Claire, aussi bonne et compatissante que vertueuse et sage, qui daigna m'aimer dès sa plus tendre jeunesse, et qui doit m'aimer bien plus encore aujourd'hui que je lui dois tout [1]? Non, non, chère et charmante amie, un si cruel refus ne seroit ni de vous ni fait pour moi ; il ne mettra point le comble à ma misère. Encore une fois, encore une fois en ma vie, je déposerai mon cœur à vos pieds. Je vous verrai, vous y consentirez. Je la verrai, elle y consentira. Vous connoissez trop bien toutes deux mon respect pour elle. Vous savez si je suis homme à m'offrir à ses yeux en me sentant indigne d'y paroître. Elle a déploré si long-temps l'ouvrage de ses charmes! ah! qu'elle voie une fois l'ouvrage de sa vertu!

P. S. Milord Édouard est retenu pour quelque temps encore ici par des affaires : s'il m'est permis de vous voir, pourquoi ne prendrois-je pas les devants pour être plus tôt auprès de vous?

LETTRE IV.

DE M. DE WOLMAR A L'AMANT DE JULIE.

Quoique nous ne nous connoissions pas encore, je suis chargé de vous écrire. La plus sage et la plus chérie des femmes vient d'ouvrir son cœur à

---

[1] Que lui doit-il donc tant, à elle qui a fait les malheurs de sa vie? Malheureux questionneur! il lui doit l'honneur, la vertu, le repos de celle qu'il aime : il lui doit tout.

son heureux époux. Il vous croit digne d'avoir été aimé d'elle, et il vous offre sa maison. L'innocence et la paix y règnent; vous y trouverez l'amitié, l'hospitalité, l'estime, la confiance. Consultez votre cœur; et s'il n'y a rien là qui vous effraie, venez sans crainte. Vous ne partirez point d'ici sans y laisser un ami.

WOLMAR.

P. S. Venez, mon ami; nous vous attendons avec empressement. Je n'aurai pas la douleur que vous nous deviez un refus.

JULIE.

LETTRE V.

DE MADAME D'ORBE A L'AMANT DE JULIE.

DANS CETTE LETTRE ÉTOIT INCLUSE LA PRÉCÉDENTE.

Bien arrivé! cent fois le bien arrivé, cher Saint-Preux; car je prétends que ce nom [1] vous demeure, au moins dans notre société. C'est, je crois, vous dire assez qu'on n'entend pas vous en exclure, à moins que cette exclusion ne vienne de vous. En voyant par la lettre ci-jointe que j'ai fait plus que vous ne me demandiez, apprenez à

---

[1] C'est celui qu'elle lui avoit donné devant ses gens à son précédent voyage. Voyez troisième partie, lettre XIV.

prendre un peu plus de confiance en vos amis, et à ne plus reprocher à leur cœur des chagrins qu'ils partagent quand la raison les force à vous en donner. M. de Wolmar veut vous voir; il vous offre sa maison, son amitié, ses conseils : il n'en falloit pas tant pour calmer toutes mes craintes sur votre voyage, et je m'offenserois moi-même si je pouvois un moment me défier de vous. Il fait plus; il prétend vous guérir, et dit que ni Julie, ni lui, ni vous, ni moi, ne pouvons être parfaitement heureux sans cela. Quoique j'attende beaucoup de sa sagesse, et plus de votre vertu, j'ignore quel sera le succès de cette entreprise. Ce que je sais bien, c'est qu'avec la femme qu'il a, le soin qu'il veut prendre est une pure générosité pour vous.

Venez donc, mon aimable ami, dans la sécurité d'un cœur honnête, satisfaire l'empressement que nous avons tous de vous embrasser et de vous voir paisible et content; venez dans votre pays et parmi vos amis vous délasser de vos voyages, et oublier tous les maux que vous avez soufferts. La dernière fois que vous me vîtes j'étois une grave matrone, et mon amie étoit à l'extrémité; mais à présent qu'elle se porte bien, et que je suis redevenue fille, me voilà tout aussi folle et presque aussi jolie qu'avant mon mariage. Ce qu'il y a du moins de bien sûr, c'est que je n'ai point changé pour vous, et que vous feriez bien des fois le tour du monde avant d'y trouver quelqu'un qui vous aimât comme moi.

LETTRE VI.

DE SAINT-PREUX A MILORD ÉDOUARD.

Je me lève au milieu de la nuit pour vous écrire. Je ne saurois trouver un moment de repos. Mon cœur agité, transporté, ne peut se contenir au dedans de moi; il a besoin de s'épancher. Vous qui l'avez si souvent garanti du désespoir, soyez le cher dépositaire des premiers plaisirs qu'il ait goûtés depuis si long-temps.

Je l'ai vue, milord! mes yeux l'ont vue! J'ai entendu sa voix; ses mains ont touché les miennes; elle m'a reconnu, elle a marqué de la joie à me voir; elle m'a appelé son ami, son cher ami; elle m'a reçu dans sa maison; plus heureux que je ne fus de ma vie, je loge avec elle sous un même toit, et maintenant que je vous écris je suis à trente pas d'elle.

Mes idées sont trop vives pour se succéder; elles se présentent toutes ensemble; elles se nuisent mutuellement. Je vais m'arrêter et reprendre haleine pour tâcher de mettre quelque ordre dans mon récit.

A peine après une si longue absence m'étois-je

livré près de vous aux premiers transports de mon cœur en embrassant mon ami, mon libérateur et mon père, que vous songeâtes au voyage d'Italie. Vous me le fîtes désirer dans l'espoir de m'y soulager enfin du fardeau de mon inutilité pour vous. Ne pouvant terminer sitôt les affaires qui vous retenoient à Londres, vous me proposâtes de partir le premier pour avoir plus de temps à vous attendre ici. Je demandai la permission d'y venir; je l'obtins, je partis; et quoique Julie s'offrît d'avance à mes regards, en songeant que j'allois m'approcher d'elle, je sentis du regret à m'éloigner de vous. Milord, nous sommes quittes, ce seul sentiment vous a tout payé.

Il ne faut pas vous dire que durant toute la route je n'étois occupé que de l'objet de mon voyage; mais une chose à remarquer, c'est que je commençai de voir sous un autre point de vue ce même objet qui n'étoit jamais sorti de mon cœur. Jusque-là je m'étois toujours rappelé Julie brillante comme autrefois des charmes de sa première jeunesse; j'avois toujours vu ses beaux yeux animés du feu qu'elle m'inspiroit; ses traits chéris n'offroient à mes regards que des garants de mon bonheur; son amour et le mien se mêloient tellement avec sa figure, que je ne pouvois les en séparer. Maintenant j'allois voir Julie mariée, Julie mère, Julie indifférente. Je m'inquiétois des changements que huit ans d'intervalle avoient pu faire à sa beauté. Elle avoit eu la petite-vérole; elle s'en trouvoit changée : à quel point le pouvoit-elle être? Mon imagination me refusoit opiniâtrément des taches sur ce charmant visage; et sitôt que j'en voyois un marqué de petite-vérole, ce n'étoit plus celui de Julie. Je pensois encore à l'entrevue que nous allions avoir, à la réception qu'elle m'alloit faire. Ce premier abord se présentoit à mon esprit sous mille tableaux différents, et ce moment qui devoit passer si vite revenoit pour moi mille fois le jour.

Quand j'aperçus la cime des monts, le cœur me battit fortement, en me disant, Elle est là. La même chose venoit de m'arriver en mer à la vue des côtes d'Europe. La même chose m'étoit arrivée autrefois à Meillerie, en découvrant la maison du baron d'Étange. Le monde n'est jamais divisé pour moi qu'en deux régions; celle où elle est, et celle où elle n'est pas. La première s'étend quand je m'éloigne, et se resserre à mesure que j'approche, comme un lieu où je ne dois jamais arriver. Elle est à présent bornée aux murs de sa chambre. Hélas! ce lieu seul est habité; tout le reste de l'univers est vide.

Plus j'approchois de la Suisse, plus je me sentois ému. L'instant où des hauteurs du Jura je découvris le lac de Genève fut un instant d'extase et de ravissement. La vue de mon pays, de ce pays si chéri, où des torrents de plaisirs avoient inondé mon cœur; l'air des Alpes si salutaire et si pur; le doux air de la patrie, plus suave que les parfums de l'Orient, cette terre riche et fertile, ce paysage unique, le plus beau dont l'œil humain fut jamais frappé; ce séjour charmant auquel je n'avois rien trouvé d'égal dans le tour du monde; l'aspect d'un peuple heureux et libre, la douceur de la saison, la sérénité du climat, mille souvenirs délicieux qui réveilloient tous les sentiments que j'avois goûtés; tout cela me jetoit dans des transports que je ne puis décrire, et sembloit me rendre à la fois la jouissance de ma vie entière.

En descendant vers la côte, je sentis une impression nouvelle dont je n'avois aucune idée; c'étoit un certain mouvement d'effroi qui me resserroit le cœur et me troubloit malgré moi. Cet effroi, dont je ne pouvois démêler la cause, croissoit à mesure que j'approchois de la ville : il ralentissoit mon empressement d'arriver, et fit enfin de tels progrès, que je m'inquiétois autant de ma diligence que j'avois fait jusque-là de ma lenteur. En entrant à Vevai, la sensation que j'éprouvai ne fut rien moins qu'agréable : je fus saisi d'une violente palpitation qui m'empêchoit de respirer; je parlois d'une voix altérée et tremblante. J'eus peine à me faire entendre en demandant M. de Wolmar; car je n'osai jamais nommer sa femme. On me dit qu'il demeuroit à Clarens. Cette nouvelle m'ôta de dessus la poitrine un poids de cinq cents livres; et, prenant les deux lieues qui me restoient à faire pour un répit, je me réjouis de ce qui m'eût désolé dans un autre temps; mais j'appris avec un vrai chagrin que madame d'Orbe étoit à Lausanne. J'entrai dans une auberge pour reprendre les forces qui me manquoient : il me fut impossible d'avaler un seul morceau ; je suffoquois en buvant, et ne pouvois vider un verre qu'à plusieurs reprises. Ma terreur redoubla quand je vis mettre les chevaux pour repartir. Je crois que j'aurois donné tout au monde pour voir briser une roue en chemin. Je ne voyois plus Julie; mon imagination troublée ne me présentoit que des objets confus; mon ame étoit dans un tumulte universel. Je connoissois la douleur et le désespoir; je les aurois préférés à cet horrible état. Enfin je puis dire n'avoir de ma vie éprouvé d'agitation plus cruelle que celle où je me trouvai durant ce court trajet; je suis convaincu que je ne l'aurois pu supporter une journée entière.

En arrivant je fis arrêter à la grille, et, me sentant hors d'état de faire un pas, j'envoyai le postillon dire qu'un étranger demandoit à parler à M. de Wolmar. Il étoit à la promenade avec sa femme. On les avertit, et ils vinrent par un autre côté, tandis que, les yeux fixés sur l'avenue, j'attendois dans des transes mortelles d'y voir paroître quelqu'un.

A peine Julie m'eut-elle aperçu qu'elle me reconnut. A l'instant, me voir, s'écrier, courir, s'élancer dans mes bras, ne fut pour elle qu'une même chose. A ce son de voix je me sens tressaillir ; je me retourne, je la vois, je la sens. O milord ! ô mon ami !.... je ne puis parler.... Adieu crainte, adieu terreur, effroi, respect humain. Son regard, son cri, son geste, me rendent en un moment la confiance, le courage et les forces. Je puise dans ses bras la chaleur et la vie, je pétille de joie en la serrant dans les miens. Un transport sacré nous tient dans un long silence étroitement embrassés, et ce n'est qu'après un si doux saisissement que nos voix commencent à se confondre et nos yeux à mêler leurs pleurs. M. de Wolmar étoit là ; je le savois, je le voyois : mais qu'aurois-je pu voir ? Non, quand l'univers entier se fût réuni contre moi, quand l'appareil des tourments m'eût environné, je n'aurois pas dérobé mon cœur à la moindre de ces caresses, tendres prémices d'une amitié pure et sainte que nous emporterons dans le ciel.

Cette première impétuosité suspendue, madame de Wolmar me prit par la main, et, se retournant vers son mari, lui dit avec une certaine grâce d'innocence et de candeur dont je me sentis pénétré : Quoiqu'il soit mon ancien ami, je ne vous le présente pas, je le reçois de vous, et ce n'est qu'honoré de votre amitié qu'il aura désormais la mienne. Si les nouveaux amis ont moins d'ardeur que les anciens, me dit-il, en m'embrassant, ils seront anciens à leur tour, et ne céderont point aux autres. Je reçus ses embrassements, mais mon cœur venoit de s'épuiser, et je ne fis que les recevoir.

Après cette courte scène j'observai du coin de l'œil qu'on avoit détaché ma malle et remisé ma chaise. Julie me prit sous le bras, et je m'avançai avec eux vers la maison, presque oppressé d'aise de voir qu'on y prenoit possession de moi.

Ce fut alors qu'en contemplant plus paisiblement ce visage adoré, que j'avois cru trouver enlaidi, je vis avec une surprise amère et douce qu'elle étoit réellement plus belle et plus brillante que jamais. Ses traits charmants se sont mieux formés encore, elle a pris un peu plus d'embonpoint qui ne fait qu'ajouter à son éblouissante blancheur. La petite-vérole n'a laissé sur ses joues que quelques légères traces presque imperceptibles. Au lieu de cette pudeur souffrante qui lui faisoit autrefois sans cesse baisser les yeux, on voit la sécurité de la vertu s'allier dans son chaste regard à la douceur et à la sensibilité; sa contenance, non moins modeste, est moins timide; un air plus libre et des grâces plus franches ont succédé à ces manières contraintes, mêlées de tendresse et de honte; et si le sentiment de sa faute la rendoit alors plus touchante, celui de sa pureté la rend aujourd'hui plus céleste.

A peine étions-nous dans le salon qu'elle disparut, et rentra le moment d'après. Elle n'étoit pas seule. Qui pensez-vous qu'elle amenoit avec elle? Milord, c'étoient ses enfants! ses deux enfants, plus beaux que le jour, et portant déjà sur leur physionomie enfantine le charme et l'attrait de leur mère! Que devins-je à cet aspect? cela ne peut ni se dire ni se comprendre; il faut le sentir. Mille mouvements contraires m'assaillirent à la fois; mille cruels et délicieux souvenirs vinrent partager mon cœur. O spectacle! ô regrets! Je me sentois déchirer de douleur et transporter de joie. Je voyois pour ainsi dire multiplier celle qui me fut si chère. Hélas! je voyois au même instant la trop vive preuve qu'elle ne m'étoit plus rien, et mes pertes sembloient se multiplier avec elle.

Elle me les amena par la main. Tenez, me dit-elle d'un ton qui me perça l'ame, voilà les enfants de votre amie; ils seront vos amis un jour : soyez le leur dès aujourd'hui. Aussitôt ces deux petites créatures s'empressèrent autour de moi, me prirent les mains, et, m'accablant de leurs innocentes caresses, tournèrent vers l'attendrissement toute mon émotion. Je les pris dans mes bras l'un et l'autre; et les pressant contre ce cœur agité : Chers et aimables enfants, dis-je avec un soupir, vous avez à remplir une grande tâche. Puissiez-vous ressembler à ceux de qui vous tenez la vie! puissiez-vous imiter leurs vertus, et faire un jour par les vôtres la consolation de leurs amis infortunés! Madame de Wolmar enchantée me sauta au cou une seconde fois, et sembloit me vouloir payer par ses caresses de celles que je faisois à ses deux fils. Mais quelle différence du premier embrassement à celui-là! Je l'éprouvai avec surprise. C'étoit une mère de famille que j'embrassois; je la voyois environnée de son époux et de ses enfants; ce cortége m'en imposoit. Je trouvois sur son visage un air de dignité qui ne m'avoit pas frappé d'abord; je me sentois forcé de lui porter une nouvelle sorte de respect; sa familiarité m'étoit presque à charge; quelque belle qu'elle me parût, j'aurois baisé le bord de sa robe de meilleur cœur que sa joue : dès cet instant, en un mot, je connus qu'elle ou moi n'étions plus les mêmes, et je commençai tout de bon à bien augurer de moi.

M. de Wolmar, me prenant par la main, me conduisit ensuite au logement qui m'étoit destiné. Voilà, me dit-il en y entrant, votre appartement: il n'est point celui d'un étranger; il ne sera plus celui d'un autre; et désormais il restera vide, ou occupé par vous. Jugez si ce compliment me fut agréable; mais je ne le méritois pas encore assez pour l'écouter sans confusion. M. de Wolmar me sauva l'embarras d'une réponse. Il m'invita à faire un tour de jardin. Là il fit si bien que je me trouvai plus à mon aise; et prenant le ton d'un homme instruit de mes anciennes erreurs, mais plein de confiance dans ma droiture, il me parla comme un père à son enfant, et me mit à force d'estime dans l'impossibilité de la démentir. Non, milord, il ne s'est pas trompé ; je n'oublierai point que j'ai la sienne et la vôtre à justifier. Mais pourquoi faut-il que mon cœur se resserre à ses bienfaits? Pourquoi faut-il qu'un homme que je dois aimer soit le mari de Julie?

Cette journée sembloit destinée à tous les genres d'épreuves que je pouvois subir. Revenus auprès de madame de Wolmar, son mari fut appelé pour quelque ordre à donner, et je restai seul avec elle.

Je me trouvai alors dans un nouvel embarras, le plus pénible et le moins prévu de tous. Que lui dire? comment débuter? Oserois-je rappeler nos anciennes liaisons et des temps si présents à ma mémoire? Laisserois-je penser que je les eusse oubliés ou que je ne m'en souciasse plus? Quel supplice de traiter en étrangère celle qu'on porte au fond de son cœur! Quelle infamie d'abuser de l'hospitalité pour lui tenir des discours qu'elle ne doit plus entendre! Dans ces perplexités je perdois toute contenance; le feu me montoit au visage ; je n'osois ni parler, ni lever les yeux, ni faire le moindre geste; et je crois que je serois resté dans cet état violent jusqu'au retour de son mari, si elle ne m'en eût tiré. Pour elle, il ne parut pas que ce tête-à-tête l'eût gênée en rien. Elle conserva le même maintien et les mêmes manières qu'elle avoit auparavant ; elle continua de me parler sur le même ton ; seulement je crus voir qu'elle essayoit d'y mettre encore plus de gaieté et de liberté, jointe à un regard, non timide et tendre, mais doux et affectueux, comme pour m'encourager à me rassurer, et à sortir d'une contrainte qu'elle ne pouvoit manquer d'apercevoir.

Elle me parla de mes longs voyages : elle vouloit en savoir les détails, ceux surtout des dangers que j'avois courus, des maux que j'avois endurés ; car elle n'ignoroit pas, disoit-elle, que son amitié m'en devoit le dédommagement. Ah ! Julie, lui dis-je avec tristesse, il n'y a qu'un moment que je suis avec vous, voulez-vous déjà me renvoyer aux Indes ? Non pas, dit-elle en riant, mais j'y veux aller à mon tour.

Je lui dis que je vous avois donné une relation de mon voyage dont je lui apportois une copie. Alors elle me demanda de vos nouvelles avec empressement. Je lui parlai de vous, et ne pus le faire sans lui retracer les peines que j'avois souffertes et celles que je vous avois données. Elle en fut touchée : elle commença d'un ton plus sérieux à entrer dans sa propre justification, et à me montrer qu'elle avoit dû faire tout ce qu'elle avoit fait. M. de Wolmar rentra au milieu de son discours ; et ce qui me confondit, c'est qu'elle le continua en sa présence exactement comme s'il n'y eût pas été.

Il ne put s'empêcher de sourire en démêlant mon étonnement. Après qu'elle eut fini, il me dit : Vous voyez un exemple de la franchise qui règne ici. Si vous voulez sincèrement être vertueux, apprenez à l'imiter : c'est la seule prière et la seule leçon que j'aie à vous faire. Le premier pas vers le vice est de mettre du mystère aux actions innocentes ; et quiconque aime à se cacher a tôt ou tard raison de se cacher. Un seul précepte de morale peut tenir lieu de tous les autres, c'est celui-ci, Ne fais ni ne dis jamais rien que tu ne veuilles que tout le monde voie et entende ; et pour moi, j'ai toujours regardé comme le plus estimable des hommes ce Romain qui vouloit que sa maison fût construite de manière qu'on vît tout ce qui s'y faisoit.

J'ai, continua-t-il, deux partis à vous proposer. Choisissez librement celui qui vous conviendra le mieux, mais choisissez l'un ou l'autre. Alors, prenant la main de sa femme et la mienne, il me dit en la serrant : Notre amitié commence, en voici le cher lien ; qu'elle soit indissoluble. Embrassez votre sœur et votre amie ; traitez-la toujours comme telle ; plus vous serez familier avec elle, mieux je penserai de vous. Mais vivez dans le tête-à-tête comme si j'étois présent, ou devant moi comme si je n'y étois pas ; voilà tout ce que je vous demande. Si vous préférez le dernier parti, vous le pouvez sans inquiétude ; car, comme je me réserve le droit de vous avertir de tout ce qui me déplaira, tant que je ne dirai rien vous serez sûr de ne m'avoir point déplu.

Il y avoit deux heures que ce discours m'auroit fort embarrassé; mais M. de Wolmar commençoit à prendre une si grande autorité sur moi, que j'y étois déjà presque accoutumé. Nous recommençâmes à causer paisiblement tous trois, et chaque fois que je parlois à Julie je ne manquois point de l'appeler *madame*. Parlez-moi franchement, dit enfin son mari en m'interrompant, dans l'entretien de tout à l'heure disiez-vous *madame?* Non, dis-je un peu déconcerté, mais la bienséance... La bienséance, reprit-il, n'est que le masque du vice : où la vertu règne elle est inutile; je n'en veux point. Appelez ma femme *Julie* en ma présence, ou *madame* en particulier, cela m'est indifférent. Je commençai de connoître alors à quel homme j'avois à faire, et je résolus bien de tenir toujours mon cœur en état d'être vu de lui.

Mon corps, épuisé de fatigue, avoit grand besoin de nourriture, et mon esprit de repos; je trouvai l'un et l'autre à table. Après tant d'années d'absence et de douleurs, après de si longues courses, je me disois dans une sorte de ravissement : Je suis avec Julie, je la vois, je lui parle ; je suis à table avec elle, elle me voit sans inquiétude, elle me reçoit sans crainte, rien ne trouble le plaisir que nous avons d'être ensemble. Douce et précieuse innocence, je n'avois point goûté tes charmes, et ce n'est que d'aujourd'hui que je commence d'exister sans souffrir.

Le soir en me retirant, je passai devant la chambre des maîtres de la maison ; je les y vis entrer ensemble : je gagnai tristement la mienne, et ce moment ne fut pas pour moi le plus agréable de la journée.

Voilà, milord, comment s'est passée cette première entrevue, désirée si passionnément et si cruellement redoutée. J'ai tâché de me recueillir depuis que je suis seul, je me suis efforcé de sonder mon cœur ; mais l'agitation de la journée précédente s'y prolonge encore, et il m'est impossible de juger sitôt de mon véritable état. Tout ce que je sais très-certainement, c'est que si mes sentiments pour elle n'ont pas changé d'espèce, ils ont au moins bien changé de forme, que j'aspire toujours à voir un tiers entre nous, et que je crains autant le tête-à-tête que je le désirois autrefois.

Je compte aller dans deux ou trois jours à Lausanne. Je n'ai vu Julie encore qu'à demi quand je n'ai pas vu sa cousine, cette aimable et chère amie à qui je dois tant, qui partagera sans cesse avec vous mon amitié, mes soins, ma reconnoissance, et tous les sentiments dont mon cœur est resté le maître. A mon retour je ne tarderai pas à vous en dire davantage. J'ai besoin de vos avis, et je veux m'observer de près. Je sais mon devoir et le remplirai. Quelque doux qu'il me soit d'habiter cette maison, je l'ai résolu, je le jure, si je m'aperçois jamais que je m'y plais trop, j'en sortirai dans l'instant.

LETTRE VII.

DE MADAME DE WOLMAR A MADAME D'ORBE.

Si tu nous avois accordé le délai que nous te demandions, tu aurois eu le plaisir avant ton départ d'embrasser ton protégé. Il arriva avant-hier, et vouloit t'aller voir aujourd'hui; mais une espèce de courbature, fruit de la fatigue et du voyage, le retient dans sa chambre, et il a été saigné [1] ce matin. D'ailleurs, j'avois bien résolu, pour te punir, de ne le pas laisser partir sitôt; et tu n'as qu'à le venir voir ici, ou je te promets que tu ne le verras de long-temps. Vraiment, cela seroit bien imaginé qu'il vît séparément les inséparables!

En vérité, ma cousine, je ne sais quelles vaines terreurs m'avoient fasciné les yeux sur ce voyage, et j'ai honte de m'y être opposée avec tant d'obstination. Plus je craignois de le revoir, plus je serois fâchée aujourd'hui de ne l'avoir pas vu; car sa présence a détruit des craintes qui m'inquiétoient encore, et qui pouvoient devenir légitimes à force de m'occuper de lui. Loin que l'attachement que

[1] Pourquoi saigné ? est-ce aussi la mode en Suisse ?

je sens pour lui m'effraie, je crois que s'il m'étoit moins cher je me défierois plus de moi; mais je l'aime aussi tendrement que jamais, sans l'aimer de la même manière. C'est de la comparaison de ce que j'éprouve à sa vue, et de ce que j'éprouvois jadis, que je tire la sécurité de mon état présent; et dans des sentiments si divers la différence se fait sentir à proportion de leur vivacité.

Quant à lui, quoique je l'aie reconnu du premier instant, je l'ai trouvé fort changé; et, ce qu'autrefois je n'aurois guère imaginé possible, à bien des égards il me paroît changé en mieux. Le premier jour il donna quelques signes d'embarras, et j'eus moi-même bien de la peine à lui cacher le mien; mais il ne tarda pas à prendre le ton ferme et l'air ouvert qui convient à son caractère. Je l'avois toujours vu timide et craintif; la frayeur de me déplaire, et peut-être la secrète honte d'un rôle peu digne d'un honnête homme, lui donnoient devant moi je ne sais quelle contenance servile et basse dont tu t'es plus d'une fois moquée avec raison. Au lieu de la soumission d'un esclave, il a maintenant le respect d'un ami qui sait honorer ce qu'il estime; il tient avec assurance des propos honnêtes; il n'a pas peur que ses maximes de vertu contrarient ses intérêts; il ne craint ni de se faire tort, ni de me faire affront, en louant les choses louables; et l'on sent dans tout ce qu'il dit la confiance d'un homme droit et sûr de lui-même, qui tire de son propre cœur l'approbation qu'il ne cherchoit autrefois que dans mes regards. Je trouve aussi que l'usage du monde, l'expérience lui ont ôté ce ton dogmatique et tranchant qu'on prend dans le cabinet; qu'il est moins prompt à juger les hommes depuis qu'il en a beaucoup observé, moins pressé d'établir des propositions universelles depuis qu'il a tant vu d'exceptions, et qu'en général l'amour de la vérité l'a guéri de l'esprit de système : de sorte qu'il est devenu moins brillant et plus raisonnable, et qu'on s'instruit beaucoup mieux avec lui depuis qu'il n'est plus si savant.

Sa figure est changée aussi, et n'est pas moins bien; sa démarche est plus assurée, sa contenance est plus libre, son port est plus fier : il a rapporté de ses campagnes un certain air martial qui lui sied d'autant mieux, que son geste, vif et prompt quand il s'anime, est d'ailleurs plus grave et plus posé qu'autrefois. C'est un marin dont l'attitude est flegmatique et froide, et le parler bouillant et impétueux. A trente ans passés son visage est celui de l'homme dans sa perfection, et joint au feu de la jeunesse la majesté de l'âge mûr. Son teint n'est pas reconnoissable; il est noir comme un Maure, et de plus, fort marqué de la petite-vérole. Ma chère, il te faut tout dire : ces marques me font quelque peine à regarder, et je me surprends souvent à les regarder malgré moi.

Je crois m'apercevoir que, si je l'examine, il

n'est pas moins attentif à m'examiner. Après une si longue absence, il est naturel de se considérer mutuellement avec une sorte de curiosité; mais si cette curiosité semble tenir de l'ancien empressement, quelle différence dans la manière aussi bien que dans le motif! Si nos regards se rencontrent moins souvent, nous nous regardons avec plus de liberté. Il semble que nous ayons une convention tacite pour nous considérer alternativement. Chacun sent pour ainsi dire quand c'est le tour de l'autre, et détourne les yeux à son tour. Peut-on revoir sans plaisir, quoique l'émotion n'y soit plus, ce qu'on aima si tendrement autrefois, et qu'on aime si purement aujourd'hui? Qui sait si l'amour-propre ne cherche point à justifier les erreurs passées? Qui sait si chacun des deux, quand la passion cesse de l'aveugler, n'aime point encore à se dire : Je n'avois pas trop mal choisi? Quoi qu'il en soit, je te le répète sans honte, je conserve pour lui des sentiments très-doux qui dureront autant que ma vie. Loin de me reprocher ces sentiments, je m'en applaudis; je rougirois de ne les avoir pas comme d'un vice de caractère et de la marque d'un mauvais cœur. Quant à lui j'ose croire qu'après la vertu je suis ce qu'il aime le mieux au monde. Je sens qu'il s'honore de mon estime; je m'honore à mon tour de la sienne, et mériterai de la conserver. Ah! si tu voyois avec quelle tendresse il caresse mes enfants, si tu savois quel plaisir il prend à parler de toi, cousine, tu connoîtrois que je lui suis encore chère.

Ce qui redouble ma confiance dans l'opinion que nous avons toutes deux de lui, c'est que M. de Wolmar la partage, et qu'il en pense par lui-même, depuis qu'il l'a vu, tout le bien que nous lui en avions dit. Il m'en a beaucoup parlé ces deux soirs, en se félicitant du parti qu'il a pris, et me faisant la guerre de ma résistance. Non, me disoit-il hier, nous ne laisserons point un si honnête homme en doute sur lui-même; nous lui apprendrons à mieux compter sur sa vertu, et peut-être un jour jouirons-nous avec plus d'avantage que vous ne pensez du fruit des soins que nous allons prendre. Quant à présent, je commence déjà par vous dire que son caractère me plaît et que je l'estime surtout par un côté dont il ne se doute guère, savoir la froideur qu'il a vis-à-vis de moi. Moins il me témoigne d'amitié, plus il m'en inspire; je ne saurois vous dire combien je craignois d'en être caressé. C'étoit la première épreuve que je lui destinois. Il doit s'en présenter une seconde[1] sur laquelle je l'observerai; après quoi je ne l'observerai plus. Pour celle-ci, lui dis-je, elle ne prouve autre chose que la franchise de son caractère; car jamais il ne put se résoudre autrefois à prendre un air soumis et complaisant avec mon

---

[1] La lettre où il étoit question de cette seconde épreuve a été supprimée, mais j'aurai soin d'en parler dans l'occasion.

père, quoiqu'il y eût un si grand intérêt et que je l'en eusse instamment prié. Je vis avec douleur qu'il s'ôtoit cette unique ressource, et ne pus lui savoir mauvais gré de ne pouvoir être faux en rien. Le cas est bien différent, reprit mon mari; il y a entre votre père et lui une antipathie naturelle fondée sur l'opposition de leurs maximes. Quant à moi, qui n'ai ni systèmes ni préjugés, je suis sûr qu'il ne me hait point naturellement. Aucun homme ne me hait; un homme sans passion ne peut inspirer d'aversion à personne : mais je lui ai ravi son bien, il ne me le pardonnera pas sitôt. Il ne m'en aimera que plus tendrement quand il sera parfaitement convaincu que le mal que je lui ai fait ne m'empêche pas de le voir de bon œil. S'il me caressoit à présent, il seroit un fourbe; s'il ne me caressoit jamais, il seroit un monstre.

Voilà, ma Claire, à quoi nous en sommes, et je commence à croire que le ciel bénira la droiture de nos cœurs et les intentions bienfaisantes de mon mari. Mais je suis bien bonne d'entrer dans tous ces détails : tu ne mérites pas que j'aie tant de plaisir à m'entretenir avec toi : j'ai résolu de ne te plus rien dire; si tu veux en savoir davantage, viens l'apprendre.

P. S. Il faut pourtant que je te dise encore ce qui vient de se passer au sujet de cette lettre. Tu sais avec quelle indulgence M. de Wolmar reçut l'aveu tardif que ce retour imprévu me força de lui faire. Tu vis avec quelle douceur il sut essuyer mes pleurs et dissiper ma honte. Soit que je ne lui eusse rien appris, comme tu l'as assez raisonnablement conjecturé, soit qu'en effet il fût touché d'une démarche qui ne pouvoit être dictée que par le repentir, non seulement il a continué de vivre avec moi comme auparavant, mais il semble avoir redoublé de soins, de confiance, d'estime, et vouloir me dédommager à force d'égards de la confusion que cet aveu m'a coûtée. Ma cousine, tu connois mon cœur; juge de l'impression qu'y fait une pareille conduite.

Sitôt que je le vis résolu à laisser venir notre ancien maître, je résolus de mon côté de prendre contre moi la meilleure précaution que je pusse employer; ce fut de choisir mon mari même pour mon confident, de n'avoir aucun entretien particulier qui ne lui fût rapporté, et de n'écrire aucune lettre qui ne lui fût montrée. Je m'imposai même d'écrire chaque lettre comme s'il ne la devoit point voir, et de la lui montrer ensuite. Tu trouveras un article dans celle-ci qui m'est venu de cette manière, et si je n'ai pu m'empêcher, en l'écrivant, de songer qu'il le verroit, je me rends le témoignage que cela ne m'y a pas fait changer un mot : mais quand j'ai voulu lui porter ma lettre, il s'est moqué de moi, et n'a pas eu la complaisance de la lire.

Je t'avoue que j'ai été un peu piquée de ce refus, comme s'il s'étoit défié de ma bonne foi. Ce mouvement ne lui a pas échappé : le plus franc et le plus généreux des hommes m'a bientôt rassurée. Avouez, m'a-t-il dit, que dans cette lettre vous avez moins parlé de moi qu'à l'ordinaire. J'en suis convenue. Étoit-il séant d'en beaucoup parler pour lui montrer ce que j'en aurois dit? Hé bien! a-t-il repris en souriant, j'aime mieux que vous parliez de moi davantage, et ne point savoir ce que vous en direz. Puis il a poursuivi d'un ton plus sérieux : Le mariage est un état trop austère et trop grave pour supporter toutes les petites ouvertures de cœur qu'admet la tendre amitié. Ce dernier lien tempère quelquefois à propos l'extrême sévérité de l'autre, et il est bon qu'une femme honnête et sage puisse chercher auprès d'une fidèle amie les consolations, les lumières, et les conseils qu'elle n'oseroit demander à son mari sur certaines matières. Quoique vous ne disiez jamais rien entre vous dont vous n'aimassiez à m'instruire, gardez-vous de vous en faire une loi, de peur que ce devoir ne devienne une gêne, et que vos confidences n'en soient moins douces en devenant plus étendues. Croyez-moi, les épanchements de l'amitié se retiennent devant un témoin quel qu'il soit. Il y a mille secrets que trois amis doivent savoir, et qu'ils ne peuvent se dire que deux à deux. Vous communiquez bien les mêmes choses à votre amie et à votre époux, mais non pas de la même manière; et si vous voulez tout confondre, il arrivera que vos lettres seront écrites plus à moi qu'à elle, et que vous ne serez à votre aise ni avec l'un ni avec l'autre. C'est pour mon intérêt autant que pour le vôtre que je vous parle ainsi. Ne voyez-vous pas que vous craignez déjà la juste honte de me louer en ma présence? Pourquoi voulez-vous nous ôter, à vous le plaisir de dire à votre amie combien votre mari vous est cher, à moi, celui de penser que dans vos plus secrets entretiens vous aimez à parler bien de lui? Julie! Julie! a-t-il ajouté en me serrant la main et me regardant avec bonté, vous abaisserez-vous à des précautions si peu dignes de ce que vous êtes, et n'apprendrez-vous jamais à vous estimer votre prix?

Ma chère amie, j'aurois peine à dire comment s'y prend cet homme incomparable, mais je ne sais plus rougir de moi devant lui. Malgré que j'en aie, il m'élève au-dessus de moi-même, et je sens qu'à force de confiance il m'apprend à la mériter.

LETTRE VIII.

RÉPONSE DE MADAME D'ORBE

A MADAME DE WOLMAR.

Comment! cousine, notre voyageur est arrivé, et je ne l'ai pas vu encore à mes pieds chargé des dépouilles de l'Amérique ! Ce n'est pas lui, je t'en avertis, que j'accuse de ce délai, car je sais qu'il lui dure autant qu'à moi ; mais je vois qu'il n'a pas aussi bien oublié que tu dis son ancien métier d'esclave, et je me plains moins de sa négligence que de ta tyrannie. Je te trouve aussi fort bonne de vouloir qu'une prude grave et formaliste comme moi fasse les avances, et que, toute affaire cessante, je coure baiser un visage noir et crotu¹, qui a passé quatre fois sous le soleil et vu le pays des épices ! Mais tu me fais rire surtout quand tu te presses de gronder de peur que je ne gronde la première. Je voudrois bien savoir de quoi tu te mêles. C'est mon métier de quereller, j'y prends plaisir, je m'en acquitte à merveille, et cela me va très-bien ; mais toi, tu y es gauche on ne peut davantage, et ce n'est point du tout ton fait. En revanche, si tu savois combien tu as de grâce à avoir tort, combien ton air confus et ton œil suppliant te rendent charmante, au lieu de gronder, tu passerois ta vie à demander pardon, sinon par devoir, au moins par coquetterie.

Quant à présent, demande-moi pardon de toutes manières. Le beau projet que celui de prendre son mari pour son confident, et l'obligeante précaution pour une aussi sainte amitié que la nôtre ! Amie injuste et femme pusillanime ! à qui te fieras-tu de ta vertu sur la terre, si tu te défies de tes

---

¹ Marqué de petite-vérole. Terme du pays.

sentimens et des miens? Peux-tu, sans nous offenser toutes deux, craindre ton cœur et mon indulgence dans les nœuds sacrés où tu vis? J'ai peine à comprendre comment la seule idée d'admettre un tiers dans les secrets caquetages de deux femmes ne t'a pas révoltée. Pour moi, j'aime fort à babiller à mon aise avec toi; mais si je savois que l'œil d'un homme eût jamais fureté mes lettres, je n'aurois plus de plaisir à t'écrire; insensiblement la froideur s'introduiroit entre nous avec la réserve, et nous ne nous aimerions plus que comme deux autres femmes. Regarde à quoi nous exposoit ta sotte défiance, si ton mari n'eût été plus sage que toi.

Il a très-prudemment fait de ne vouloir point lire ta lettre. Il en eût peut-être été moins content que tu n'espérois, et moins que je ne le suis moi-même, à qui l'état où je t'ai vue apprend à mieux juger de celui où je te vois. Tous ces sages contemplatifs, qui ont passé leur vie à l'étude du cœur humain, en savent moins sur les vrais signes de l'amour que la plus bornée des femmes sensibles. M. de Wolmar auroit d'abord remarqué que ta lettre entière est employée à parler de notre ami, et n'auroit point vu l'apostille où tu n'en dis pas un mot. Si tu avois écrit cette apostille il y a dix ans, mon enfant, je ne sais comment tu aurois fait, mais l'ami y seroit toujours rentré par quelque coin, d'autant plus que le mari ne la devoit point voir.

M. de Wolmar auroit encore observé l'attention que tu as mise à examiner son hôte, et le plaisir que tu prends à le décrire; mais il mangeroit Aristote et Platon avant de savoir qu'on regarde son amant, et qu'on ne l'examine pas. Tout examen exige un sang-froid qu'on n'a jamais en voyant ce qu'on aime.

Enfin, il s'imagineroit que tous ces changements que tu as observés seroient échappés à une autre; et moi j'ai bien peur au contraire d'en trouver qui te seront échappés. Quelque différent que ton hôte soit de ce qu'il étoit, il changeroit davantage encore que, si ton cœur n'avoit point changé, tu le verrois toujours le même. Quoi qu'il en soit, tu détournes les yeux quand il te regarde : c'est encore un fort bon signe. Tu les détournes, cousine! Tu ne les baisses donc plus? car sûrement tu n'as pas pris un mot pour l'autre. Crois-tu que notre sage eût aussi remarqué cela?

Une autre chose très-capable d'inquiéter un mari, c'est je ne sais quoi de touchant et d'affectueux qui reste dans ton langage au sujet de ce qui te fut cher. En te lisant, en t'entendant parler, on a besoin de te bien connoître pour ne pas se tromper à tes sentiments; on a besoin de savoir que c'est seulement d'un ami que tu parles, ou que tu parles ainsi de tous tes amis : mais quant à cela, c'est un effet naturel de ton caractère, que ton mari connoît trop bien pour s'en alarmer. Le moyen que dans un cœur si tendre la pure amitié n'ait pas encore un peu l'air de l'amour? Écoute, cousine; tout ce que je te dis là doit bien te donner du courage, mais non de la témérité. Tes progrès sont sensibles, et c'est beaucoup. Je ne comptois que sur ta vertu, et je commence à compter aussi sur ta raison : je regarde à présent ta guérison, sinon comme parfaite, au moins comme facile, et tu as précisément assez fait pour te rendre inexcusable si tu n'achèves pas.

Avant d'être à ton apostille, j'avois déjà remarqué le petit article que tu as eu la franchise de ne pas supprimer ou modifier en songeant qu'il seroit vu de ton mari. Je suis sûre qu'en lisant il eût, s'il se pouvoit, redoublé pour toi d'estime; mais il n'en eût pas été plus content de l'article. En général ta lettre étoit très-propre à lui donner beaucoup de confiance en ta conduite et beaucoup d'inquiétude sur ton penchant. Je t'avoue que ces marques de petite-vérole, que tu regardes tant, me font peur, et jamais l'amour ne s'avisa d'un plus dangereux fard. Je sais que ceci ne seroit rien pour une autre; mais, cousine, souviens-t'en toujours, celle que la jeunesse et la figure d'un amant n'avoient pu séduire se perdit en pensant aux maux qu'il avoit soufferts pour elle. Sans doute le ciel a voulu qu'il lui restât des marques de cette maladie pour exercer ta vertu; et qu'il ne t'en restât pas pour exercer la sienne.

Je reviens au principal sujet de ta lettre : tu sais qu'à celle de notre ami j'ai volé ; le cas étoit grave. Mais à présent si tu savois dans quel embarras m'a mise cette courte absence, et combien j'ai d'affaires à la fois, tu sentirois l'impossibilité où je suis de quitter derechef ma maison sans m'y donner de nouvelles entraves, et me mettre dans la nécessité d'y passer encore cet hiver, ce qui n'est pas mon compte ni le tien. Ne vaut-il pas mieux nous priver de nous voir deux ou trois jours à la hâte, et nous rejoindre six mois plus tôt ? Je pense aussi qu'il ne sera pas inutile que je cause en particulier et un peu à loisir avec notre philosophe, soit pour sonder et raffermir son cœur, soit pour lui donner quelques avis utiles sur la manière de se conduire avec ton mari, et même avec toi ; car je n'imagine pas que tu puisses lui parler bien librement là-dessus, et je vois par ta lettre même qu'il a besoin de conseil. Nous avons pris une si grande habitude de le gouverner, que nous sommes un peu responsables de lui à notre propre conscience ; et jusqu'à ce que sa raison soit entièrement libre, nous y devons suppléer. Pour moi, c'est un soin que je prendrai toujours avec plaisir ; car il a eu pour mes avis des déférences coûteuses que je n'oublierai jamais, et il n'y a point d'homme au monde, depuis que le mien n'est plus, que j'estime et que j'aime autant que lui. Je lui réserve aussi pour son compte le plaisir de me rendre ici quelques services. J'ai beaucoup de papiers mal en ordre qu'il m'aidera à débrouiller, et quelques affaires épineuses où j'aurai besoin à mon tour de ses lumières et de ses soins. Au reste je compte ne le garder que cinq ou six jours tout au plus, et peut-être te le renverrai-je dès le lendemain; car j'ai trop de vanité pour attendre que l'impatience de s'en retourner le prenne, et l'œil trop bon pour m'y tromper.

Ne manque donc pas, sitôt qu'il sera remis, de me l'envoyer, c'est-à-dire de le laisser venir, ou je n'entendrai pas raillerie. Tu sais bien que, si je ris quand je pleure et n'en suis pas moins affligée, je ris aussi quand je gronde et n'en suis pas moins en colère. Si tu es bien sage, et que tu fasses les choses de bonne grâce, je te promets de t'envoyer avec lui un joli petit présent qui te fera plaisir, et très-grand plaisir; mais si tu me fais languir, je t'avertis que tu n'auras rien.

P. S. A propos, dis-moi, notre marin fume-t-il? jure-t-il? boit-il de l'eau-de-vie? porte-t-il un grand sabre? a-t-il bien la mine d'un flibustier? Mon dieu! que je suis curieuse de voir l'air qu'on a quand on revient des antipodes!

LETTRE IX.

DE MADAME D'ORBE A MADAME DE WOLMAR.

Tiens, cousine, voilà ton esclave que je te renvoie. J'en ai fait le mien durant ces huit jours, et il a porté ses fers de si bon cœur, qu'on voit qu'il est tout fait pour servir. Rends-moi grâce de ne l'avoir pas gardé huit autres jours encore; car, ne t'en déplaise, si j'avois attendu qu'il fût prêt à s'ennuyer avec moi, j'aurois pu ne pas le renvoyer sitôt. Je l'ai donc gardé sans scrupule; mais j'ai eu celui de n'oser le loger dans ma maison. Je me suis senti quelquefois cette fierté d'ame qui dédaigne les serviles bienséances et sied si bien à la vertu. J'ai été plus timide en cette occasion sans savoir pourquoi; et tout ce qu'il y a de sûr, c'est que je serois plus portée à me reprocher cette réserve qu'à m'en applaudir.

Mais toi, sais-tu bien pourquoi notre ami s'enduroit si paisiblement ici? Premièrement, il étoit avec moi, et je prétends que c'est déjà beaucoup pour prendre patience. Il m'épargnoit des tracas, et me rendoit service dans mes affaires; un ami ne s'ennuie point à cela. Une troisième chose que tu as déjà devinée, quoique tu n'en fasses point semblant, c'est qu'il me parloit de toi; et si nous ôtions le temps qu'a duré cette causerie de celui qu'il a passé ici, tu verrois qu'il m'en est fort peu resté pour mon compte. Mais quelle bizarre fantaisie de s'éloigner de toi pour avoir le plaisir d'en parler? Pas si bizarre qu'on diroit bien. Il est contraint en ta présence, il faut qu'il s'observe incessamment, la moindre indiscrétion deviendroit un crime, et dans ces moments dangereux le seul devoir se laisse entendre aux cœurs honnêtes; mais loin de ce qui nous fut cher on se permet d'y songer encore. Si l'on étouffe un sentiment devenu coupable, pourquoi se reprocheroit-on de l'avoir eu tandis qu'il ne l'étoit point? Le doux souvenir d'un bonheur qui fut légitime peut-il jamais être criminel? Voilà, je pense, un raisonnement qui t'iroit mal, mais qu'après tout il peut se permettre. Il a recommencé pour ainsi dire la carrière de ses anciennes amours; sa première jeunesse s'est écoulée une seconde fois dans nos entretiens; il me renouveloit toutes ses confidences; il rappeloit ces temps heureux où il lui étoit permis de t'aimer; il peignoit à mon cœur les charmes d'une flamme innocente... Sans doute il les embellissoit.

Il m'a peu parlé de son état présent par rapport à toi; et ce qu'il m'en a dit tient plus du respect et de l'admiration que de l'amour; en sorte que je le vois retourner beaucoup plus rassuré sur son cœur que quand il est arrivé. Ce n'est pas qu'aussitôt qu'il est question de toi l'on n'aperçoive au fond de ce cœur trop sensible un certain attendrissement que l'amitié seule, non moins touchante, marque pourtant d'un autre ton : mais j'ai remarqué depuis long-temps que personne ne peut ni te voir ni penser à toi de sang-froid; et si l'on joint au sentiment universel que ta vue inspire le sentiment plus doux qu'un souvenir ineffaçable a dû lui laisser, on trouvera qu'il est difficile et peut-être impossible qu'avec la vertu la plus austère il soit autre chose que ce qu'il est. Je l'ai bien questionné, bien observé, bien suivi; je l'ai examiné autant qu'il m'a été possible : je ne puis bien lire dans son ame, il n'y lit pas mieux lui-même; mais je puis te répondre au moins qu'il est pénétré de la force de ses devoirs et des tiens, et que l'idée de Julie méprisable et corrompue lui feroit plus d'horreur à concevoir que celle de son propre anéantissement. Cousine, je n'ai qu'un conseil à te donner, et je te prie d'y faire attention : évite les détails sur le passé, et je te réponds de l'avenir.

Quant à la restitution dont tu me parles, il n'y faut plus songer. Après avoir épuisé toutes les raisons imaginables, je l'ai prié, pressé, conjuré, boudé, baisé, je lui ai pris les deux mains; je me serois mise à genoux s'il m'eût laissé faire : il ne m'a pas même écoutée; il a poussé l'humeur et l'opiniâtreté jusqu'à jurer qu'il consentiroit plutôt à ne te plus voir qu'à se dessaisir de ton portrait. Enfin, dans un transport d'indignation, me le faisant toucher attaché sur son cœur: Le voilà, m'a-t-il dit d'un ton si ému qu'il en respiroit à peine, le voilà ce portrait, le seul bien qui me reste et qu'on m'envie encore! soyez sûre qu'il ne me sera jamais arraché qu'avec la vie. Crois-moi! cousine, soyons sages et laissons-lui le portrait. Que t'importe au fond qu'il lui demeure? tant pis pour lui s'il s'obstine à le garder.

Après avoir bien épanché et soulagé son cœur, il m'a paru assez tranquille pour que je pusse lui parler de ses affaires. J'ai trouvé que le temps et la raison ne l'avoient point fait changer de système, et qu'il bornoit toute son ambition à passer sa vie attaché à milord Édouard. Je n'ai pu qu'approuver un projet si honnête, si convenable à son caractère, et si digne de la reconnoissance qu'il doit à des bienfaits sans exemple. Il m'a dit que tu avois été du même avis, mais que M. de Wolmar avoit gardé le silence. Il me vient dans la tête une idée : à la conduite assez singulière de ton mari et à d'autres indices, je soupçonne qu'il a sur notre ami quelque vue secrète qu'il ne dit pas. Laissons-le faire et fions-nous à sa sagesse: la manière dont il s'y prend prouve assez que, si ma conjecture est juste, il ne médite rien que d'avantageux à celui pour lequel il prend tant de soins.

Tu n'as pas mal décrit sa figure et ses manières, et c'est un signe assez favorable que tu l'aies observé plus exactement que je n'aurois cru : mais ne trouves-tu pas que ses longues peines et l'habitude de les sentir ont rendu sa physionomie encore plus intéressante qu'elle n'étoit autrefois? Malgré ce que tu m'en avois écrit, je craignois de lui voir cette politesse maniérée, ces façons singeresses, qu'on ne manque jamais de contracter à Paris, et qui, dans la foule des riens dont on y remplit une journée oisive, se piquent d'avoir une forme plutôt qu'une autre. Soit que ce vernis ne prenne pas sur certaines ames, soit que l'air de la mer l'ait entièrement effacé, je n'en ai pas aperçu la moindre trace, et, dans tout l'empressement qu'il m'a témoigné, je n'ai vu que le désir de contenter son cœur. Il m'a parlé de mon pauvre mari; mais il aimoit mieux le pleurer avec moi que de me consoler, et ne m'a point débité là-dessus de maximes galantes. Il a caressé ma fille; mais, au lieu de partager mon admiration pour elle, il m'a reproché comme toi ses défauts, et s'est plaint que je la gâtois. Il s'est livré avec zèle à mes affaires et n'a presque été de mon avis sur rien. Au surplus, le grand air m'auroit arraché les yeux qu'il ne se seroit pas avisé d'aller fermer un rideau; je me serois fatiguée à passer d'une chambre à l'autre qu'un pan de son habit galamment étendu sur sa main ne seroit pas venu à mon secours. Mon éventail resta hier une grande seconde à terre sans qu'il s'élançât du bout de la chambre comme pour le retirer du feu. Les matins, avant de me venir voir, il n'a pas envoyé une seule fois savoir de mes nouvelles. A la promenade il n'affecte point d'avoir son chapeau cloué sur sa tête, pour montrer qu'il sait les bons airs[1]. A table je lui ai demandé souvent sa tabatière, qu'il n'appelle pas sa boîte; toujours il me l'a présentée avec la main, jamais sur une assiette comme un laquais : il n'a pas manqué de boire à ma santé deux fois au moins par repas; et je parie que s'il nous restoit cet hiver, nous le verrions assis avec nous autour du feu se chauffer en vieux bourgeois. Tu ris, cousine; mais montre-moi un des nôtres fraîchement venu de Paris qui ait conservé cette bonhomie. Au reste, il me semble que tu dois trouver notre philosophe empiré dans un seul point ; c'est qu'il s'occupe un peu plus des gens qui lui parlent, ce qui ne peut se faire qu'à ton préjudice, sans aller pourtant, je pense, jusqu'à le raccommoder avec madame Belon. Pour moi, je le trouve mieux en ce qu'il est plus grave et plus sérieux que jamais. Ma mignonne, garde-le-moi bien soigneusement jusqu'à mon arrivée : il est précisément comme il me le

---

[1] A Paris on se pique surtout de rendre la société commode et facile, et c'est dans une foule de règles de cette importance qu'on y fait consister cette facilité. Tout est usages et lois dans la bonne compagnie. Tous ces usages naissent et passent comme un éclair. Le savoir-vivre consiste à se tenir toujours au guet, à les saisir au passage, à les affecter, à montrer qu'on sait celui du jour; le tout pour être simple.

faut pour avoir le plaisir de le désoler tout le long du jour.

Admire ma discrétion ; je ne t'ai rien dit encore du présent que je t'envoie et qui t'en promet bientôt un autre; mais tu l'as reçu avant que d'ouvrir ma lettre, et toi qui sais combien j'en suis idolâtre et combien j'ai raison de l'être, toi dont l'avarice étoit si en peine de ce présent, tu conviendras que je tiens plus que je n'avois promis. Ah ! la pauvre petite ! au moment où tu lis ceci elle est déjà dans tes bras : elle est plus heureuse que sa mère; mais dans deux mois je serai plus heureuse qu'elle, car je sentirai mieux mon bonheur. Hélas ! chère cousine, ne m'as-tu pas déjà tout entière ? Où tu es, où est ma fille, que manque-t-il encore de moi? La voilà cette aimable enfant, reçois-là comme tienne, je te la cède, je te la donne ; je résigne en tes mains le pouvoir maternel; corrige mes fautes, charge-toi des soins dont je m'acquitte si mal à ton gré; sois dès aujourd'hui la mère de celle qui doit être ta bru, et, pour me la rendre plus chère encore, fais-en, s'il se peut, une autre Julie. Elle te ressemble déjà de visage, à son humeur j'augure qu'elle sera grave et prêcheuse : quand tu auras corrigé les caprices qu'on m'accuse d'avoir fomentés, tu verras que ma fille se donnera les airs d'être ma cousine; mais, plus heureuse, elle aura moins de pleurs à verser et moins de combats à rendre. Si le ciel lui eût conservé le meilleur des

pères, qu'il eût été loin de gêner ses inclinations!
et que nous serons loin de les gêner nous-mêmes!
Avec quel charme je les vois déjà s'accorder avec
nos projets! Sais-tu bien qu'elle ne peut déjà plus
se passer de son petit mali, et que c'est en partie
pour cela que je te la renvoie? J'eus hier avec elle
une conversation dont notre ami se mouroit de
rire. Premièrement, elle n'a pas le moindre regret
de me quitter, moi qui suis toute la journée sa
très-humble servante et ne puis résister à rien de
ce qu'elle veut; et toi qu'elle craint et qui lui dis:
Non vingt fois le jour, tu es la petite maman par
excellence, qu'on va chercher avec joie et dont
on aime mieux les refus que tous mes bonbons.
Quand je lui annonçai que j'allois te l'envoyer, elle
eut les transports que tu peux penser : mais pour
l'embarrasser, j'ajoutai que tu m'enverrois à sa
place, le petit mali, ce ne fut plus son compte. Elle
me demanda tout interdite ce que j'en voulois
faire : je répondis que je voulois le prendre pour
moi; elle fit la mine. Henriette, ne veux-tu pas
bien me le céder, ton petit mali? Non, dit-elle
assez sèchement. Non? Mais si je ne veux pas te le
céder non plus, qui nous accordera? Maman, ce
sera la petite maman. J'aurai donc la préférence;
car tu sais qu'elle veut tout ce que je veux. Oh!
la petite maman ne veut jamais que la raison.
Comment, mademoiselle, n'est-ce pas la même
chose? La rusée se mit à sourire. Mais encore,

continuai-je, par quelle raison ne me donneroit-elle pas le petit mali? Parce qu'il ne vous convient pas. Et pourquoi ne me conviendroit-il pas? Autre sourire aussi malin que le premier. Parle franchement; est-ce que tu me trouves trop vieille pour lui? Non, maman, mais il est trop jeune pour vous.... Cousine, un enfant de sept ans!.... en vérité, si la tête ne m'en tournoit pas, il faudroit qu'elle m'eût déjà tourné.

Je m'amusai à la provoquer encore. Ma chère Henriette, lui dis-je en prenant mon sérieux, je t'assure qu'il ne te convient pas non plus. Pourquoi donc? s'écria-t-elle d'un air alarmé. C'est qu'il est trop étourdi pour toi. Oh! maman, n'est-ce que cela? je le rendrai sage. Et si par malheur il te rendois folle? Ah! ma bonne maman, que j'aimerois à vous ressembler! Me ressembler, impertinente? Oui, maman : vous dites toute la journée que vous êtes folle de moi; eh bien! moi je serai folle de lui : voilà tout.

Je sais que tu n'approuves pas ce joli caquet, et que tu sauras bientôt le modérer : je ne veux pas non plus le justifier, quoiqu'il m'enchante, mais te montrer seulement que ta fille aime déjà bien son petit mali, et que s'il a deux ans de moins qu'elle, elle ne sera pas indigne de l'autorité que lui donne le droit d'aînesse. Aussi bien je vois, par l'opposition de ton exemple et du mien à celui de ta pauvre mère, que, quand la femme gouverne, la maison n'en va pas plus mal. Adieu, ma bien-aimée; adieu, ma chère inséparable; compte que le temps approche, et que les vendanges ne se feront pas sans moi.

LETTRE X.

DE SAINT-PREUX A MILORD ÉDOUARD.

Que de plaisirs trop tard connus je goûte depuis trois semaines! La douce chose de couler ses jours dans le sein d'une tranquille amitié, à l'abri de l'orage des passions impétueuses! Milord, que c'est un spectacle agréable et touchant que celui d'une maison simple et bien réglée où règnent l'ordre, la paix, l'innocence; où l'on voit réuni sans appareil, sans éclat, tout ce qui répond à la véritable destination de l'homme! La campagne, la retraite, le repos, la saison, la vaste plaine d'eau qui s'offre à mes yeux, le sauvage aspect des montagnes, tout me rappelle ici ma délicieuse île de Tinian. Je crois voir accomplir les vœux ardents que j'y formai tant de fois. J'y mène une vie de mon goût, j'y trouve une société selon mon cœur. Il ne manque en ce lieu que deux personnes pour que tout mon bonheur y soit rassemblé, et j'ai l'espoir de les y voir bientôt.

En attendant que vous et madame d'Orbe veniez mettre le comble aux plaisirs si doux et si purs que j'apprends à goûter où je suis, je veux vous en donner une idée par le détail d'une économie domestique qui annonce la félicité des maîtres de la maison, et la fait partager à ceux qui l'habitent. J'espère, sur le projet qui vous occupe, que mes réflexions pourront un jour avoir leur usage, et cet espoir sert encore à les exciter.

Je ne vous décrirai point la maison de Clarens: vous la connoissez, vous savez si elle est charmante, si elle m'offre des souvenirs intéressants, si elle doit m'être chère et par ce qu'elle me montre et par ce qu'elle me rappelle. Madame de Wolmar en préfère avec raison le séjour à celui d'Étange, château magnifique et grand, mais vieux, triste, incommode, et qui n'offre dans ses environs rien de comparable à ce qu'on voit autour de Clarens.

Depuis que les maîtres de cette maison y ont fixé leur demeure, ils en ont mis à leur usage tout ce qui ne servoit qu'à l'ornement : ce n'est plus une maison faite pour être vue, mais pour être habitée. Ils ont bouché de longues enfilades pour changer des portes mal situées ; ils ont coupé de trop grandes pièces pour avoir des logements mieux distribués ; à des meubles anciens et riches, ils en ont substitué de simples et de commodes. Tout y est agréable et riant, tout y respire l'abondance et la propreté ; rien n'y sent la richesse et le luxe ; il n'y a pas une chambre où l'on ne se reconnoisse à la campagne, et où l'on ne retrouve toutes les commodités de la ville. Les mêmes changements se font remarquer au dehors : la basse-cour a été agrandie aux dépens des remises. A la place d'un vieux billard délabré l'on a fait un beau pressoir, et une laiterie où logeoient des paons criards dont on s'est défait. Le potager étoit trop petit pour la cuisine ; on en a fait du parterre un second, mais si propre et si bien entendu, que ce parterre ainsi travesti plaît à l'œil plus qu'auparavant. Aux tristes ifs qui couvroient les murs ont été substitués de bons espaliers. Au lieu de l'inutile marronier d'Inde, de jeunes mûriers noirs commencent à ombrager la cour ; et l'on a planté deux rangs de noyers jusqu'au chemin, à la place des vieux tilleuls qui bordoient l'avenue. Partout on a substitué l'utile à l'agréable, et l'agréable y a presque toujours gagné. Quant à moi, du moins, je trouve que le bruit de la basse-cour, le chant des coqs, le mugissement du bétail, l'attelage des chariots, les repas des champs, le retour des ouvriers, et tout l'appareil de l'économie rustique, donnent à cette maison un air plus champêtre, plus vivant, plus animé, plus gai, je ne sais quoi qui sent la joie et le bien-être, qu'elle n'avoit pas dans sa morne dignité.

Leurs terres ne sont pas affermées, mais cultivées par leurs soins ; et cette culture fait une grande partie de leurs occupations, de leurs biens et de leurs plaisirs. La baronie d'Étange n'a que des prés, des champs et du bois; mais le produit de Clarens est en vignes, qui font un objet considérable; et comme la différence de la culture y produit un effet plus sensible que dans les blés, c'est encore une raison d'économie pour avoir préféré ce dernier séjour. Cependant ils vont presque tous les ans faire les moissons à leur terre, et M. de Wolmar y va seul assez fréquemment. Ils ont pour maxime de tirer de la culture tout ce qu'elle peut donner, non pour faire un plus grand gain, mais pour nourrir plus d'hommes. M. de Wolmar prétend que la terre produit à proportion du nombre des bras qui la cultivent: mieux cultivée elle rend davantage; cette surabondance de production donne de quoi la cultiver mieux encore; plus on y met d'hommes et de bétail, plus elle fournit d'excédant à leur entretien. On ne sait, dit-il, où peut s'arrêter cette augmentation continuelle et réciproque de produit et de cultivateurs. Au contraire, les terrains négligés perdent leur fertilité: moins un pays produit d'hommes, moins il produit de denrées; c'est le défaut d'habitants qui l'empêche de nourrir le peu qu'il en a, et dans toute contrée qui se dépeuple, on doit tôt ou tard mourir de faim.

Ayant donc beaucoup de terres et les cultivant toutes avec beaucoup de soin, il leur faut, outre les domestiques de la basse-cour, un grand nombre d'ouvriers à la journée; ce qui leur procure le plaisir de faire subsister beaucoup de gens sans s'incommoder. Dans le choix de ces journaliers, ils préfèrent toujours ceux du pays, et les voisins, aux étrangers et aux inconnus. Si l'on perd quelque chose à ne pas prendre toujours les plus robustes, on le regagne bien par l'affection que cette préférence inspire à ceux qu'on choisit, par l'avantage de les avoir sans cesse autour de soi, et de pouvoir compter sur eux dans tous les temps, quoiqu'on ne les paie qu'une partie de l'année.

Avec tous ces ouvriers on fait toujours deux prix : l'un est le prix de rigueur et de droit, le prix courant du pays, qu'on s'oblige à leur payer pour les avoir employés; l'autre, un peu plus fort, est un prix de bénéficence, qu'on ne leur paie qu'autant qu'on est content d'eux; et il arrive presque toujours que ce qu'ils font pour qu'on le soit vaut mieux que le surplus qu'on leur donne; car M. de Wolmar est intègre et sévère, et ne laisse jamais dégénérer en coutume et en abus les institutions de faveur et de grâce. Ces ouvriers ont des surveillants qui les animent et les observent. Ces surveillants sont les gens de la basse-cour, qui travaillent eux-mêmes, et sont intéressés au travail des autres par un petit denier qu'on leur accorde, outre leurs gages, sur tout ce qu'on recueille par leurs soins. De plus, M. de Wolmar les visite lui-même presque tous les jours, souvent plusieurs fois le jour, et sa femme aime à être de ces promenades. Enfin, dans le temps des grands travaux, Julie donne toutes les semaines vingt batz [1] de gratification à celui de tous les travailleurs, journaliers, ou valets, indifféremment, qui, durant ces huit jours, a été le plus diligent au jugement du maître. Tous ces moyens d'émulation qui paroissent dispendieux, employés avec prudence et justice, rendent insensiblement tout le monde laborieux, diligent, et rapportent enfin plus qu'ils ne coûtent : mais comme on n'en voit le profit qu'avec de la constance et du temps, peu de gens savent et veulent s'en servir.

Cependant un moyen plus efficace encore, le seul auquel des vues économiques ne font point songer, et qui est plus propre à madame de Wolmar, c'est de gagner l'affection de ces bonnes gens en leur accordant la sienne. Elle ne croit point s'acquitter avec de l'argent des peines que l'on prend pour elle, et pense devoir des services à quiconque lui en a rendu ; ouvriers, domestiques, tous ceux qui l'ont servie, ne fût-ce que pour un seul jour, deviennent tous ses enfants ; elle prend part à leurs plaisirs, à leurs chagrins, à leur sort ; elle s'informe de leurs affaires ; leurs intérêts sont les siens ; elle se charge de mille soins pour eux ; elle leur donne des conseils ; elle accommode leurs différents, et ne leur marque pas l'affabilité de son

---

[1] Petite monnoie du pays.

caractère par des paroles emmiellées et sans effet, mais par des services véritables, et par de continuels actes de bonté. Eux, de leur côté, quittent tout à son moindre signe; ils volent quand elle parle; son seul regard anime leur zèle; en sa présence ils sont contents; en son absence ils parlent d'elle et s'animent à la servir. Ses charmes et ses discours font beaucoup; sa douceur, ses vertus, font davantage. Ah! milord, l'adorable et puissant empire que celui de la beauté bienfaisante!

Quant au service personnel des maîtres, ils ont dans la maison huit domestiques, trois femmes et cinq hommes, sans compter le valet de chambre du baron ni les gens de la basse-cour. Il n'arrive guère qu'on soit mal servi par peu de domestiques, mais on diroit, au zèle de ceux-ci, que chacun, outre son service, se croit chargé de celui de sept autres, et, à leur accord, que tout se fait par un seul. On ne les voit jamais oisifs et désœuvrés jouer dans une antichambre ou polissonner dans la cour, mais toujours occupés à quelque travail utile : ils aident à la basse-cour, au cellier, à la cuisine; le jardinier n'a point d'autres garçons qu'eux, et ce qu'il y a de plus agréable, c'est qu'on leur voit faire tout cela gaiement et avec plaisir.

On s'y prend de bonne heure pour les avoir tels qu'on les veut : on n'a point ici la maxime que j'ai vue régner à Paris et à Londres, de choisir des domestiques tout formés, c'est-à-dire des coquins déjà tout faits, de ces coureurs de conditions, qui, dans chaque maison qu'ils parcourent, prennent à la fois les défauts des valets et des maîtres, et se font un métier de servir tout le monde sans jamais s'attacher à personne. Il ne peut régner ni honnêteté, ni fidélité, ni zèle, au milieu de pareilles gens ; et ce ramassis de canaille ruine le maître et corrompt les enfants dans toutes les maisons opulentes. Ici c'est une affaire importante que le choix des domestiques : on ne les regarde point seulement comme des mercenaires dont on n'exige qu'un service exact, mais comme des membres de la famille, dont le mauvais choix est capable de la désoler. La première chose qu'on leur demande est d'être honnêtes gens ; le seconde, d'aimer leur maître ; la troisième, de le servir à son gré ; mais, pour peu qu'un maître soit raisonnable et un domestique intelligent, la troisième suit toujours les deux autres. On ne les tire donc point de la ville, mais de la campagne. C'est ici leur premier service, et ce sera sûrement le dernier pour tous ceux qui vaudront quelque chose. On les prend dans quelque famille nombreuse et surchargée d'enfants dont les père et mère viennent les offrir eux-mêmes. On les choisit jeunes, bien faits, de bonne santé, et d'une physionomie agréable. M. de Wolmar les interroge, les examine, puis les présente à sa femme. S'ils agréent à tous deux, ils sont reçus, d'abord à l'épreuve, ensuite au nombre des gens, c'est-à-dire des enfants de la maison; et l'on passe quelques jours à leur apprendre avec beaucoup de patience et de soin ce qu'ils ont à faire. Le service est si simple, si égal, si uniforme, les maîtres ont si peu de fantaisie et d'humeur, et leurs domestiques les affectionnent si promptement, que cela est bientôt appris. Leur condition est douce; ils sentent un bien-être qu'ils n'avoient pas chez eux; mais on ne les laisse point amollir par l'oisiveté, mère des vices. On ne souffre point qu'ils deviennent des messieurs et s'enorgueillissent de la servitude; ils continuent de travailler comme ils faisoient dans la maison paternelle : ils n'ont fait, pour ainsi dire, que changer de père et de mère, et en gagner de plus opulents. De cette sorte, ils ne prennent point en dédain leur ancienne vie rustique. Si jamais ils sortoient d'ici, il n'y en a pas un qui ne reprît plus volontiers son état de paysan que de supporter une autre condition. Enfin je n'ai jamais vu de maison où chacun fît mieux son service et s'imaginât moins de servir.

C'est ainsi qu'en formant et dressant ses propres domestiques, on n'a point à se faire cette objection si commune et si peu sensée, Je les aurai formés pour d'autres! Formez-les comme il faut, pourroit-on répondre, et jamais ils ne serviront à d'autres. Si vous ne songez qu'à vous en les formant, en vous quittant ils font fort bien de ne songer qu'à eux; mais occupez-vous d'eux un peu davantage, et ils vous demeureront attachés. Il n'y a que l'intention qui oblige; et celui qui profite d'un bien que je ne veux faire qu'à moi ne me doit aucune reconnoissance.

Pour prévenir doublement le même inconvénient, monsieur et madame de Wolmar emploient encore un autre moyen qui me paroît fort bien entendu. En commençant leur établissement, ils ont cherché quel nombre de domestiques ils pouvoient entretenir dans une maison montée à peu près selon leur état, et ils ont trouvé que ce nombre alloit à quinze ou seize : pour être mieux servis ils l'ont réduit à la moitié; de sorte qu'avec moins d'appareil leur service est beaucoup plus exact. Pour être mieux servis encore, ils ont intéressé les mêmes gens à les servir long-temps. Un domestique en entrant chez eux reçoit le gage ordinaire; mais ce gage augmente tous les ans d'un vingtième; au bout de vingt ans il seroit ainsi plus que doublé, et l'entretien des domestiques seroit à peu près alors en raison du moyen des maîtres : mais il ne faut pas être un grand algébriste pour voir que les frais de cette augmentation sont plus apparents que réels, qu'ils auront peu de doubles gages à payer, et que, quand ils les paieroient à tous, l'avantage d'avoir été bien servis durant vingt ans compenseroit et au-delà ce surcroît de dépense. Vous sentez bien, milord, que c'est un expédient sûr pour augmenter incessamment le soin des domestiques et se les attacher à mesure qu'on s'attache à eux. Il n'y a pas seulement de la prudence, il y a même de l'équité dans un pareil établissement. Est-il juste qu'un nouveau venu, sans affection, et qui n'est peut-être qu'un mauvais sujet, reçoive en entrant le même salaire qu'on donne à un ancien serviteur, dont le zèle et la fidélité sont éprouvés par de longs services, et qui d'ailleurs approche en vieillissant du temps où il sera hors d'état de gagner sa vie? Au reste, cette dernière raison n'est pas ici de mise, et vous pouvez bien croire que des maîtres aussi humains ne négligent pas des devoirs que remplissent par ostentation beaucoup de maîtres sans charité, et n'abandonnent pas ceux de leurs gens à qui les infirmités ou la vieillesse ôtent les moyens de servir.

J'ai dans l'instant même un exemple assez frappant de cette attention. Le baron d'Étange voulant récompenser les longs services de son valet de chambre par une retraite honorable, a eu le crédit d'obtenir pour lui de leurs excellences un emploi lucratif et sans peine. Julie vient de recevoir là-dessus de ce vieux domestique une lettre à tirer des larmes, dans laquelle il la supplie de le faire dispenser d'accepter cet emploi. « Je suis âgé, lui « dit-il; j'ai perdu toute ma famille; je n'ai plus « d'autres parents que mes maîtres : tout mon es- « poir est de finir paisiblement mes jours dans la « maison où je les ai passés... Madame, en vous

« tenant dans mes bras à votre naissance, je de-
« mandois à Dieu de tenir de même un jour vos
« enfants : il m'en a fait la grâce; ne me refusez
« pas celle de les voir croître et prospérer comme
« vous... Moi qui suis accoutumé à vivre dans une
« maison de paix, où en retrouverai-je une sem-
« blable pour y reposer ma vieillesse?... Ayez la
« charité d'écrire en ma faveur à monsieur le ba-
« ron. S'il est mécontent de moi qu'il me chasse et
« ne me donne point d'emploi; mais si je l'ai fidè-
« lement servi durant quarante ans, qu'il me laisse
« achever mes jours à son service et au vôtre; il ne
« sauroit mieux me récompenser. » Il ne faut pas
demander si Julie a écrit. Je vois qu'elle seroit
aussi fâchée de perdre ce bon homme qu'il le seroit
de la quitter. Ai-je tort, milord, de comparer des
maîtres si chéris à des pères, et leurs domestiques
à leurs enfants? Vous voyez que c'est ainsi qu'ils
se regardent eux-mêmes.

Il n'y a pas d'exemple dans cette maison qu'un
domestique ait demandé son congé; il est même
rare qu'on menace quelqu'un de le lui donner.
Cette menace effraie à proportion de ce que le service est agréable et doux; les meilleurs sujets en
sont toujours les plus alarmés, et l'on n'a jamais
besoin d'en venir à l'exécution qu'avec ceux qui
sont peu regrettables. Il y a encore une règle à cela.
Quand M. de Wolmar a dit *Je vous chasse,* on
peut implorer l'intercession de madame, l'obtenir

quelquefois, et rentrer en grâce à sa prière; mais un congé qu'elle donne est irrévocable, et il n'y a plus de grâce à espérer. Cet accord est très-bien entendu pour tempérer à la fois l'excès de confiance qu'on pourroit prendre en la douceur de la femme, et la crainte extrême que causeroit l'inflexibilité du mari. Ce mot ne laisse pas pourtant d'être extrêmement redouté de la part d'un maître équitable et sans colère; car, outre qu'on n'est pas sûr d'obtenir grâce, et qu'elle n'est jamais accordée deux fois au même, on perd par ce mot seul son droit d'ancienneté, et l'on recommence, en rentrant, un nouveau service : ce qui prévient l'insolence des vieux domestiques et augmente leur circonspection à mesure qu'ils ont plus à perdre.

Les trois femmes sont, la femme de chambre, la gouvernante des enfants, et la cuisinière. Celle-ci est une paysanne fort propre et fort entendue, à qui madame de Wolmar a appris la cuisine; car dans ce pays, simple encore [1], les jeunes personnes de tout état apprennent à faire elles-mêmes tous les travaux que feront un jour dans leur maison les femmes qui seront à leur service, afin de savoir les conduire au besoin et de ne s'en pas laisser imposer par elles. La femme de chambre n'est plus Babi; on l'a renvoyée à Étange, où elle est née : on lui a remis le soin du château, et une inspection sur la recette, qui la rend en quelque manière le

---

[1] Simple! il a donc beaucoup changé.

contrôleur de l'économe. Il y avoit long-temps que M. de Wolmar pressoit sa femme de faire cet arrangement sans pouvoir la résoudre à éloigner d'elle une ancienne domestique de sa mère, quoiqu'elle eût plus d'un sujet de s'en plaindre. Enfin depuis les dernières explications, elle y a consenti, et Babi est partie. Cette femme est intelligente et fidèle, mais indiscrète et babillarde. Je soupçonne qu'elle a trahi plus d'une fois les secrets de sa maîtresse, que M. de Wolmar ne l'ignore pas, et que, pour prévenir la même indiscrétion vis-à-vis de quelque étranger, cet homme sage a su l'employer de manière à profiter de ses bonnes qualités sans s'exposer aux mauvaises. Celle qui l'a remplacée est cette même Fanchon Regard dont vous m'entendiez parler autrefois avec tant de plaisir. Malgré l'augure de Julie, ses bienfaits, ceux de son père et les vôtres, cette jeune femme si honnête et si sage n'a pas été heureuse dans son établissement. Claude Anet, qui avoit si bien supporté sa misère, n'a pu soutenir un état plus doux. En se voyant dans l'aisance, il a négligé son métier; et s'étant tout-à-fait dérangé, il s'est enfui du pays, laissant sa femme avec un enfant qu'elle a perdu depuis ce temps-là. Julie, après l'avoir retirée chez elle, lui a appris tous les petits ouvrages d'une femme de chambre; et je ne fus jamais plus agréablement surpris que de la trouver en fonction le jour de mon arrivée. M. de Wolmar en fait un très-grand cas, et tous deux lui ont confié le soin de veiller tant sur leurs enfants que sur celle qui les gouverne. Celle-ci est aussi une villageoise simple et crédule, mais attentive, patiente et docile ; de sorte qu'on n'a rien oublié pour que les vices des villes ne pénétrassent point dans une maison dont les maîtres ne les ont ni ne les souffrent.

Quoique tous les domestiques n'aient qu'une même table, il y a d'ailleurs peu de communication entre les deux sexes ; on regarde ici cet article comme très-important. On n'y est point de l'avis de ces maîtres indifférents à tout, hors à leur intérêt, qui ne veulent qu'être bien servis sans s'embarrasser au surplus de ce que font leurs gens : on pense au contraire que ceux qui ne veulent qu'être bien servis ne sauroient l'être long-temps. Les liaisons trop intimes entre les deux sexes ne produisent jamais que du mal. C'est des conciliabules qui se tiennent chez les femmes de chambre que sortent la plupart des désordres d'un ménage. S'il s'en trouve une qui plaise au maître-d'hôtel, il ne manque pas de la séduire aux dépens du maître. L'accord des hommes entre eux ni des femmes entre elles n'est pas assez sûr pour tirer à conséquence. Mais c'est toujours entre hommes et femmes que s'établissent ces secrets monopoles qui ruinent à la longue les familles les plus opulentes. On veille donc à la sagesse et à la modestie des femmes, non seulement par des raisons de bonnes mœurs et d'honnêteté, mais encore par un intérêt très-bien entendu ; car, quoi qu'on en dise, nul ne remplit bien son devoir s'il ne l'aime ; et il n'y eut jamais que des gens d'honneur qui sussent aimer leur devoir.

Pour prévenir entre les deux sexes une familiarité dangereuse, on ne les gêne point ici par des lois positives qu'ils seroient tentés d'enfreindre en secret ; mais, sans paroître y songer, on établit des usages plus puissants que l'autorité même. On ne leur défend pas de se voir, mais on fait en sorte qu'ils n'en aient ni l'occasion ni la volonté. On y parvient en leur donnant des occupations, des habitudes, des goûts, des plaisirs, entièrement différents. Sur l'ordre admirable qui règne ici, ils sentent que dans une maison bien réglée les hommes et les femmes doivent avoir peu de commerce entre eux. Tel qui taxeroit en cela de caprice les volontés d'un maître, se soumet sans répugnance à une manière de vivre qu'on ne lui prescrit pas formellement, mais qu'il juge lui-même être la meilleure et la plus naturelle. Julie prétend qu'elle l'est en effet ; elle soutient que de l'amour ni de l'union conjugale ne résulte point le commerce continuel des deux sexes. Selon elle, la femme et le mari sont bien destinés à vivre ensemble, mais non pas de la même manière ; ils doivent agir de concert sans faire les mêmes choses. La vie qui charmeroit l'un seroit, dit-elle, insupportable à l'autre ; les inclinations que leur donne la nature sont aussi diverses que les fonctions qu'elle leur impose ; leurs amusements ne diffèrent pas moins que leurs devoirs ; en un mot, tous deux concourent au bonheur commun par des chemins différents ; et ce partage de travaux et de soins est le plus fort lien de leur union.

Pour moi, j'avoue que mes propres observations sont assez favorables à cette maxime. En effet, n'est-ce pas un usage constant de tous les peuples du monde, hors le Français et ceux qui l'imitent, que les hommes vivent entre eux, les femmes entre elles? S'ils se voient les uns les autres, c'est plutôt par entrevues et presque à la dérobée, comme les époux de Lacédémone, que par un mélange indiscret et perpétuel, capable de confondre et défigurer en eux les plus sages distinctions de la nature. On ne voit point les sauvages mêmes indistinctement mêlés, hommes et femmes. Le soir la famille se rassemble, chacun passe la nuit auprès de sa femme : la séparation recommence avec le jour, et les deux sexes n'ont plus rien de commun que les repas tout au plus. Tel est l'ordre que son universalité montre être le plus naturel; et, dans les pays même où il est perverti, l'on en voit encore des vestiges. En France, où les hommes se sont soumis à vivre à la manière des femmes, et à rester sans cesse enfermés dans la chambre avec elles, l'involontaire agitation qu'ils y conservent montre que ce n'est point à cela qu'ils étoient destinés. Tandis que les femmes restent tranquillement assises ou couchées sur leur chaise longue, vous voyez les hommes se lever, aller, venir, se rasseoir, avec une inquiétude continuelle; un instinct machinal combattant sans cesse la contrainte où ils se mettent, et les poussant malgré eux à cette vie active et laborieuse que leur imposa la nature. C'est le seul peuple du monde où les hommes se tiennent debout au spectacle, comme s'ils alloient se délasser au parterre d'avoir resté tout le jour assis au salon. Enfin ils sentent si bien l'ennui de cette indolence efféminée et casanière, que, pour y mêler au moins quelque sorte d'activité, ils cèdent chez eux la place aux étrangers, et vont auprès des femmes d'autrui chercher à tempérer ce dégoût.

La maxime de madame de Wolmar se soutient très-bien par l'exemple de sa maison; chacun étant pour ainsi dire tout à son sexe, les femmes y vivent très-séparées des hommes. Pour prévenir entre eux des liaisons suspectes, son grand secret est d'occuper incessamment les uns et les autres; car leurs travaux sont si différents, qu'il n'y a que l'oisiveté qui les rassemble. Le matin chacun vaque à ses fonctions, et il ne reste de loisir à personne pour aller troubler celles d'un autre. L'après-dînée les hommes ont pour département le jardin, la basse-cour, ou d'autres soins de la campagne; les femmes s'occupent dans la chambre des enfants jusqu'à l'heure de la promenade, qu'elles font avec eux, souvent même avec leur maîtresse, et qui leur est agréable comme le seul moment où elles prennent l'air. Les hommes, assez exercés par le travail de la journée, n'ont guère envie de s'aller promener, et se reposent en gardant la maison.

Tous les dimanches, après le prêche du soir, les femmes se rassemblent encore dans la chambre des enfants avec quelque parente ou amie, qu'elles invitent tour à tour du consentement de madame. Là, en attendant un petit régal donné par elle, on cause, on chante, on joue au volant, aux jonchets, ou à quelque autre jeu d'adresse propre à plaire aux yeux des enfants, jusqu'à ce qu'ils s'en puissent amuser eux-mêmes. La collation vient, composée de quelques laitages, de gaufres, d'échaudés, de merveilles [1], ou d'autres mets du goût des enfants et des femmes. Le vin en est toujours exclus; et les hommes, qui dans tous les temps entrent peu dans ce petit gynécée [2], ne sont jamais de cette collation où Julie manque assez rarement. J'ai été jusqu'ici le seul privilégié. Dimanche dernier j'obtins, à force d'importunités, de l'y accompagner. Elle eut grand soin de me faire valoir cette faveur. Elle me dit tout haut qu'elle me l'accordoit pour cette seule fois, et qu'elle l'avoit refusée à M. de Wolmar lui-même. Imaginez si la petite vanité

---

[1] Sortes de gâteaux du pays.

[2] Appartement des femmes.

féminine étoit flattée, et si un laquais eût été bien venu à vouloir être admis à l'exclusion du maître.

Je fis un goûter délicieux. Est-il quelque mets au monde comparable aux laitages de ce pays? Pensez ce que doivent être ceux d'une laiterie où Julie préside, et mangés à côté d'elle. La Fanchon me servit des grus, de la céracée ¹, des gaufres, des écrelets. Tout disparoissoit à l'instant. Julie rioit de mon appétit. Je vois, dit-elle en me donnant encore une assiette de crème, que votre estomac se fait honneur partout, et que vous ne vous tirez pas moins bien de l'écot des femmes que de celui des Valaisans. Pas plus impunément, repris-je; on s'enivre quelquefois à l'un comme à l'autre, et la raison peut s'égarer dans un chalet tout aussi-bien que dans un cellier. Elle baissa les yeux sans répondre, rougit, et se mit à caresser ses enfants. C'en fut assez pour éveiller mes remords. Milord, ce fut là ma première indiscrétion, et j'espère que ce sera la dernière.

Il régnoit dans cette petite assemblée un certain air d'antique simplicité qui me touchoit le cœur; je voyois sur tous les visages la même gaieté, et plus de franchise peut-être que s'il s'y fût trouvé des hommes. Fondée sur la confiance

---

¹ Laitages excellents qui se font sur la montagne de Salève. Je doute qu'ils soient connus sous ce nom au Jura, surtout vers l'autre extrémité du lac.

et l'attachement, la familiarité qui régnoit entre les servantes et la maîtresse ne faisoit qu'affermir le respect et l'autorité ; et les services rendus et reçus ne sembloient être que des témoignages d'amitié réciproque. Il n'y avoit pas jusqu'au choix du régal qui ne contribuât à le rendre intéressant. Le laitage et le sucre sont un des goûts naturels du sexe, et comme le symbole de l'innocence et de la douceur qui font son plus aimable ornement. Les hommes, au contraire, recherchent en général les saveurs fortes et les liqueurs spiritueuses, aliments plus convenables à la vie active et laborieuse que la nature leur demande; et quand ces divers goûts viennent à s'altérer et se confondre, c'est une marque presque infaillible du mélange désordonné des sexes. En effet, j'ai remarqué qu'en France, où les femmes vivent sans cesse avec les hommes, elles ont tout-à-fait perdu le goût du laitage, les hommes beaucoup celui du vin; et qu'en Angleterre, où les deux sexes sont moins confondus, leur goût propre s'est mieux conservé. En général, je pense qu'on pourroit souvent trouver quelque indice du caractère des gens dans le choix des aliments qu'ils préfèrent. Les Italiens, qui vivent beaucoup d'herbages, sont efféminés et mous. Vous autres Anglois, grands mangeurs de viande, avez dans vos inflexibles vertus quelque chose de dur et qui tient de la barbarie. Le Suisse, naturellement froid, paisible et simple, mais violent et emporté dans la colère, aime à la fois l'un et l'autre aliment, et boit du laitage et du vin. Le François, souple et changeant, vit de tous les mets et se plie à tous les caractères. Julie elle-même pourroit me servir d'exemple; car, quoique sensuelle et gourmande dans ses repas, elle n'aime ni la viande, ni les ragoûts, ni le sel, et n'a jamais goûté de vin pur; d'excellents légumes, les œufs, la crème, les fruits, voilà sa nourriture ordinaire; et, sans le poisson, qu'elle aime aussi beaucoup, elle seroit une véritable pythagoricienne.

Ce n'est rien de contenir les femmes si l'on ne contient aussi les hommes; et cette partie de la règle, non moins importante que l'autre, est plus difficile encore, car l'attaque est en général plus vive que la défense: c'est l'intention du conservateur de la nature. Dans la république on retient les citoyens par des mœurs, des principes, de la vertu; mais comment contenir des domestiques, des mercenaires, autrement que par la contrainte et la gêne? Tout l'art du maître est de cacher cette gêne sous le voile du plaisir ou de l'intérêt, en sorte qu'ils pensent vouloir tout ce qu'on les oblige de faire. L'oisiveté du dimanche, le droit qu'on ne peut guère leur ôter d'aller où bon leur semble quand leurs fonctions ne les retiennent point au logis, détruisent souvent en un seul jour l'exemple et les leçons des six autres. L'habitude du cabaret, le commerce et les maximes de leurs camarades, la fréquentation des femmes débauchées, les perdant bientôt pour leurs maîtres et pour eux-mêmes, les rendent par mille défauts incapables du service et indignes de la liberté.

On remédie à cet inconvénient en les retenant par les mêmes motifs qui les portoient à sortir. Qu'alloient-ils faire ailleurs? boire et jouer au cabaret. Ils boivent et jouent au logis. Toute la différence est que le vin ne leur coûte rien, qu'ils ne s'enivrent pas, et qu'il y a des gagnants au jeu sans que jamais personne perde. Voici comment on s'y prend pour cela.

Derrière la maison est une allée couverte, dans laquelle on a établi la lice des jeux : c'est là que les gens de livrée et ceux de la basse-cour se rassemblent en été, le dimanche, après le prêche, pour y jouer en plusieurs parties liées, non de l'argent, on ne le souffre pas, ni du vin, on leur en donne, mais une mise fournie par la libéralité des maîtres. Cette mise est toujours quelque petit meuble ou quelque nippe à leur usage. Le nombre des jeux est proportionné à la valeur de la mise; en sorte que, quand cette mise est un peu considérable, comme des boucles d'argent, un porte-col, des bas de soie, un chapeau fin, ou autre chose semblable, on emploie ordinairement plusieurs séances à la disputer. On ne s'en tient point à une seule espèce de jeu; on les varie, afin que le plus

habile dans un n'emporte pas toutes les mises, et
pour les rendre tous plus adroits et plus forts par
des exercices multipliés. Tantôt c'est à qui enlè-
vera à la course un but placé à l'autre bout de l'a-
venue; tantôt à qui lancera le plus loin la même
pierre; tantôt à qui portera le plus long-temps le
même fardeau; tantôt on dispute un prix en tirant
au blanc. On joint à la plupart de ces jeux un petit
appareil qui les prolonge et les rend amusants. Le
maître et la maîtresse les honorent souvent de leur
présence; on y amène quelquefois les enfants; les
étrangers même y viennent, attirés par la curiosité, et plusieurs ne demanderoient pas mieux que
d'y concourir; mais nul n'est jamais admis qu'avec
l'agrément des maîtres et du consentement des
joueurs, qui ne trouveroient pas leur compte à
l'accorder aisément. Insensiblement il s'est fait de
cet usage une espèce de spectacle, où les acteurs,
animés par les regards du public, préfèrent la
gloire des applaudissements à l'intérêt du prix.
Devenus plus vigoureux et plus agiles, ils s'en estiment davantage, et, s'accoutumant à tirer leur
valeur d'eux-mêmes plutôt que de ce qu'ils pos-
sèdent, tout valets qu'ils sont, l'honneur leur devient plus cher que l'argent.

Il seroit long de vous détailler tous les biens
qu'on retire ici d'un soin si puéril en apparence
et toujours dédaigné des esprits vulgaires, tandis
que c'est le propre du vrai génie de produire de

grands effets par de petits moyens. M. de Wolmar m'a dit qu'il lui en coûtoit à peine cinquante écus par an pour ces petits établissements que sa femme a la première imaginés. Mais, dit-il, combien de fois croyez-vous que je regagne cette somme dans mon ménage et dans mes affaires par la vigilance et l'attention que donnent à leur service des domestiques attachés qui tiennent tous leurs plaisirs de leurs maîtres, par l'intérêt qu'ils prennent à celui d'une maison qu'ils regardent comme la leur, par l'avantage de profiter dans leurs travaux de la vigueur qu'ils acquièrent dans leurs jeux, par celui de les conserver toujours sains en les garantissant des excès ordinaires à leurs pareils et des maladies qui sont la suite ordinaire de ces excès, par celui de prévenir en eux les friponneries que le désordre amène infailliblement, et de les conserver toujours honnêtes gens, enfin par le plaisir d'avoir chez nous à peu de frais des récréations agréables pour nous-mêmes? Que s'il se trouve parmi nos gens quelqu'un, soit homme, soit femme, qui ne s'accommode pas de nos règles et leur préfère la liberté d'aller sous divers prétextes courir où bon lui semble, on ne lui en refuse jamais la permission, mais nous regardons ce goût de licence comme un indice très-suspect, et nous ne tardons pas à nous défaire de ceux qui l'ont. Ainsi ces mêmes amusements qui nous conservent de bons sujets, nous servent encore d'épreuve pour les choisir. Milord, j'avoue que je n'ai jamais vu qu'ici des maîtres former à la fois dans les mêmes hommes de bons domestiques pour le service de leurs personnes, de bons paysans pour cultiver leurs terres, de bons soldats pour la défense de la patrie, et des gens de bien pour tous les états où la fortune peut les appeler.

L'hiver, les plaisirs changent d'espèce ainsi que les travaux. Les dimanches, tous les gens de la maison, et même les voisins, hommes et femmes indifféremment, se rassemblent après le service dans une salle basse, où ils trouvent du feu, du vin, des fruits, des gâteaux, et un violon qui les fait danser. Madame de Wolmar ne manque jamais de s'y rendre, au moins pour quelques instants, afin d'y maintenir par sa présence l'ordre et la modestie ; et il n'est pas rare qu'elle y danse elle-même, fût-ce avec ses propres gens. Cette règle, quand je l'appris, me parut d'abord moins conforme à la sévérité des mœurs protestantes. Je le dis à Julie ; et voici à peu près ce qu'elle me répondit :

La pure morale est si chargée de devoirs sévères, que si on la surcharge encore de formes indifférentes, c'est presque toujours aux dépens de l'essentiel. On dit que c'est le cas de la plupart des moines, qui, soumis à mille règles inutiles, ne savent ce que c'est qu'honneur et vertu. Ce défaut règne moins parmi nous, mais nous n'en sommes pas tout-à-fait exempts. Nos gens d'église, aussi supérieurs en sagesse à toutes les sortes de prêtres que notre religion est supérieure à toutes les autres en sainteté, ont pourtant encore quelques maximes qui paroissent plus fondées sur le préjugé que sur la raison. Telle est celle qui blâme la danse et les assemblées; comme s'il y avoit plus de mal à danser qu'à chanter, que chacun de ces amusements ne fût pas également une inspiration de la nature, et que ce fût un crime de s'égayer en commun par une récréation innocente et honnête! Pour moi, je pense au contraire que, toutes les fois qu'il y a concours des deux sexes, tout divertissement public devient innocent par cela même qu'il est public; au lieu que l'occupation la plus louable est suspecte dans le tête-à-tête [1]. L'homme et la femme sont destinés l'un pour l'autre, la fin de la nature est qu'ils soient unis par le mariage. Toute fausse religion combat la nature : la nôtre seule, qui la suit et la rectifie, annonce une institution divine, et convenable à l'homme. Elle ne doit donc point ajouter sur le mariage, aux embarras de l'ordre civil, les difficultés que l'Évangile ne prescrit pas, et qui sont contraires à l'esprit du christianisme. Mais qu'on me dise où des jeunes

[1] Dans ma lettre à M. d'Alembert sur les spectacles, j'ai transcrit de celle-ci le morceau suivant et quelques autres : mais comme alors je ne faisois que préparer cette édition, j'ai cru devoir attendre qu'elle parût pour citer ce que j'en avois tiré.

personnes à marier auront occasion de prendre du goût l'une pour l'autre, et de se voir avec plus de décence et de circonspection que dans une assemblée où les yeux du public, incessamment tournés sur elles, les forcent à s'observer avec le plus grand soin. En quoi Dieu est-il offensé par un exercice agréable et salutaire, convenable à la vivacité de la jeunesse, qui consiste à se présenter l'un à l'autre avec grâce et bienséance, et auquel le spectateur impose une gravité dont personne n'oseroit sortir? Peut-on imaginer un moyen plus honnête de ne tromper personne, au moins quant à la figure, et de se montrer avec les agréments et les défauts qu'on peut avoir, aux gens qui ont intérêt de nous bien connoître avant de s'obliger à nous aimer? Le devoir de se chérir réciproquement n'emporte-t-il pas celui de se plaire? et n'est-ce pas un soin digne de deux personnes vertueuses et chrétiennes qui songent à s'unir, de préparer ainsi leurs cœurs à l'amour mutuel que Dieu leur impose?

Qu'arrive-t-il dans ces lieux où règne une éternelle contrainte, où l'on punit comme un crime la plus innocente gaieté, où les jeunes gens des deux sexes n'osent jamais s'assembler en public, et où l'indiscrète sévérité d'un pasteur ne sait prêcher au nom de Dieu qu'une gêne servile, et la tristesse, et l'ennui? On élude une tyrannie insupportable que la nature et la raison désavouent; aux plaisirs permis dont on prive une jeunesse enjouée et folâtre elle en substitue de plus dangereux; les tête-à-tête adroitement concertés prennent la place des assemblées publiques; à force de se cacher comme si l'on étoit coupable, on est tenté de le devenir. L'innocente joie aime à s'évaporer au grand jour; mais le vice est ami des ténèbres; et jamais l'innocence et le mystère n'habitèrent long-temps ensemble. Mon cher ami, me dit-elle en me serrant la main comme pour me communiquer son repentir et faire passer dans mon cœur la pureté du sien, qui doit mieux sentir que nous toute l'importance de cette maxime? Que de douleurs et de peines, que de remords et de pleurs nous nous serions épargnés durant tant d'années, si, tous deux aimant la vertu comme nous avons toujours fait, nous avions su prévoir de plus loin les dangers qu'elle court dans le tête-à-tête!

Encore un coup, continua madame de Wolmar d'un ton plus tranquille, ce n'est point dans les assemblées nombreuses, où tout le monde nous voit et nous écoute, mais dans des entretiens particuliers, où règnent le secret et la liberté, que les mœurs peuvent courir des risques. C'est sur ce principe que, quand mes domestiques des deux sexes se rassemblent, je suis bien aise qu'ils y soient tous. J'approuve même qu'ils invitent parmi les jeunes gens du voisinage ceux dont le commerce n'est point capable de leur nuire; et j'apprends avec grand plaisir que pour louer les mœurs de quelqu'un de nos jeunes voisins, on dit, Il est reçu chez M. de Wolmar. En ceci nous avons encore une autre vue. Les hommes qui nous servent sont tous garçons, et parmi les femmes la gouvernante des enfants est encore à marier. Il n'est pas juste que la réserve où vivent ici les uns et les autres leur ôte l'occasion d'un honnête établissement. Nous tâchons dans ces petites assemblées de leur procurer cette occasion sous nos yeux, pour les aider à mieux choisir; et en travaillant ainsi à former d'heureux ménages, nous augmentons le bonheur du nôtre.

Il resteroit à me justifier moi-même de danser avec ces bonnes gens; mais j'aime mieux passer condamnation sur ce point, et j'avoue franchement que mon plus grand motif en cela est le plaisir que j'y trouve. Vous savez que j'ai toujours partagé la passion que ma cousine a pour la danse; mais après la perte de ma mère je renonçai pour ma vie au bal et à toute assemblée publique : j'ai tenu parole, même à mon mariage, et la tiendrai, sans croire y déroger en dansant quelquefois chez moi avec mes hôtes et mes domestiques. C'est un exercice utile à ma santé durant la vie sédentaire qu'on est forcé de mener ici l'hiver. Il m'amuse innocemment; car, quand j'ai bien dansé, mon cœur ne me reproche rien. Il amuse aussi M. de Wolmar; toute ma coquetterie en cela se borne à lui plaire. Je suis cause qu'il vient au lieu où l'on danse : ses gens en sont plus contents d'être honorés des regards de leur maître; ils témoignent aussi de la joie à me voir parmi eux. Enfin, je trouve que cette familiarité modérée forme entre nous un lien de douceur et d'attachement qui ramène un peu l'humanité naturelle en tempérant la bassesse de la servitude et la rigueur de l'autorité.

Voilà, milord, ce que me dit Julie au sujet de la danse; et j'admirai comment avec tant d'affabilité pouvoit régner tant de subordination, et comment elle et son mari pouvoient descendre et s'égaler si souvent à leurs domestiques, sans que ceux-ci fussent tentés de les prendre au mot et de s'égaler à eux à leur tour. Je ne crois pas qu'il y ait des souverains en Asie servis dans leurs palais avec plus de respect que ces bons maîtres le sont dans leur maison. Je ne connois rien de moins impérieux que leurs ordres, et rien de si promptement exécuté : ils prient, et l'on vole; ils excusent, et l'on sent son tort. Je n'ai jamais mieux compris combien la force des choses qu'on dit dépend peu des mots qu'on emploie.

Ceci m'a fait faire une autre réflexion sur la vaine gravité des maîtres; c'est que ce sont moins leurs familiarités que leurs défauts qui les font mépriser chez eux, et que l'insolence des domestiques annonce plutôt un maître vicieux que foible; car rien ne leur donne autant d'audace que la connoissance de ses vices, et tous ceux qu'ils découvrent en lui sont à leurs yeux autant de dispenses d'obéir à un homme qu'ils ne sauroient plus respecter.

Les valets imitent les maîtres; et les imitant grossièrement, ils rendent sensibles dans leur conduite les défauts que le vernis de l'éducation cache mieux dans les autres. A Paris, je jugeois des mœurs des femmes de ma connoissance par l'air et le ton de leurs femmes de chambre; et cette règle ne m'a jamais trompé. Outre que la femme de chambre, une fois dépositaire du secret de sa maîtresse, lui fait payer cher sa discrétion, elle agit comme l'autre pense, et décèle toutes ses maximes en les pratiquant maladroitement. En toute chose l'exemple des maîtres est plus fort que leur autorité, et il n'est pas naturel que leurs domestiques veuillent être plus honnêtes gens qu'eux. On a beau crier, jurer, maltraiter, chasser, faire maison nouvelle; tout cela ne produit point le bon service. Quand celui qui ne s'embarrasse pas d'être méprisé et haï de ses gens s'en croit pourtant bien servi, c'est qu'il se contente de ce qu'il voit et d'une exactitude apparente, sans tenir compte de mille maux secrets qu'on lui fait incessamment, et dont il n'aperçoit jamais la source. Mais où est l'homme assez dépourvu d'honneur pour pouvoir supporter les dédains de tout ce qui l'environne ! Où est la femme assez perdue pour n'être plus sensible aux outrages ? Combien dans Paris et dans Londres de dames se croient fort honorées, qui fondroient en larmes si elles entendoient ce qu'on dit d'elles dans leur antichambre ! Heureusement, pour leur repos, elles se rassurent en prenant ces Argus pour des imbéciles, et se flattant qu'ils ne voient rien de ce qu'elles ne daignent pas leur cacher. Aussi, dans leur mutine obéissance, ne leur cachent-ils guère à leur tour le mépris qu'ils ont pour elles. Maîtres et valets sentent mutuellement que ce n'est pas la peine de se faire estimer les uns des autres.

Le jugement des domestiques me paroît être l'épreuve la plus sûre et la plus difficile de la vertu des maîtres; et je me souviens, milord, d'avoir bien pensé de la vôtre en Valais sans vous connoître, simplement sur ce que, parlant assez rudement à vos gens, ils ne vous en étoient pas moins attachés, et qu'ils témoignoient entre eux autant de respect pour vous en votre absence que si vous les eussiez entendus. On a dit qu'il n'y avoit point de héros pour son valet de chambre : cela peut être; mais l'homme juste a l'estime de son valet : ce qui montre assez que l'héroïsme n'a qu'une vaine apparence, et qu'il n'y a rien de solide que la vertu. C'est surtout dans cette maison qu'on reconnoît la force de son empire dans le suffrage des domestiques; suffrage d'autant plus sûr, qu'il ne consiste point en de vains éloges, mais dans l'expression naturelle de ce qu'ils sentent. N'entendant jamais rien ici qui leur fasse croire que les autres maîtres ne ressemblent pas aux leurs, ils ne les louent point des vertus qu'ils estiment communes à tous, mais ils louent Dieu dans leur simplicité d'avoir mis des riches sur la terre pour le bonheur de ceux qui les servent et pour le soulagement des pauvres.

La servitude est si peu naturelle à l'homme, qu'elle ne sauroit exister sans quelque mécontentement. Cependant on respecte le maître et l'on n'en dit rien. Que s'il échappe quelques murmures contre la maîtresse, ils valent mieux que des éloges. Nul ne se plaint qu'elle manque pour lui de bienveillance, mais qu'elle en accorde autant aux autres; nul ne peut souffrir qu'elle fasse comparaison de son zèle avec celui de ses camarades, et chacun voudroit être le premier en faveur comme il croit l'être en attachement : c'est là leur unique plainte et leur plus grande injustice.

A la surbordination des inférieurs se joint la concorde entre les égaux; et cette partie de l'administration domestique n'est pas la moins difficile. Dans les concurrences de jalousie et d'intérêt qui divisent sans cesse les gens d'une maison, même aussi peu nombreuse que celle-ci, ils ne demeurent presque jamais unis qu'aux dépens du maître. S'ils s'accordent, c'est pour voler de concert; s'ils sont fidèles, chacun se fait valoir aux dépens des autres : il faut qu'ils soient ennemis ou complices, et l'on voit à peine le moyen d'éviter à la fois leur friponnerie et leurs dissensions. La plupart des pères de famille ne connoissent que l'alternative entre ces deux inconvénients. Les uns, préférant l'intérêt à l'honnêteté, fomentent cette disposition des valets aux secrets rapports, et croient faire un chef-d'œuvre de prudence en les rendant espions et surveillants les uns des autres. Les autres, plus indolents, aiment mieux qu'on les vole et qu'on vive en paix; ils se font une sorte d'honneur de recevoir toujours mal des avis qu'un pur zèle arrache quelquefois à un serviteur fidèle. Tous s'abusent également. Les premiers, en excitant chez eux des troubles continuels, incompatibles avec la règle et le bon ordre, n'assemblent qu'un tas de fourbes et de délateurs, qui s'exercent, en trahissant leurs camarades, à trahir peut-être un jour leurs maîtres. Les seconds, en refusant d'apprendre ce qui se fait dans leur maison, autorisent les ligues contre eux-mêmes, encouragent les méchants, rebutent les bons; et n'entretiennent à grands frais que des fripons arrogants et paresseux, qui, s'accordant aux dépens du maître, regardent leurs services comme des grâces, et leurs vols comme des droits [1].

---

[1] J'ai examiné d'assez près la police des grandes maisons, et j'ai vu clairement qu'il est impossible à un maître qui a vingt domestiques de venir jamais à bout de savoir s'il y a parmi eux un hon-

C'est une grande erreur, dans l'économie domestique ainsi que dans la civile, de vouloir combattre un vice par un autre, ou former entre eux une sorte d'équilibre; comme si ce qui sape les fondements de l'ordre pouvoit jamais servir à l'établir. On ne fait par cette mauvaise police que réunir enfin tous les inconvénients. Les vices tolérés dans une maison n'y règnent pas seuls; laissez-en germer un, mille viendront à sa suite. Bientôt ils perdent les valets qui les ont, ruinent le maître qui les souffre, corrompent ou scandalisent les enfants attentifs à les observer. Quel indigne père oseroit mettre quelque avantage en balance avec ce dernier mal! Quel honnête homme voudroit être chef de famille, s'il lui étoit impossible de réunir dans sa maison la paix et la fidélité, et qu'il fallût acheter le zèle de ses domestiques aux dépens de leur bienveillance mutuelle?

Qui n'auroit vu que cette maison n'imagineroit pas même qu'une pareille difficulté pût exister, tant l'union des membres y paroît venir de leur attachement aux chefs. C'est ici qu'on trouve le sensible exemple qu'on ne sauroit aimer sincèrement le maître sans aimer tout ce qui lui appartient; vérité qui sert de fondement à la charité

---

nête homme, et de ne pas prendre pour tel le plus méchant fripon de tous. Cela seul me dégoûteroit d'être au nombre des riches. Un des plus doux plaisirs de la vie, le plaisir de la confiance et de l'estime, est perdu pour ces malheureux. Ils achètent bien cher tout leur or.

chrétienne. N'est-il pas bien simple que les enfants du même père se traitent en frères entre eux? C'est ce qu'on nous dit tous les jours au temple sans nous le faire sentir : c'est ce que les habitants de cette maison sentent sans qu'on le leur dise.

Cette disposition à la concorde commence par le choix des sujets. M. de Wolmar n'examine pas seulement en les recevant s'ils conviennent à sa femme et à lui, mais s'ils se conviennent l'un à l'autre ; et l'antipathie bien reconnue entre deux excellents domestiques suffiroit pour faire à l'instant congédier l'un des deux : car, dit Julie, une maison si peu nombreuse, une maison dont ils ne sortent jamais et où ils sont toujours vis-à-vis les uns des autres, doit leur convenir également à tous, et seroit un enfer pour eux si elle n'étoit une maison de paix. Ils doivent la regarder comme leur maison paternelle où tout n'est qu'une même famille. Un seul qui déplairoit aux autres pourroit la leur rendre odieuse ; et cet objet désagréable y frappant incessamment leurs regards, ils ne seroient bien ici ni pour eux ni pour nous.

Après les avoir assortis le mieux qu'il est possible, on les unit pour ainsi dire malgré eux par les services qu'on les force en quelque sorte à se rendre, et l'on fait que chacun ait un sensible intérêt d'être aimé de tous ses camarades. Nul n'est si bien venu à demander des grâces pour lui-même que pour un autre : ainsi celui qui désire en obtenir tâche d'engager un autre à parler pour lui, et cela est d'autant plus facile que soit qu'on accorde ou qu'on refuse une faveur ainsi demandée, on en fait toujours un mérite à celui qui s'en est rendu l'intercesseur; au contraire, on rebute ceux qui ne sont bons que pour eux. Pourquoi, leur dit-on, accorderois-je ce qu'on me demande pour vous, qui n'avez jamais rien demandé pour personne? Est-il juste que vous soyez plus heureux que vos camarades, parce qu'ils sont plus obligeants que vous! On fait plus, on les engage à se servir mutuellement en secret, sans ostentation, sans se faire valoir, ce qui est d'autant moins difficile à obtenir, qu'ils savent fort bien que le maître, témoin de cette discrétion, les en estime davantage : ainsi l'intérêt y gagne, et l'amour-propre n'y perd rien. Ils sont si convaincus de cette disposition générale, et il règne une telle confiance entre eux, que quand quelqu'un a quelque grâce à demander, il en parle à leur table par forme de conversation : souvent sans avoir rien fait de plus il trouve la chose demandée et obtenue; et ne sachant qui remercier, il en a l'obligation à tous.

C'est par ce moyen et d'autres semblables qu'on fait régner entre eux un attachement né de celui qu'ils ont tous pour leur maître, et qui lui est subordonné. Ainsi, loin de se liguer à son préjudice, ils ne sont tous unis que pour le mieux servir. Quelque intérêt qu'ils aient à s'aimer, ils en ont encore un plus grand à lui plaire ; le zèle pour son service l'emporte sur leur bienveillance mutuelle ; et tous, se regardant comme lésés par des pertes qui le laisseroient moins en état de récompenser un bon serviteur, sont également incapables de souffrir en silence le tort que l'un d'eux voudroit lui faire. Cette partie de la police établie dans cette maison me paroît avoir quelque chose de sublime ; et je ne puis assez admirer comment monsieur et madame de Wolmar ont su transformer le vil métier d'accusateur en une fonction de zèle, d'intégrité, de courage, aussi noble, ou du moins aussi louable qu'elle l'étoit chez les Romains.

On a commencé par détruire ou prévenir clairement, simplement, et par des exemples sensibles, cette morale criminelle et servile, cette mutuelle tolérance aux dépens du maître, qu'un méchant valet ne manque point de prêcher aux bons sous l'air d'une maxime de charité. On leur a bien fait comprendre que le précepte de couvrir les fautes de son prochain ne se rapporte qu'à celles qui ne font de tort à personne ; qu'une injustice qu'on voit, qu'on tait, et qui blesse un tiers, on la commet soi-même ; et que comme ce n'est que le sentiment de nos propres défauts qui nous oblige à pardonner ceux d'autrui, nul n'aime à tolérer les fripons s'il n'est un fripon comme eux. Sur ces principes, vrais en général d'homme à homme, et bien plus rigoureux encore dans la relation plus étroite du serviteur au maître., on tient ici pour incontestable que qui voit faire un tort à ses maîtres sans le dénoncer, est plus coupable encore que celui qui l'a commis; car celui-ci se laisse abuser dans son action par le profit qu'il envisage; mais l'autre, de sang-froid et sans intérêt, n'a pour motif de son silence qu'une profonde indifférence pour la justice, pour le bien de la maison qu'il sert, et un désir secret d'imiter l'exemple qu'il cache, de sorte que, quand la faute est considérable, celui qui l'a commise peut encore quelquefois espérer son pardon; mais le témoin qui l'a tue est infailliblement congédié comme un homme enclin au mal.

En revanche on ne souffre aucune accusation qui puisse être suspecte d'injustice et de calomnie, c'est-à-dire qu'on n'en reçoit aucune en l'absence de l'accusé. Si quelqu'un vient en particulier faire quelque rapport contre son camarade, ou se plaindre personnellement de lui, on lui demande s'il est suffisamment instruit, c'est-à-dire s'il a commencé par s'éclaircir avec celui dont il vient se plaindre. S'il dit que non, on lui demande encore comment il peut juger une action dont il ne connoît pas assez les motifs. Cette action, lui dit-on, tient peut-être à quelque autre qui vous est inconnue, elle a peut-être quelque circonstance qui sert à la justifier ou à l'excuser, et que vous ignorez. Comment osez-vous condamner cette conduite avant de savoir les raisons de celui qui l'a tenue ? Un mot d'explication l'eût peut-être justifiée à vos yeux. Pourquoi risquer de la blâmer injustement, et m'exposer à partager votre injustice ? S'il assure s'être éclairci auparavant avec l'accusé : Pourquoi donc, lui réplique-t-on, venez-vous sans lui comme si vous aviez peur qu'il ne démentît ce que vous avez à dire ? De quel droit négligez-vous pour moi la précaution que vous avez cru devoir prendre pour vous-même ? Est-il bien de vouloir que je juge sur votre rapport d'une action dont vous n'avez pas voulu juger sur le témoignage de vos yeux ? et ne seriez-vous pas responsable du jugement partial que j'en pourrois porter, si je me contentois de votre seule déposition ? Ensuite on lui propose de faire venir celui qu'il accuse : s'il y consent, c'est une affaire bientôt réglée ; s'il s'y oppose, on le renvoie après une forte réprimande ; mais on lui garde le secret, et l'on observe si bien l'un et l'autre, qu'on ne tarde pas à savoir lequel des deux avoit tort.

Cette règle est si connue et si bien établie, qu'on n'entend jamais un domestique de cette maison parler mal d'un de ses camarades absent ; car ils savent tous que c'est le moyen de passer pour lâche ou menteur. Lorsqu'un d'entre eux en accuse un autre, c'est ouvertement, franchement, et non seulement en sa présence, mais en celle de tous leurs camarades, afin d'avoir dans les témoins de ses discours des garants de sa bonne foi. Quand il est question de querelles personnelles, elles s'accommodent presque toujours par médiateurs, sans importuner monsieur ni madame : mais quand il s'agit de l'intérêt sacré du maître, l'affaire ne sauroit demeurer secrète ; il faut que le coupable s'accuse ou qu'il ait un accusateur. Ces petits plaidoyers sont très-rares, et ne se font qu'à table dans les tournées que Julie va faire journellement au dîner et au souper de ses gens, et que M. de Wolmar appelle en riant ses grands jours. Alors, après avoir écouté paisiblement la plainte et la réponse, si l'affaire intéresse son service, elle remercie l'accusateur de son zèle. Je sais, lui dit-elle, que vous aimez votre camarade ; vous m'en avez toujours dit du bien, et je vous loue de ce que l'amour du devoir et de la justice l'emporte en vous sur les affections particulières ; c'est ainsi qu'en use un serviteur fidèle et un honnête homme. Ensuite, si l'accusé n'a pas tort, elle ajoute toujours quelque éloge à sa justification. Mais s'il est réellement coupable, elle lui épargne devant les autres une partie de la honte. Elle suppose qu'il a quelque chose à dire pour sa défense qu'il ne veut pas déclarer devant tant de monde ; elle lui assigne une heure pour l'entendre en particulier, et c'est là qu'elle ou son mari lui parlent comme il convient. Ce qu'il y a de singulier en ceci, c'est que le plus sévère des deux n'est pas le plus redouté, et qu'on craint moins les graves réprimandes de M. de Wolmar que les reproches touchants de Julie. L'un faisant parler la justice et la vérité, humilie et confond les coupables; l'autre leur donne un regret mortel de l'être, en leur montrant celui qu'elle a d'être forcée à leur ôter sa bienveillance. Souvent elle leur arrache des larmes de douleur et de honte, et il ne lui est pas rare de s'attendrir elle-même en voyant leur repentir, dans l'espoir de n'être pas obligée à tenir parole.

Tel qui jugeroit de tous ces soins sur ce qui se passe chez lui ou chez ses voisins, les estimeroit peut-être inutiles ou pénibles. Mais vous, milord, qui avez de si grandes idées des devoirs et des plaisirs du père de famille, et qui connoissez l'empire naturel que le génie et la vertu ont sur le cœur humain, vous voyez l'importance de ces détails, et vous sentez à quoi tient leur succès. Richesse ne fait pas riche, dit le roman de *la Rose*. Les biens d'un homme ne sont point dans ses coffres, mais dans l'usage de ce qu'il en tire; car on ne s'approprie les choses qu'on possède que par leur emploi, et les abus sont toujours plus inépuisables que les richesses; ce qui fait qu'on ne jouit pas à proportion de sa dépense, mais à proportion qu'on la sait mieux ordonner. Un fou peut jeter des lingots dans la mer et dire qu'il en a joui : mais quelle comparaison entre cette extravagante jouissance et celle qu'un homme sage eût su tirer d'une moindre somme ? L'ordre et la règle qui multiplient et perpétuent l'usage des biens peuvent seuls transformer le plaisir en bonheur. Que si c'est du rapport des choses à nous que naît la véritable propriété ; si c'est plutôt l'emploi des richesses que leur acquisition qui nous les donne, quels soins importent plus au père de famille que l'économie domestique et le bon régime de sa maison, où les rapports les plus parfaits vont le plus directement à lui, et où le bien de chaque membre ajoute alors à celui du chef ?

Les plus riches sont-ils les plus heureux ? Que sert donc l'opulence à la félicité ? Mais toute maison bien ordonnée est l'image de l'ame du maître. Les lambris dorés, le luxe et la magnificence n'annoncent que la vanité de celui qui les étale ; au lieu que partout où vous verrez régner la règle sans tristesse, la paix sans esclavage, l'abondance sans profusion, dites avec confiance, C'est un être heureux qui commande ici.

Pour moi, je pense que le signe le plus assuré du vrai contentement d'esprit est la vie retirée et domestique, et que ceux qui vont sans cesse chercher leur bonheur chez autrui ne l'ont point chez eux-mêmes. Un père de famille qui se plaît dans sa maison a pour prix des soins continuels qu'il s'y donne la continuelle jouissance des plus doux sentiments de la nature. Seul entre tous les mortels, il est maître de sa propre félicité, parce qu'il est heureux comme Dieu même, sans rien désirer de plus que ce dont il jouit. Comme cet Être immense, il ne songe pas à amplifier ses possessions, mais à les rendre véritablement siennes par les relations les plus parfaites et la direction la mieux entendue : s'il ne s'enrichit pas par de nouvelles acquisitions, il s'enrichit en possédant mieux ce qu'il a. Il ne jouissoit que du revenu de ses terres; il jouit encore de ses terres mêmes en présidant à leur culture et les parcourant sans cesse. Son domestique lui étoit étranger; il en fait son bien, son enfant, il se l'approprie. Il n'avoit droit que sur les actions; il s'en donne encore sur les volontés. Il n'étoit maître qu'à prix d'argent, il le devient par l'empire sacré de l'estime et des bienfaits. Que la fortune le dépouille de ses richesses, elle ne sauroit lui ôter les cœurs qu'il s'est attachés; elle n'ôtera point des enfants à leur père : toute la différence est qu'il les nourrissoit hier, et qu'il sera demain nourri par eux. C'est ainsi qu'on apprend à jouir véritablement de ses biens, de sa famille et de soi-même; c'est ainsi que les détails d'une maison deviennent délicieux pour l'honnête homme qui sait en connoître le prix; c'est ainsi que, loin de regarder ses devoirs comme une charge, il en fait son bonheur, et qu'il tire de ses touchantes et nobles fonctions la gloire et le plaisir d'être homme.

Que si ces précieux avantages sont méprisés ou peu connus, et si le petit nombre même qui les recherche les obtient si rarement, tout cela vient de la même cause. Il est des devoirs simples et sublimes qu'il n'appartient qu'à peu de gens d'aimer et de remplir : tels sont ceux du père de famille, pour lesquels l'air et le bruit du monde n'inspirent que du dégoût, et dont on s'acquitte mal encore quand on n'y est porté que par des raisons d'avarice et d'intérêt. Tel croit être un bon père de famille, et n'est qu'un vigilant économe ; le bien peut prospérer, et la maison aller fort mal. Il faut des vues plus élevées pour éclairer, diriger cette importante administration et lui donner un heureux succès. Le premier soin par lequel doit commencer l'ordre d'une maison, c'est de n'y souffrir que d'honnêtes gens qui n'y portent pas le désir secret de troubler cet ordre. Mais la servitude et l'honnêteté sont-elles si compatibles qu'on doive espérer de trouver des domestiques honnêtes gens ? Non, milord, pour les avoir il ne faut pas les chercher, il faut les faire, et il n'y a qu'un homme de bien qui sache l'art d'en former d'autres. Un hypocrite a beau vouloir prendre le ton de la vertu, il n'en peut inspirer le goût à personne, et, s'il savoit la rendre aimable, il l'aimeroit lui-même. Que servent de froides leçons démenties par un exemple continuel, si ce n'est à faire penser que celui qui les donne se joue de la crédulité d'autrui ? Que ceux qui nous exhortent à faire ce qu'ils font, disent une grande absurdité ! Qui ne fait pas ce qu'il dit ne le dit jamais bien ; car le langage du cœur, qui touche et persuade, y manque. J'ai quelquefois entendu de ces conversations grossièrement apprêtées qu'on tient devant les domestiques comme devant des enfants pour leur faire des leçons indirectes. Loin de juger qu'ils en fussent un instant les dupes, je les ai toujours vus sourire en secret de l'ineptie du maître qui les prenoit pour des sots en débitant lourdement devant eux des maximes qu'ils savoient bien n'être pas les siennes.

Toutes ces vaines subtilités sont ignorées dans cette maison, et le grand art des maîtres pour rendre leurs domestiques tels qu'ils les veulent est de se montrer à eux tels qu'ils sont. Leur conduite est toujours franche et ouverte, parce qu'ils n'ont pas peur que leurs actions démentent leurs discours. Comme ils n'ont point pour eux-mêmes une morale différente de celle qu'ils veulent donner aux autres, ils n'ont pas besoin de circonspection dans leurs propos ; un mot étourdiment échappé ne renverse point les principes qu'ils se sont efforcés d'établir. Ils ne disent point indiscrètement toutes leurs affaires, mais ils disent librement toutes leurs maximes. A table, à la promenade, tête à tête, ou devant tout le monde, on tient toujours le même langage ; on dit naïvement ce qu'on pense sur chaque chose ; et, sans qu'on songe à personne, chacun y trouve toujours quelque instruction. Comme les domestiques ne voient jamais rien faire à leur maître qui ne soit droit, juste, équitable, ils ne regardent point la justice comme le tribut du pauvre, comme le joug du malheureux, comme une des misères de leur état. L'attention qu'on a de ne pas faire courir en vain les ouvriers, et perdre des journées pour venir solliciter le paiement de leurs journées, les accoutume à sentir le prix du temps. En voyant le soin des maîtres à ménager celui d'autrui, chacun en conclut que le sien leur est précieux, et se fait un plus grand crime de l'oisiveté. La confiance qu'on a dans leur intégrité donne à leurs institutions une force qui les fait valoir et prévient les abus. On n'a pas peur que, dans la gratification de chaque semaine, la maîtresse trouve toujours que c'est le plus jeune ou le mieux fait qui a été le plus diligent. Un ancien domestique ne craint pas qu'on lui cherche quelque chicane pour épargner l'augmentation de gages qu'on lui donne. On n'espère pas profiter de leur discorde pour se faire valoir et obtenir de l'un ce qu'aura refusé l'autre. Ceux qui sont à marier ne craignent pas qu'on nuise à leur établissement pour les garder plus long-temps, et qu'ainsi leur bon service leur fasse tort. Si quelque valet étranger venoit dire aux gens de cette maison qu'un maître et ses domestiques sont entre eux dans un véritable état de guerre; que ceux-ci, faisant au premier tout du pis qu'ils peuvent, usent en cela d'une juste représaille; que les maîtres étant usurpateurs, menteurs et fripons, il n'y a pas de mal à les traiter comme ils traitent le prince, ou le peuple, ou les particuliers, et à leur rendre adroitement le mal qu'ils font à force ouverte; celui qui parleroit ainsi ne seroit entendu de personne : on ne s'avise pas même ici de combattre ou prévenir de pareils discours; il n'appartient qu'à ceux qui les font naître d'être obligés de les réfuter.

Il n'y a jamais ni mauvaise humeur ni mutinerie dans l'obéissance, parce qu'il n'y a ni hauteur ni caprice dans le commandement, qu'on n'exige rien qui ne soit raisonnable et utile, et qu'on respecte assez la dignité de l'homme, quoique dans la servitude, pour ne l'occuper qu'à des choses qui ne l'avilissent point. Au surplus, rien n'est bas ici que le vice, et tout ce qui est utile et juste est honnête et bienséant.

Si l'on ne souffre aucune intrigue au dehors, personne n'est tenté d'en avoir. Ils savent bien que leur fortune la plus assurée est attachée à celle du maître, et qu'ils ne manqueront jamais de rien tant qu'on verra prospérer la maison. En la servant ils soignent donc leur patrimoine, et l'augmentent en rendant leur service agréable; c'est là leur plus grand intérêt. Mais ce mot n'est guère à sa place en cette occasion; car je n'ai jamais vu de police où l'intérêt fût si sagement dirigé et où pourtant il influât moins que dans celle-ci. Tout se fait par attachement : l'on diroit que ces ames vénales se purifient en entrant dans ce séjour de sagesse et d'union. L'on diroit qu'une partie des lumières du maître et des sentiments de la maîtresse ont passé dans chacun de leurs gens, tant on les trouve judicieux, bienfaisants, honnêtes, et supérieurs à leur état. Se faire estimer, considérer, bien vouloir, est leur plus grande ambition; et ils comptent les mots obligeants qu'on leur dit, comme ailleurs les étrennes qu'on leur donne.

Voilà, milord, mes principales observations sur la partie de l'économie de cette maison qui regarde les domestiques et mercenaires. Quant à la manière de vivre des maîtres et au gouvernement des enfants, chacun de ces articles mérite bien une lettre à part. Vous savez à quelle intention j'ai commencé ces remarques; mais en vérité tout cela forme un tableau si ravissant, qu'il ne faut pour aimer à le contempler d'autre intérêt que le plaisir qu'on y trouve.

LETTRE XI.

DE SAINT-PREUX A MILORD ÉDOUARD.

Non, milord, je ne m'en dédis point, on ne voit rien dans cette maison qui n'associe l'agréable à l'utile; mais les occupations utiles ne se bornent pas aux soins qui donnent du profit, elles comprennent encore tout amusement innocent et simple qui nourrit le goût de la retraite, du travail, de la modération, et conserve à celui qui s'y livre une ame saine, un cœur libre du trouble des passions. Si l'indolente oisiveté n'engendre que la tristesse et l'ennui, le charme des doux loisirs est le fruit d'une vie laborieuse. On ne travaille que pour jouir; cette alternative de peine et de jouissance est notre véritable vocation. Le repos qui sert de délassement aux travaux passés et d'encouragement à d'autres n'est pas moins nécessaire à l'homme que le travail même.

Après avoir admiré l'effet de la vigilance et des soins de la plus respectable mère de famille dans l'ordre de sa maison, j'ai vu celui de ses récréations dans un lieu retiré dont elle fait sa promenade favorite, et qu'elle appelle son Élysée.

Il y avoit plusieurs jours que j'entendois parler de cet Élysée dont on me faisoit une espèce de mystère. Enfin, hier après dîner, l'extrême cha-

leur rendant le dehors et le dedans de la maison presque également insupportables, M. de Wolmar proposa à sa femme de se donner congé cet après-midi, et, au lieu de se retirer comme à l'ordinaire dans la chambre de ses enfants jusque vers le soir, de venir avec nous respirer dans le verger; elle y consentit, et nous nous y rendîmes ensemble.

Ce lieu, quoique tout proche de la maison, est tellement caché par l'allée couverte qui l'en sépare, qu'on ne l'aperçoit de nulle part. L'épais feuillage qui l'environne ne permet point à l'œil d'y pénétrer, et il est toujours soigneusement fermé à la clef. A peine fus-je au dedans, que, la porte étant masquée par des aunes et des coudriers qui ne laissent que deux étroits passages sur les côtés, je ne vis plus en me retournant par où j'étois entré; et, n'apercevant point de porte, je me trouvai là comme tombé des nues.

En entrant dans ce prétendu verger, je fus frappé d'une agréable sensation de fraîcheur que d'obscurs ombrages, une verdure animée et vive, des fleurs éparses de tous côtés, un gazouillement d'eau courante et le chant de mille oiseaux portèrent à mon imagination du moins autant qu'à mes sens; mais en même temps je crus voir le lieu le plus sauvage, le plus solitaire de la nature, et il me sembloit d'être le premier mortel qui jamais eût pénétré dans ce désert. Surpris, saisi, transporté d'un spectacle si peu prévu, je restai un moment immobile, et m'écriai dans un enthousiasme involontaire : O Tinian ! O Juan Fernandez[1] ! Julie, le bout du monde est à votre porte ! Beaucoup de gens le trouvent ici comme vous, dit-elle avec un sourire; mais vingt pas de plus les ramènent bien vite à Clarens; voyons si le charme tiendra plus long-temps chez vous. C'est ici le même verger où vous vous êtes promené autrefois, et où vous vous battiez avec ma cousine à coups de pêches. Vous savez que l'herbe y étoit assez aride, les arbres assez clair-semés, donnant assez peu d'ombre, et qu'il n'y avoit point d'eau. Le voilà maintenant frais, vert, habillé, paré, fleuri, arrosé. Que pensez-vous qu'il m'en a coûté pour le mettre dans l'état où il est? car il est bon de vous dire que j'en suis la surintendante, et que mon mari m'en laisse l'entière disposition. Ma foi, lui dis-je, il ne vous en a coûté que de la négligence. Ce lieu est charmant, il est vrai, mais agreste et abandonné; je n'y vois point de travail humain. Vous avez fermé la porte; l'eau est venue je ne sais comment; la nature seule a fait tout le reste; et vous-même n'eussiez jamais su faire aussi-bien qu'elle. Il est vrai, dit-elle, que la nature a tout fait, mais sous ma direction, et il n'y a rien là que je n'aie ordonné. Encore un coup, devinez. Premièrement, repris-je, je ne comprends point

---

[1] Iles désertes de la mer du Sud, célèbres dans le voyage de l'amiral Anson.

comment avec de la peine et de l'argent on a pu suppléer au temps. Les arbres.... Quant à cela, dit M. de Wolmar, vous remarquerez qu'il n'y en a pas beaucoup de forts grands, et ceux-là y étoient déjà. De plus, Julie a commencé ceci long-temps avant son mariage et presque d'abord après la mort de sa mère, qu'elle vint avec son père chercher ici la solitude. Hé bien, dis-je, puisque vous voulez que tous ces massifs, ces grands berceaux, ces touffes pendantes, ces bosquets si ombragés, soient venus en sept ou huit ans, et que l'art s'en soit mêlé, j'estime que, si dans une enceinte aussi vaste vous avez fait tout cela pour deux mille écus, vous avez bien économisé. Vous ne surfaites que de deux mille écus, dit-elle; il ne m'en a rien coûté. Comment rien? Non, rien; à moins que vous ne comptiez une douzaine de journées par an de mon jardinier, autant de deux ou trois de mes gens, et quelques unes de M. de Wolmar lui-même, qui n'a pas dédaigné d'être quelquefois mon garçon jardinier. Je ne comprenois rien à cette énigme : mais Julie, qui jusque-là m'avoit retenu, me dit en me laissant aller : Avancez, et vous comprendrez. Adieu Tinian, adieu Juan Fernandez, adieu tout l'enchantement! Dans un moment vous allez être de retour du bout du monde.

Je me mis à parcourir avec extase ce verger ainsi métamorphosé; et si je ne trouvai point de plantes exotiques et de productions des Indes, je trouvai celles du pays disposées et réunies de manière à produire un effet plus riant et plus agréable. Le gazon verdoyant, épais, mais court et serré, étoit mêlé de serpolet, de baume, de thym, de marjolaine, et d'autres herbes odorantes. On y voyoit briller mille fleurs des champs, parmi lesquelles l'œil en démêloit avec surprise quelques unes de jardin, qui sembloient croître naturellement avec les autres. Je rencontrois de temps en temps des touffes obscures, impénétrables aux rayons du soleil, comme dans la plus épaisse forêt; ces touffes étoient formées des arbres du bois le plus flexible, dont on avoit fait recourber les branches, pendre en terre, et prendre racine, par un art semblable à ce que font naturellement les mangles en Amérique. Dans les lieux les plus découverts je voyois çà et là, sans ordre et sans symétrie, des broussailles de roses, de framboisiers, de groseilles, des fourrés de lilas, de noisetier, de sureau, de seringat, de genêt, de trifolium, qui paroient la terre en lui donnant l'air d'être en friche. Je suivois des allées tortueuses et irrégulières bordées de ces bocages fleuris, et couvertes de mille guirlandes de vignes de Judée, de vigne-vierge, de houblon, de liseron, de couleuvrée, de clématite, et d'autres plantes de cette espèce, parmi lesquelles le chèvre-feuille et le jasmin daignoient se confondre. Ces guirlandes sembloient jetées négligemment d'un arbre à l'autre, comme j'en avois remarqué quelquefois dans les forêts, et formoient sur nous des espèces de draperies qui nous garantissoient du soleil, tandis que nous avions sous nos pieds un marcher doux, commode et sec, sur une mousse fine, sans sable, sans herbe, et sans rejeton raboteux. Alors seulement je découvris, non sans surprise, que ces ombrages verts et touffus, qui m'en avoient tant imposé de loin, n'étoient formés que de ces plantes rampantes et parasites, qui, guidées le long des arbres, environnoient leurs têtes du plus épais feuillage, et leurs pieds d'ombre et de fraîcheur. J'observai même qu'au moyen d'une industrie assez simple on avoit fait prendre racine sur les troncs des arbres à plusieurs de ces plantes, de sorte qu'elles s'étendoient davantage en faisant moins de chemin. Vous concevez bien que les fruits ne s'en trouvent pas mieux de toutes ces additions; mais dans ce lieu seul on a sacrifié l'utile à l'agréable, et dans le reste des terres on a pris un tel soin des plants et des arbres, qu'avec ce verger de moins la récolte en fruits ne laisse pas d'être plus forte qu'auparavant. Si vous songez combien au fond d'un bois on est charmé quelquefois de voir un fruit sauvage et même de s'en rafraîchir, vous comprendrez le plaisir qu'on a de trouver dans ce désert artificiel des fruits excellents et mûrs, quoique clair-semés et de mauvaise mine; ce qui donne encore le plaisir de la recherche et du choix.

Toutes ces petites routes étoient bordées et traversées d'une eau limpide et claire, tantôt circulant parmi l'herbe et les fleurs en filets presque imperceptibles, tantôt en plus grands ruisseaux courant sur un gravier pur et marqueté qui rendoit l'eau plus brillante. On voyoit des sources bouillonner et sortir de la terre, et quelquefois des canaux plus profonds dans lesquels l'eau calme et paisible réfléchissoit à l'œil les objets. Je comprends à présent tout le reste, dis-je à Julie : mais ces eaux que je vois de toutes parts... Elles viennent de là, reprit-elle en me montrant le côté où étoit la terrasse de son jardin. C'est ce même ruisseau qui fournit à grands frais dans le parterre un jet d'eau dont personne ne se soucie. M. de Wolmar ne veut pas le détruire, par respect pour mon père qui l'a fait faire; mais avec quel plaisir nous venons tous les jours voir courir dans ce verger cette eau dont nous n'approchons guère au jardin ! le jet d'eau joue pour les étrangers, le ruisseau coule ici pour nous. Il est vrai que j'y ai réuni l'eau de la fontaine publique, qui se rendoit dans le lac par le grand chemin, qu'elle dégradoit au préjudice des passants et à pure perte pour tout le monde. Elle faisoit un coude au pied du verger entre deux rangs de saules; je les ai renfermés dans mon enceinte, et j'y conduis la même eau par d'autres routes.

Je vis alors qu'il n'avoit été question que de faire serpenter ces eaux avec économie en les divisant et réunissant à propos, en épargnant la pente le plus qu'il étoit possible, pour prolonger le circuit et se ménager le murmure de quelques petites chutes. Une couche de glaise couverte d'un pouce de gravier du lac et parsemée de coquillages formoit le lit des ruisseaux. Ces mêmes ruisseaux, courant par intervalles sous quelques larges tuiles recouvertes de terre et de gazon au niveau du sol, formoient à leur issue autant de sources artificielles. Quelques filets s'en élevoient par des siphons sur des lieux raboteux, et bouillonnoient en retombant. Enfin la terre ainsi rafraîchie et humectée donnoit sans cesse de nouvelles fleurs et entretenoit l'herbe toujours verdoyante et belle.

Plus je parcourois cet agréable asile, plus je sentois augmenter la sensation délicieuse que j'avois éprouvée en y entrant : cependant la curiosité me tenoit en haleine. J'étois plus empressé de voir les objets que d'examiner leurs impressions, et j'aimois à me livrer à cette charmante contemplation sans prendre la peine de penser. Mais madame de Wolmar, me tirant de ma rêverie, me dit en me prenant sous le bras : Tout ce que vous voyez n'est que la nature végétale et inanimée; et, quoi qu'on puisse faire, elle laisse toujours une idée de solitude qui attriste. Venez la voir animée et sensible; c'est là qu'à chaque instant du jour vous lui trouverez un attrait nouveau. Vous me prévenez, lui dis-je ; j'entends un ramage bruyant et confus, et j'aperçois assez peu d'oiseaux : je comprends que vous avez une volière. Il est vrai, dit-elle; approchons-en. Je n'osai dire encore ce que je pensois de la volière ; mais cette idée avoit quelque chose qui me déplaisoit, et ne me sembloit point assortie au reste.

Nous descendîmes par mille détours au bas du verger, où je trouvai toute l'eau réunie en un joli ruisseau, coulant doucement entre deux rangs de vieux saules qu'on avoit souvent ébranchés. Leurs têtes creuses et demi-chauves formoient des espèces de vases d'où sortoient, par l'adresse dont j'ai parlé, des touffes de chèvre-feuille, dont une partie s'entrelaçoit autour des branches, et l'autre tomboit avec grâce le long du ruisseau. Presque à l'extrémité de l'enceinte étoit un petit bassin bordé d'herbes, de joncs, de roseaux, servant d'abreuvoir à la volière, et dernière station de cette eau si précieuse et si bien ménagée.

Au-delà de ce bassin étoit un terre-plain terminé dans l'angle de l'enclos par un monticule garni d'une multitude d'arbrisseaux de toute espèce ; les plus petits vers le haut, et toujours croissant en grandeur à mesure que le sol s'abaissoit ; ce qui rendoit le plan des têtes presque horizontal, ou montroit au moins qu'un jour il le devoit être. Sur le devant étoit une douzaine d'arbres jeunes encore, mais faits pour devenir fort grands, tels que le hêtre, l'orme, le frêne, l'acacia. C'étoient les bocages de ce coteau qui servoient d'asile à cette multitude d'oiseaux dont j'avois entendu de loin le ramage ; et c'étoit à l'ombre de ce feuillage comme sous un grand parasol qu'on les voyoit voltiger, courir, chanter, s'agacer, se battre comme s'ils ne nous avoient pas aperçus. Ils s'enfuirent si peu à notre approche, que, selon l'idée dont j'étois prévenu, je les crus d'abord enfermés par un grillage ; mais comme nous fûmes arrivés au bord du bassin, j'en vis plusieurs descendre et s'approcher de nous sur une espèce de courte allée qui séparoit en deux le terre-plain et communiquoit du bassin à la volière. Alors M. de Wolmar, faisant le tour du bassin, sema sur l'allée deux ou trois poignées de grains mélangés qu'il avoit dans sa poche ; et quand il se fut retiré, les oiseaux accoururent et se mirent à manger comme des poules, d'un air si familier que je vis bien qu'ils étoient faits à ce manége. Cela est charmant ! m'écriai-je. Ce mot de volière m'avoit surpris de votre part ; mais je l'entends maintenant : je vois que vous voulez des hôtes et non pas des prisonniers. Qu'appelez-vous des hôtes ? répondit Julie : c'est nous qui sommes les leurs [1] ; ils sont ici les maî-

---

[1] Cette réponse n'est pas exacte, puisque le mot d'hôte est corrélatif de lui-même. Sans vouloir relever toutes les fautes de langue, je dois avertir de celles qui peuvent induire en erreur.

tres, et nous leur payons tribut pour en être soufferts quelquefois. Fort bien, repris-je; mais comment ces maîtres-là se sont-ils emparés de ce lieu ? le moyen d'y rassembler tant d'habitants volontaires ? je n'ai pas ouï dire qu'on ait jamais rien tenté de pareil; et je n'aurois point cru qu'on y pût réussir, si je n'en avois la preuve sous mes yeux.

La patience et le temps, dit M. de Wolmar, ont fait ce miracle. Ce sont des expédients dont les gens riches ne s'avisent guère dans leurs plaisirs. Toujours pressés de jouir, la force et l'argent sont les seuls moyens qu'ils connoissent : ils ont des oiseaux dans des cages, et des amis à tant par mois. Si jamais des valets approchoient de ce lieu, vous en verriez bientôt les oiseaux disparoître, et s'ils y sont à présent en grand nombre, c'est qu'il y en a toujours eu. On ne les fait pas venir quand il n'y en a point, mais il est aisé quand il y en a d'en attirer davantage en prévenant tous leurs besoins, en ne les effrayant jamais, en leur laissant faire leur couvée en sûreté et ne dénichant point les petits ; car alors ceux qui s'y trouvent restent, et ceux qui surviennent restent encore. Ce bocage existoit, quoiqu'il fût séparé du verger; Julie n'a fait que l'y enfermer par une haie vive, ôter celle qui l'en séparoit, l'agrandir et l'orner de nouveaux plants. Vous voyez, à droite et à gauche de l'allée qui y conduit, deux espaces remplis d'un mélange confus d'herbes, de pailles et de toutes sortes de plantes. Elle y fait semer chaque année du blé, du mil, du tournesol, du chenevis, des pesettes [1], généralement de tous les grains que les oiseaux aiment, et l'on n'en moissonne rien. Outre cela, presque tous les jours, été et hiver, elle ou moi leur apportons à manger; et quand nous y manquons, la Fanchon y supplée d'ordinaire. Ils ont l'eau à quatre pas, comme vous voyez. Madame de Wolmar pousse l'attention jusqu'à les pourvoir tous les printemps de petits tas de crin, de paille, de laine, de mousse, et d'autres matières propres à faire des nids. Avec le voisinage des matériaux, l'abondance des vivres, et le grand soin qu'on prend d'écarter tous les ennemis [2], l'éternelle tranquillité dont ils jouissent les porte à pondre en un lieu commode où rien ne leur manque, où personne ne les trouble. Voilà comment la patrie des pères est encore celle des enfants, et comment la peuplade se soutient et se multiplie.

Ah! dit Julie, vous ne voyez plus rien! chacun ne songe plus qu'à soi : mais des époux inséparables, le zèle des soins domestiques, la tendresse paternelle et maternelle, vous avez perdu tout cela. Il y a deux mois qu'il falloit être ici pour livrer ses yeux au plus charmant spectacle, et son

---

[1] De la vesce.
[2] Les loirs, les souris, les chouettes, et surtout les enfants.

cœur au plus doux sentiment de la nature. Madame, repris-je assez tristement, vous êtes épouse et mère ; ce sont des plaisirs qu'il vous appartient de connoître. Aussitôt M. de Wolmar me prenant par la main me dit en la serrant : Vous avez des amis, et ces amis ont des enfants ; comment l'affection paternelle vous seroit-elle étrangère ? Je le regardai, je regardai Julie ; tous deux se regardèrent, et me rendirent un regard si touchant, que, les embrassant l'un après l'autre, je leur dis avec attendrissement : Ils me sont aussi chers qu'à vous. Je ne sais par quel bizarre effet un mot peut ainsi changer une ame ; mais, depuis ce moment, M. de Wolmar me paroît un autre homme, et je vois moins en lui le mari de celle que j'ai tant aimée que le père de deux enfants pour lesquels je donnerois ma vie.

Je voulus faire le tour du bassin pour aller voir de plus près ce charmant asile et ses petits habitants ; mais madame de Wolmar me retint. Personne, me dit-elle, ne va les troubler dans leur domicile, et vous êtes même le premier de nos hôtes que j'aie amené jusqu'ici. Il y a quatre clefs de ce verger, dont mon père et nous avons chacun une ; Fanchon a la quatrième, comme inspectrice, et pour y mener quelquefois mes enfants ; faveur dont on augmente le prix par l'extrême circonspection qu'on exige d'eux tandis qu'ils y sont. Gustin lui-même n'y entre jamais qu'avec un des quatre ;

encore, passé deux mois de printemps où ses travaux sont utiles, n'y entre-t-il presque plus, et tout le reste se fait entre nous. Ainsi, lui dis-je, de peur que vos oiseaux soient vos esclaves, vous vous êtes rendus les leurs. Voilà bien, reprit-elle, le propos d'un tyran, qui ne croit jouir de sa liberté qu'autant qu'il trouble celle des autres.

Comme nous partions pour nous en retourner, M. de Wolmar jeta une poignée d'orge dans le bassin, et en y regardant j'aperçus quelques petits poissons. Ah! ah! dis-je aussitôt, voici pourtant des prisonniers! Oui, dit-il, ce sont des prisonniers de guerre auxquels on a fait grâce de la vie. Sans doute, ajouta sa femme. Il y a quelque temps que Fanchon vola dans la cuisine des perchettes qu'elle apporta ici à mon insu. Je les y laisse, de peur de la mortifier si je les renvoyois au lac; car il vaut encore mieux loger du poisson un peu à l'étroit que de fâcher une honnête personne. Vous avez raison, répondis-je, et celui-ci n'est pas trop à plaindre d'être échappé de la poêle à ce prix.

Hé bien! que vous en semble? me dit-elle en nous en retournant. Êtes-vous encore au bout du monde? Non, dis-je, m'en voici tout-à-fait dehors, et vous m'avez en effet transporté dans l'Élysée. Le nom pompeux qu'elle a donné à ce verger, dit M. de Wolmar, mérite bien cette raillerie. Louez modestement des jeux d'enfants, et songez qu'ils n'ont jamais rien pris sur les soins de la mère de famille. Je le sais, repris-je, j'en suis très-sûr; et les jeux d'enfants me plaisent plus en ce genre que les travaux des hommes.

Il y a pourtant ici, continuai-je, une chose que je ne puis comprendre ; c'est qu'un lieu si différent de ce qu'il étoit ne peut être devenu ce qu'il est qu'avec de la culture et du soin : cependant je ne vois nulle part la moindre trace de culture ; tout est verdoyant, frais, vigoureux, et la main du jardinier ne se montre point ; rien ne dément l'idée d'une île déserte qui m'est venue en entrant, et je n'aperçois aucuns pas d'hommes. Ah ! dit M. de Wolmar, c'est qu'on a pris grand soin de les effacer. J'ai été souvent témoin, quelquefois complice, de la friponnerie. On fait semer du foin sur tous les endroits labourés, et l'herbe cache bientôt les vestiges du travail ; on fait couvrir l'hiver de quelques couches d'engrais des lieux maigres et arides ; l'engrais mange la mousse, ranime l'herbe et les plantes ; les arbres eux-mêmes ne s'en trouvent pas plus mal, et l'été il n'y paroît plus. A l'égard de la mousse qui couvre quelques allées, c'est milord Édouard qui nous a envoyé d'Angleterre le secret pour la faire naître. Ces deux côtés, continua-t-il, étoient fermés par des murs ; les murs ont été masqués, non par des espaliers, mais par d'épais arbrisseaux qui font prendre les bornes du lieu pour le commencement d'un bois. Des deux autres côtés règnent de fortes haies vives, bien garnies d'érable, d'aubépine, de houx, de troëne, et d'autres arbrisseaux mélangés qui leur ôtent l'apparence de haies et leur donnent celle d'un taillis. Vous ne voyez rien d'aligné, rien de nivelé; jamais le cordeau n'entra dans ce lieu; la nature ne plante rien au cordeau; les sinuosités dans leur feinte irrégularité sont ménagées avec art pour prolonger la promenade, cacher les bords de l'île, et en agrandir l'étendue apparente sans faire des détours incommodes et trop fréquents[1].

En considérant tout cela, je trouvois assez bizarre qu'on prît tant de peine pour se cacher celle qu'on avoit prise : n'auroit-il pas mieux valu n'en point prendre! Malgré tout ce qu'on vous a dit, me répondit Julie, vous jugez du travail par l'effet, et vous vous trompez. Tout ce que vous voyez sont des plantes sauvages ou robustes qu'il suffit de mettre en terre, et qui viennent ensuite d'elles-mêmes. D'ailleurs la nature semble vouloir dérober aux yeux des hommes ses vrais attraits, auxquels ils sont trop peu sensibles, et qu'ils défigurent quand ils sont à leur portée : elle fuit les lieux fréquentés; c'est au sommet des montagnes, au fond des forêts, dans des îles désertes qu'elle étale ses charmes les plus touchants. Ceux qui l'aiment et ne peuvent l'aller chercher si loin sont

---

[1] Ainsi ce ne sont pas de ces petits bosquets à la mode, si ridiculement contournés qu'on n'y marche qu'en zigzag, et qu'à chaque pas il faut faire une pirouette.

réduits à lui faire violence, à la forcer en quelque sorte à venir habiter avec eux ; et tout cela ne peut se faire sans un peu d'illusion.

A ces mots, il me vint une imagination qui les fit rire. Je me figure, leur dis-je, un homme riche de Paris ou de Londres, maître de cette maison, et amenant avec lui un architecte chèrement payé pour gâter la nature. Avec quel dédain il entreroit dans ce lieu simple et mesquin ! avec quel mépris il feroit arracher toutes ces guenilles ! les beaux alignements qu'il prendroit ! les belles allées qu'il feroit percer ! les belles pattes-d'oie, les beaux arbres en parasol, en éventail ! les beaux treillages bien sculptés ! les belles charmilles bien dessinées, bien équarries, bien contournées ! les beaux boulingrins de fin gazon d'Angleterre, ronds, carrés, échancrés, ovales ! les beaux ifs taillés en dragons, en pagodes, et marmouzets, en toutes sortes de monstres ! les beaux vases de bronze, les beaux fruits de pierre dont il ornera son jardin[1] !... Quand tout cela sera exécuté, dit M. de Wolmar, il aura fait un très-beau lieu dans lequel on n'ira guère, et dont on sortira toujours avec empressement pour aller chercher la campagne ; un lieu triste, où l'on

---

[1] Je suis persuadé que le temps approche où l'on ne voudra plus dans les jardins rien de ce qui se trouve dans la campagne ; on n'y souffrira plus ni plantes ni arbrisseaux ; on n'y voudra que des fleurs de porcelaine, des magots, des treillages, du sable de toutes couleurs, et de beaux vases pleins de rien.

ne se promènera point; mais par où l'on passera pour s'aller promener; au lieu que dans mes courses champêtres je me hâte souvent de rentrer pour venir me promener ici.

Je ne vois dans ces terrains si vastes et si richement ornés que la vanité du propriétaire et de l'artiste, qui, toujours empressés d'étaler, l'un sa richesse et l'autre son talent, préparent à grands frais de l'ennui à quiconque voudra jouir de leur ouvrage. Un faux goût de grandeur qui n'est point fait pour l'homme empoisonne ses plaisirs. L'air grand est toujours triste; il fait songer aux misères de celui qui l'affecte. Au milieu de ses parterres et de ses grandes allées, son petit individu ne s'agrandit point; un arbre de vingt pieds le couvre comme un de soixante[1]; il n'occupe jamais que ses trois pieds d'espace, et se perd comme un ciron dans ses immenses possessions.

Il y a un autre goût directement opposé à ce-

---

[1] Il devoit bien s'étendre un peu sur le mauvais goût d'élaguer ridiculement les arbres, pour les élancer dans les nues, en leur ôtant leurs belles têtes; leurs ombrages, en épuisant leur sève, et les empêchant de profiter. Cette méthode, il est vrai, donne du bois aux jardiniers; mais elle en ôte au pays, qui n'en a pas déjà trop. On croiroit que la nature est faite en France autrement que dans tout le reste du monde, tant on y prend soin de la défigurer. Les parcs n'y sont plantés que de longues perches; ce sont des forêts de mâts ou de mais*, et l'on s'y promène au milieu des bois sans trouver d'ombre.

* On lit *mais* dans quelques éditions.

lui-là et plus ridicule encore, en ce qu'il ne laisse pas même jouir de la promenade pour laquelle les jardins sont faits. J'entends, lui dis-je, c'est celui de ces petits curieux, de ces petits fleuristes qui se pâment à l'aspect d'une renoncule, et se prosternent devant des tulipes. Là-dessus, je leur racontai, milord, ce qui m'étoit arrivé autrefois à Londres dans ce jardin de fleurs où nous fûmes introduits avec tant d'appareil, et où nous vîmes briller si pompeusement tous les trésors de la Hollande sur quatre couches de fumier. Je n'oubliai pas la cérémonie du parasol et de la petite baguette dont on m'honora, moi indigne, ainsi que les autres spectateurs. Je leur confessai humblement comment, ayant voulu m'évertuer à mon tour et hasarder de m'extasier à la vue d'une tulipe dont la couleur me parut vive et la forme élégante, je fus moqué, hué, sifflé de tous les savants, et comment le professeur du jardin, passant du mépris de la fleur à celui du panégyriste, ne daigna plus me regarder de toute la séance. Je pense, ajoutai-je, qu'il eut bien du regret à sa baguette et à son parasol profanés.

Ce goût, dit M. de Wolmar, quand il dégénère en manie, a quelque chose de petit et de vain qui le rend puéril et ridiculement coûteux. L'autre, au moins, a de la noblesse, de la grandeur, et quelque sorte de vérité ; mais qu'est-ce que la valeur d'une patte ou d'un oignon qu'un insecte ronge ou détruit peut-être au moment qu'on le marchande, ou d'une fleur précieuse à midi et flétrie avant que le soleil soit couché? qu'est-ce qu'une beauté conventionnelle qui n'est sensible qu'aux yeux des curieux, et qui n'est beauté que parce qu'il leur plaît qu'elle le soit? Le temps peut venir qu'on cherchera dans les fleurs tout le contraire de ce qu'on y cherche aujourd'hui, et avec autant de raison; alors vous serez le docte à votre tour, et votre curieux l'ignorant. Toutes ces petites observations qui dégénèrent en étude ne conviennent point à l'homme raisonnable qui veut donner à son corps un exercice modéré, ou délasser son esprit à la promenade en s'entretenant avec ses amis. Les fleurs sont faites pour amuser nos regards en passant, et non pour être si curieusement anatomisées[1]. Voyez leur reine briller de toutes parts dans ce verger : elle parfume l'air, elle enchante les yeux, et ne coûte presque ni soin ni culture. C'est pour cela que les fleuristes la dédaignent : la nature l'a faite si belle qu'ils ne lui sauroient ajouter des beautés de convention ; et, ne pouvant se tourmenter à la cultiver, ils n'y trouvent rien qui les flatte. L'erreur des prétendus gens de goût est de vouloir de l'art partout, et de

---

[1] Le sage Wolmar n'y avoit pas bien regardé. Lui qui savoit si bien observer les hommes, observoit-il si mal la nature? Ignoroit-il que si son auteur est grand dans les grandes choses, il est très-grand dans les petites?

n'être jamais content que l'art ne paroisse, au lieu que c'est à le cacher que consiste le véritable goût, surtout quand il est question des ouvrages de la nature. Que signifient ces allées si droites, si sablées, qu'on trouve sans cesse, et ces étoiles par lesquelles, bien loin d'étendre aux yeux la grandeur d'un parc, comme on l'imagine, on ne fait qu'en montrer maladroitement les bornes? Voit-on dans les bois du sable de rivière? ou le pied se repose-t-il plus doucement sur le sable que sur la mousse ou la pelouse? La nature emploie-t-elle sans cesse l'équerre et la règle? Ont-ils peur qu'on ne la reconnoisse en quelque chose malgré leurs soins pour la défigurer? Enfin n'est-il pas plaisant que, comme s'ils étoient déjà las de la promenade en la commençant, ils affectent de la faire en ligne droite pour arriver plus vite au terme? Ne diroit-on pas que, prenant le plus court chemin, ils font un voyage plutôt qu'une promenade, et se hâtent de sortir aussitôt qu'ils sont entrés?

Que fera donc l'homme de goût qui vit pour vivre, qui sait jouir de lui-même, qui cherche les plaisirs vrais et simples, et qui veut se faire une promenade à la porte de sa maison? Il la fera si commode et si agréable qu'il s'y puisse plaire à toutes les heures de la journée, et pourtant si simple et si naturelle qu'il semble n'avoir rien fait. Il rassemblera l'eau, la verdure, l'ombre et la fraîcheur; car la nature aussi rassemble toutes ces choses. Il ne donnera à rien de la symétrie; elle est ennemie de la nature et de la variété; et toutes les allées d'un jardin ordinaire se ressemblent si fort qu'on croit être toujours dans la même : il élaguera le terrain pour s'y promener commodément; mais les deux côtés de ces allées ne seront point toujours exactement parallèles; la direction n'en sera pas toujours en ligne droite, elle aura je ne sais quoi de vague comme la démarche d'un homme oisif qui erre en se promenant. Il ne s'inquiétera point de se percer au loin de belles perspectives : le goût des points de vue et des lointains vient du penchant qu'ont la plupart des hommes à ne se plaire qu'où ils ne sont pas : ils sont toujours avides de ce qui est loin d'eux; et l'artiste qui ne sait pas les rendre assez contents de ce qui les entoure, se donne cette ressource pour les amuser : mais l'homme dont je parle n'a pas cette inquiétude, et quand il est bien où il est, il ne se soucie point d'être ailleurs. Ici, par exemple, on n'a pas de vue hors du lieu, et l'on est très-content de n'en pas avoir. On penseroit volontiers que tous les charmes de la nature y sont renfermés, et je craindrois fort que la moindre échappée de vue au dehors n'ôtât beaucoup d'agrément à cette promenade[1]. Certainement tout homme qui

---

[1] Je ne sais si l'on a jamais essayé de donner aux longues allées d'une étoile une courbure légère, en sorte que l'œil ne pût suivre

n'aimera pas à passer les beaux jours dans un lieu si simple et si agréable n'a pas le goût pur ni l'ame saine. J'avoue qu'il n'y faut pas amener en pompe les étrangers ; mais en revanche on s'y peut plaire soi-même, sans le montrer à personne.

Monsieur, lui dis-je, ces gens si riches qui font de si beaux jardins ont de fort bonnes raisons pour n'aimer guère à se promener tout seuls, ni à se trouver vis-à-vis d'eux-mêmes ; ainsi ils font très-bien de ne songer en cela qu'aux autres. Au reste, j'ai vu à la Chine des jardins tels que vous les demandez, et faits avec tant d'art que l'art n'y paroissoit point, mais d'une manière si dispendieuse et entretenus à si grands frais, que cette idée m'ôtoit tout le plaisir que j'aurois pu goûter à les voir. C'étoient des roches, des grottes, des cascades artificielles, dans des lieux pleins et sablonneux où l'on n'a que de l'eau de puits ; c'étoient des fleurs et des plantes rares de tous les climats de la

---

chaque allée tout-à-fait jusqu'au bout, et que l'extrémité opposée en fût cachée au spectateur. On perdroit, il est vrai, l'agrément des points de vue : mais on gagneroit l'avantage si cher aux propriétaires, d'agrandir à l'imagination le lieu où l'on est ; et, dans le milieu d'une étoile assez bornée, on se croiroit perdu dans un parc immense. Je suis persuadé que la promenade en seroit aussi moins ennuyeuse, quoique plus solitaire ; car tout ce qui donne prise à l'imagination excite les idées et nourrit l'esprit. Mais les faiseurs de jardins ne sont pas gens à sentir ces choses-là. Combien de fois, dans un lieu rustique, le crayon leur tomberoit des mains, comme à Le Nostre dans le parc de Saint-James, s'ils connoissoient comme lui ce qui donne de la vie à la nature, et de l'intérêt à son spectacle !

Chine et de la Tartarie rassemblées et cultivées en un même sol. On n'y voyoit à la vérité ni belles allées ni compartiments réguliers ; mais on y voyoit entassées avec profusion des merveilles qu'on ne trouve qu'éparses et séparées ; la nature s'y présentoit sous mille aspects divers, et le tout ensemble n'étoit point naturel. Ici l'on n'a transporté ni terres ni pierres, on n'a fait ni pompes ni réservoirs, on n'a besoin ni de serres, ni de fourneaux, ni de cloches, ni de paillassons. Un terrain presque uni a reçu des ornements très-simples; des herbes communes, des arbrisseaux communs, quelques filets d'eau coulant sans apprêt, sans contrainte, ont suffi pour l'embellir. C'est un jeu sans effort, dont la facilité donne au spectateur un nouveau plaisir. Je sens que ce séjour pourroit être encore plus agréable, et me plaire infiniment moins. Tel est, par exemple, le parc célèbre de milord Cobham à Staw. C'est un composé de lieux très-beaux et très-pittoresques dont les aspects ont été choisis en différents pays, et dont tout paroît naturel, excepté l'assemblage, comme dans les jardins de la Chine dont je viens de vous parler. Le maître et le créateur de cette superbe solitude y a même fait construire des ruines, des temples, d'anciens édifices ; et les temps ainsi que les lieux y sont rassemblés avec une magnificence plus qu'humaine. Voilà précisément de quoi je me plains. Je voudrois que les amusements des hommes eussent toujours un air facile qui ne fît point songer à leur foiblesse, et qu'en admirant ces merveilles on n'eût point l'imagination fatiguée des sommes et des travaux qu'elles ont coûtés. Le sort ne nous donne-t-il pas assez de peine sans en mettre jusque dans nos jeux?

Je n'ai qu'un seul reproche à faire à votre Élysée, ajoutai-je en regardant Julie, mais qui vous paroîtra grave; c'est d'être un amusement superflu. A quoi bon vous faire une nouvelle promenade, ayant de l'autre côté de la maison des bosquets si charmants et si négligés? Il est vrai, dit-elle un peu embarrassée, mais j'aime mieux ceci. Si vous aviez bien songé à votre question avant que de la faire, interrompit M. de Wolmar, elle seroit plus qu'indiscrète. Jamais ma femme depuis son mariage n'a mis les pieds dans les bosquets dont vous parlez. J'en sais la raison, quoiqu'elle me l'ait toujours tue. Vous qui ne l'ignorez pas, apprenez à respecter les lieux où vous êtes; ils sont plantés par les mains de la vertu.

A peine avois-je reçu cette juste réprimande, que la petite famille, menée par Fanchon, entra comme nous sortions. Ces trois aimables enfants se jetèrent au cou de monsieur et de madame de Wolmar. J'eus ma part de leurs petites caresses. Nous rentrâmes Julie et moi dans l'Élysée en faisant quelques pas avec eux, puis nous allâmes rejoindre M. de Wolmar, qui parloit à des ouvriers.

Chemin faisant, elle me dit qu'après être devenue mère il lui étoit venu sur cette promenade une idée qui avoit augmenté son zèle pour l'embellir. J'ai pensé, me dit-elle, à l'amusement de mes enfants et à leur santé quand ils seront plus âgés. L'entretien de ce lieu demande plus de soin que de peine; il s'agit plutôt de donner un certain contour aux rameaux des plantes que de bêcher et labourer la terre : j'en veux faire un jour mes petits jardiniers; ils auront autant d'exercice qu'il leur en faut pour renforcer leur tempérament, et pas assez pour le fatiguer; d'ailleurs ils feront faire ce qui sera trop fort pour leur âge, et se borneront au travail qui les amusera. Je ne saurois vous dire, ajouta-t-elle, quelle douceur je goûte à me représenter mes enfants occupés à me rendre les petits soins que je prends avec tant de plaisir pour eux, et la joie de leurs tendres cœurs en voyant leur mère se promener avec délice sous des ombrages cultivés de leurs mains. En vérité, mon ami, me dit-elle d'une voix émue, des jours ainsi passés tiennent du bonheur de l'autre vie, et ce n'est pas sans raison qu'en y pensant j'ai donné d'avance à ce lieu le nom d'Élysée. Milord, cette incomparable femme est mère comme elle est épouse, comme elle est aimée, comme elle est fille; et, pour l'éternel supplice de mon cœur, c'est encore ainsi qu'elle fut amante.

Enthousiasmé d'un séjour si charmant, je les

priai le soir de trouver bon que, durant mon séjour chez eux, la Fanchon me confiât sa clef et le soin de nourrir les oiseaux. Aussitôt Julie envoya le sac au grain dans ma chambre, et me donna sa propre clef. Je ne sais pourquoi je la reçus avec une sorte de peine : il me sembla que j'aurois mieux aimé celle de M. de Wolmar.

Ce matin je me suis levé de bonne heure, et avec l'empressement d'un enfant je suis allé m'enfermer dans l'île déserte. Que d'agréables pensées j'espérois porter dans ce lieu solitaire, où le doux aspect de la seule nature devoit chasser de mon souvenir tout cet ordre social et factice qui m'a rendu si malheureux! Tout ce qui va m'environner est l'ouvrage de celle qui me fut si chère. Je la contemplerai tout autour de moi; je ne verrai rien que sa main n'ait touché; je baiserai les fleurs que ses pieds auront foulées; je respirerai avec la rosée un air qu'elle a respiré; son goût dans ses amusements me rendra présents tous ses charmes, et je la trouverai partout comme elle est au fond de mon cœur.

En entrant dans l'Élysée avec ces dispositions, je me suis subitement rappelé le dernier mot que me dit hier M. de Wolmar à peu près dans la même place. Le souvenir de ce seul mot a changé sur-le-champ tout l'état de mon ame. J'ai cru voir l'image de la vertu où je cherchois celle du plaisir : cette image s'est confondue dans mon esprit avec les traits de madame de Wolmar ; et, pour la première fois depuis mon retour, j'ai vu Julie en son absence, non telle qu'elle fut pour moi et que j'aime encore à me la représenter, mais telle qu'elle se montre à mes yeux tous les jours. Milord, j'ai cru voir cette femme si charmante, si chaste et si vertueuse, au milieu de ce même cortége qui l'entouroit hier. Je voyois autour d'elle ses trois aimables enfants, honorable et précieux gage de l'union conjugale et de la tendre amitié, lui faire et recevoir d'elle mille touchantes caresses. Je voyois à ses côtés le grave Wolmar, cet époux si chéri, si heureux, si digne de l'être. Je croyois voir son œil pénétrant et judicieux percer au fond de mon cœur, et m'en faire rougir encore ; je croyois entendre sortir de sa bouche des reproches trop mérités et des leçons trop mal écoutées. Je voyois à sa suite cette même Fanchon Regard, vivante preuve du triomphe des vertus et de l'humanité sur le plus ardent amour. Ah ! quel sentiment coupable eût pénétré jusqu'à elle à travers cette inviolable escorte ? Avec quelle indignation j'eusse étouffé les vils transports d'une passion criminelle et mal éteinte ! et que je me serois méprisé de souiller d'un seul soupir un aussi ravissant tableau d'innocence et d'honnêteté ! Je repassois dans ma mémoire les discours qu'elle m'avoit tenus en sortant ; puis, remontant avec elle dans un avenir qu'elle contemple avec tant de charmes, je voyois cette tendre mère essuyer la sueur du front de ses enfants, baiser leurs joues enflammées, et livrer ce cœur fait pour aimer au plus doux sentiment de la nature. Il n'y avoit pas jusqu'à ce nom d'Élysée qui ne rectifiât en moi les écarts de l'imagination, et ne portât dans mon ame un calme préférable au trouble des passions les plus séduisantes. Il me peignoit en quelque sorte l'intérieur de celle qui l'avoit trouvé; je pensois qu'avec une conscience agitée on n'auroit jamais choisi ce nom-là. Je me disois, La paix règne au fond de son cœur comme dans l'asile qu'elle a nommé.

Je m'étois promis une rêverie agréable; j'ai rêvé plus agréablement que je ne m'y étois attendu. J'ai passé dans l'Élysée deux heures auxquelles je ne préfère aucun temps de ma vie. En voyant avec quel charme et quelle rapidité elles s'étoient écoulées, j'ai trouvé qu'il y a dans la méditation des pensées honnêtes une sorte de bien-être que les méchants n'ont jamais connu; c'est celui de se plaire avec soi-même. Si l'on y songeoit sans prévention, je ne sais quel autre plaisir on pourroit égaler à celui-là. Je sens au moins que quiconque aime autant que moi la solitude doit craindre de s'y préparer des tourments. Peut-être tireroit-on des mêmes principes la clef des faux jugements des hommes sur les avantages du vice et sur ceux de la vertu; car la jouissance de la vertu est tout intérieure, et ne s'aperçoit que par celui qui la sent : mais tous les avantages du vice frappent les yeux d'autrui, et il n'y a que celui qui les a qui sache ce qu'ils lui coûtent.

> Se a ciascun l'interno affanno
> Si leggesse in fronte scritto,
> Quanti mai, che invidia fanno,
> Ci farebbero pietà [1] !

Comme il se faisoit tard sans que j'y songeasse, M. de Wolmar est venu me joindre et m'avertir que Julie et le thé m'attendoient. C'est vous, leur ai-je dit en m'excusant, qui m'empêchiez d'être avec vous : je fus si charmé de ma soirée d'hier que j'en suis retourné jouir ce matin : heureusement il n'y a point de mal ; et puisque vous m'avez attendu, ma matinée n'est pas perdue.

C'est fort bien dit, a répondu madame de Wolmar ; il vaudroit mieux s'attendre jusqu'à midi que de perdre le plaisir de déjeûner ensemble. Les étrangers ne sont jamais admis le

---

[1] « Oh ! si les tourments secrets qui rongent les cœurs se lisoient « sur les visages, combien de gens qui font envie feroient pitié ! »

Il auroit pu ajouter la suite, qui est très-belle, et ne convient pas moins au sujet ;

> Si vedria che i lor nemici
> Hanno in seno, e si riduce
> Nel parere a noi felici
> Ogni lor felicità.

« On verroit que l'ennemi qui les dévore est caché dans leur « propre sein, et que tout leur prétendu bonheur se réduit à pa- « roître heureux. »

matin dans ma chambre, et déjeûnent dans la leur. Le déjeûner est le repas des amis; les valets en sont exclus, les importuns ne s'y montrent point; on y dit tout ce qu'on pense; on y révèle tous ses secrets : on n'y contraint aucun de ses sentiments; on peut s'y livrer sans imprudence aux douceurs de la confiance et de la familiarité. C'est presque le seul moment où il soit permis d'être ce qu'on est : que ne dure-t-il toute la journée! Ah, Julie! ai-je été prêt à dire, voilà un vœu bien intéressé! mais je me suis tu. La première chose que j'ai retranchée avec l'amour a été la louange. Louer quelqu'un en face, à moins que ce ne soit sa maîtresse, qu'est-ce faire autre chose sinon le taxer de vanité? Vous savez, milord, si c'est à madame de Wolmar qu'on peut faire ce reproche. Non, non; je l'honore trop pour ne pas l'honorer en silence. La voir, l'entendre, observer sa conduite, n'est-ce pas assez la louer?

LETTRE XII.

DE MADAME DE WOLMAR A MADAME D'ORBE.

Il est écrit, chère amie, que tu dois être dans tous les temps ma sauvegarde contre moi-même, et qu'après m'avoir délivrée avec tant de peine des piéges de mon cœur, tu me garantiras encore de ceux de ma raison. Après tant d'épreuves cruelles, j'apprends à me défier des erreurs comme des passions dont elles sont si souvent l'ouvrage. Que n'ai-je eu toujours la même précaution ! Si dans les temps passés j'avois moins compté sur mes lumières, j'aurois eu moins à rougir de mes sentiments.

Que ce préambule ne t'alarme pas. Je serois indigne de ton amitié si j'avois encore à la consulter sur des sujets graves. Le crime fut toujours étranger à mon cœur, et j'ose l'en croire plus éloigné que jamais. Écoute-moi donc paisiblement, ma cousine, et crois que je n'aurai jamais besoin de conseils sur des doutes que la seule honnêteté peut résoudre.

Depuis six ans que je vis avec M. de Wolmar dans la plus parfaite union qui puisse régner entre deux époux, tu sais qu'il ne m'a jamais parlé ni de sa famille ni de sa personne, et que, l'ayant reçu d'un père aussi jaloux du bonheur de sa fille que de l'honneur de sa maison, je n'ai point marqué d'empressement pour en savoir sur son compte plus qu'il ne jugeoit à propos de m'en dire. Contente de lui devoir, avec la vie de celui qui me l'a donnée, mon honneur, mon repos, ma raison, mes enfants, et tout ce qui peut me rendre quelque prix à mes propres yeux, j'étois bien assurée que ce que j'ignorois de lui ne démentoit point ce qui m'étoit connu; et je n'avois pas besoin d'en savoir davantage pour l'aimer, l'estimer, l'honorer autant qu'il étoit possible.

Ce matin, en déjeûnant, il nous a proposé un tour de promenade avant la chaleur; puis, sous prétexte de ne pas courir, disoit-il, la campagne en robe de chambre, il nous a menés dans les bosquets, et précisément, ma chère, dans ce même bosquet où commencèrent tous les malheurs de ma vie. En approchant de ce lieu fatal, je me suis senti un affreux battement de cœur, et j'aurois refusé d'entrer si la honte ne m'eût retenue, et si le souvenir d'un mot qui fut dit l'autre jour dans l'Élysée ne m'eût fait craindre les interprétations. Je ne sais si le philosophe étoit plus tranquille; mais, quelque temps après, ayant par hasard tourné les yeux sur lui, je l'ai trouvé pâle, changé, et je ne puis te dire quelle peine tout cela m'a fait.

En entrant dans le bosquet j'ai vu mon mari me jeter un coup d'œil et sourire. Il s'est assis entre nous; et, après un moment de silence, nous prenant tous deux par la main : Mes enfants, nous a-t-il dit, je commence à voir que mes projets ne seront point vains, et que nous pouvons être unis tous trois d'un attachement durable, propre à faire notre bonheur commun et ma consolation dans les ennuis d'une vieillesse qui s'approche : mais je vous connois tous deux mieux que vous ne me connoissez : il est juste de rendre les choses égales; et, quoique je n'aie rien de fort intéressant à vous apprendre, puisque vous n'avez plus de secret pour moi, je n'en veux plus avoir pour vous.

Alors il nous a révélé le secret de sa naissance, qui jusqu'ici n'avoit été connue que de mon père. Quand tu le sauras, tu concevras jusqu'où vont le sang-froid et la modération d'un homme capable de taire six ans un pareil secret à sa femme : mais ce secret n'est rien pour lui, et il y pense trop peu pour se faire un grand effort de n'en pas parler.

Je ne vous arrêterai point, nous a-t-il dit, sur les événements de ma vie : ce qui peut vous importer est moins de connoître mes aventures que mon caractère. Elles sont simples comme lui, et, sachant bien ce que je suis, vous comprendrez aisément ce que j'ai pu faire. J'ai naturellement l'ame tranquille et le cœur froid. Je suis de ces hommes qu'on croit bien injurier en disant qu'ils ne sentent rien, c'est-à-dire qu'ils n'ont point de passion qui les détourne de suivre le vrai guide de l'homme. Peu sensible au plaisir et à la douleur, je n'éprouve même que très-foiblement ce sentiment d'intérêt et d'humanité qui nous approprie les affections d'autrui. Si j'ai de la peine à voir souffrir les gens de bien, la pitié n'y entre pour rien ; car je n'en ai point à voir souffrir les méchants. Mon seul principe actif est le goût naturel de l'ordre ; et le concours bien combiné du jeu de la fortune et des actions des hommes me plaît exactement comme une belle symétrie dans un tableau, ou comme une pièce bien conduite au théâtre. Si j'ai quelque passion dominante, c'est celle de l'observation. J'aime à lire dans les cœurs des hommes; comme le mien me fait peu d'illusion, que j'observe de sang-froid et sans intérêt, et qu'une longue expérience m'a donné de la sagacité, je ne me trompe guère dans mes jugements; aussi c'est là toute la récompense de l'amour-propre dans mes études continuelles; car je n'aime point à faire un rôle, mais seulement à voir jouer les autres; la société m'est agréable pour la contempler, non pour en faire partie. Si je pouvois changer la nature de mon être et devenir un œil vivant, je ferois volontiers cet échange. Ainsi mon indifférence pour les hommes ne me rend point indépendant d'eux; sans me soucier d'en être vu j'ai besoin de les voir, et sans m'être chers ils me sont nécessaires.

Les deux premiers états de la société que j'eus occasion d'observer furent les courtisans et les valets; deux ordres d'hommes moins différents en effet qu'en apparence, et si peu dignes d'être étudiés, si faciles à connoître, que je m'ennuyai d'eux au premier regard. En quittant la cour, où tout est sitôt vu, je me dérobai sans le savoir au péril qui m'y menaçoit et dont je n'aurois point échappé. Je changeai de nom; et voulant connoître les militaires, j'allai chercher du service chez un prince étranger; c'est là que j'eus le bonheur d'être utile à votre père, que le désespoir d'avoir tué son ami forçoit à s'exposer témérairement et contre son devoir. Le cœur sensible et reconnoissant de ce brave officier commença dès-lors à me donner meilleure opinion de l'humanité. Il s'unit à moi d'une amitié à laquelle il m'étoit impossible de refuser la mienne; et nous ne cessâmes d'entretenir depuis ce temps-là des liaisons qui devinrent plus étroites de jour en jour. J'appris dans ma nouvelle condition que l'intérêt n'est pas, comme je l'avois cru, le seul mobile des actions humaines, et que parmi les foules de préjugés qui combattent la vertu il en est aussi qui la favorisent. Je conçus que le caractère général de l'homme est un amour-propre indifférent par lui-même, bon ou mauvais par les accidents qui le modifient, et qui dépendent des coutumes, des lois, des rangs, de la fortune, et de toute notre police humaine. Je me livrai donc à mon penchant; et, méprisant la vaine opinion des conditions, je me jetai successivement dans les divers états qui pouvoient m'aider à les comparer tous et à connoître les uns et les autres. Je sentis, comme vous l'avez remarqué dans quelque lettre, dit-il à Saint-Preux, qu'on ne voit rien quand on se contente de regarder, qu'il faut agir soi-même pour voir agir les hommes; et je me fis acteur pour être spectateur. Il est toujours aisé de descendre: j'essayai d'une multitude de conditions dont jamais homme de la mienne ne s'étoit avisé. Je devins même paysan; et quand Julie m'a fait garçon jardinier, elle ne m'a point trouvé si novice au métier qu'elle auroit pu croire.

Avec la véritable connoissance des hommes, dont l'oisive philosophie ne donne que l'apparence, je trouvai un autre avantage auquel je ne m'étois point attendu; ce fut d'aiguiser par une vie active cet amour de l'ordre que j'ai reçu de la nature, et de prendre un nouveau goût pour le bien par le plaisir d'y contribuer. Ce sentiment me rendit un peu moins contemplatif, m'unit un peu plus à moi-même; et, par une suite assez naturelle de ce progrès, je m'aperçus que j'étois seul. La solitude, qui m'ennuya toujours, me devenoit affreuse, et je ne pouvois plus espérer de l'éviter long-temps. Sans avoir perdu ma froideur, j'avois besoin d'un attachement; l'image de la caducité sans consolation m'affligeoit avant le temps, et, pour la première fois de ma vie, je connus l'inquiétude et la tristesse. Je parlai de ma peine au baron d'Étange. Il ne faut point, me dit-il, vieillir garçon. Moi-même, après avoir vécu presque indépendant dans les liens du mariage, je sens que j'ai besoin de redevenir époux et père, et je vais me retirer dans le sein de ma famille. Il ne tiendra qu'à vous d'en faire la vôtre et de me rendre le fils que j'ai perdu. J'ai une fille unique à marier: elle n'est pas sans mérite; elle a le cœur sensible, et l'amour de son devoir lui fait aimer tout ce qui s'y rapporte. Ce n'est ni une beauté ni un prodige d'esprit ; mais venez la voir, et croyez que si vous ne sentez rien pour elle vous ne sentirez jamais rien pour personne au monde. Je vins, je vous vis, Julie, et je trouvai que votre père m'avoit parlé modestement de vous. Vos transports, vos larmes de joie en l'embrassant, me donnèrent la première ou plutôt la seule émotion que j'aie éprouvée de ma vie. Si cette impression fut légère, elle étoit unique ; et les sentiments n'ont besoin de force pour agir qu'en proportion de ceux qui leur résistent. Trois ans d'absence ne changèrent point l'état de mon cœur. L'état du vôtre ne m'échappa pas à mon retour ; et c'est ici qu'il faut que je vous venge d'un aveu qui vous a tant coûté. Juge, ma chère, avec quelle étrange surprise j'appris alors que tous mes secrets lui avoient été révélés avant mon mariage, et qu'il m'avoit épousée sans ignorer que j'appartenois à un autre.

Cette conduite étoit inexcusable, a continué M. de Wolmar. J'offensois la délicatesse ; je péchois contre la prudence ; j'exposois votre honneur et le mien ; je devois craindre de nous précipiter tous deux dans des malheurs sans ressource : mais je vous aimois, et n'aimois que vous ; tout le reste m'étoit indifférent. Comment réprimer la passion même la plus foible quand elle est sans contre-poids ? Voilà l'inconvénient des caractères froids et tranquilles. Tout va bien tant que leur froideur les garantit des tentations; mais s'il en survient une qui les atteigne, ils sont aussitôt vaincus qu'attaqués; et la raison, qui gouverne tandis qu'elle est seule, n'a jamais de force pour résister au moindre effort. Je n'ai été tenté qu'une fois, et j'ai succombé. Si l'ivresse de quelque autre passion m'eût fait vaciller encore, j'aurois fait autant de chutes que de faux pas. Il n'y a que des ames de feu qui sachent combattre et vaincre; tous les grands efforts, toutes les actions sublimes sont leur ouvrage : la froide raison n'a jamais rien fait d'illustre, et l'on ne triomphe des passions qu'en les opposant l'une à l'autre. Quand celle de la vertu vient à s'élever, elle domine seule et tient tout en équilibre. Voilà comment se forme le vrai sage, qui n'est pas plus qu'un autre à l'abri des passions, mais qui seul sait les vaincre par elles-mêmes, comme un pilote fait route par les mauvais vents.

Vous voyez que je ne prétends pas exténuer ma faute : si c'en eût été une, je l'aurois faite infailliblement; mais, Julie, je vous connoissois, et n'en fis point en vous épousant. Je sentis que de vous seule dépendoit tout le bonheur dont je pouvois jouir, et que si quelqu'un étoit capable de vous rendre heureuse, c'étoit moi. Je savois que l'innocence et la paix étoient nécessaires à votre cœur, que l'amour dont il étoit préoccupé ne les lui donneroit jamais, et qu'il n'y avoit que l'horreur du crime qui pût en chasser l'amour. Je vis que votre ame étoit dans un accablement dont elle ne sortiroit que par un nouveau combat, et que ce seroit en sentant combien vous pouviez encore être estimable que vous apprendriez à le devenir.

Votre cœur étoit usé pour l'amour : je comptai donc pour rien une disproportion d'âge qui m'ôtoit le droit de prétendre à un sentiment dont celui qui en est l'objet ne pouvoit jouir, et impossible à obtenir pour tout autre. Au contraire, voyant dans une vie plus qu'à moitié écoulée qu'un seul goût s'étoit fait sentir à moi, je jugeai qu'il seroit durable, et je me plus à lui conserver le reste de mes jours. Dans mes longues recherches, je n'avois rien trouvé qui vous valût; je pensai que ce que vous ne feriez pas nulle autre au monde ne pourroit le faire; j'osai croire à la vertu, et vous épousai. Le mystère que vous me faisiez ne me surprit point; j'en savois les raisons, et je vis dans votre sage conduite celle de sa durée. Par égard pour vous j'imitai votre réserve, et ne voulus point vous ôter l'honneur de me faire un jour de vous-même un aveu que je voyois à chaque instant sur le bord de vos lèvres. Je ne me suis trompé en rien; vous avez tenu tout ce que je m'étois promis de vous. Quand je voulus me choisir une épouse, je désirai d'avoir en elle une compagne aimable, sage, heureuse. Les deux premières conditions sont remplies : mon enfant, j'espère que la troisième ne nous manquera pas.

A ces mots, malgré tous mes efforts pour ne l'interrompre que par mes pleurs, je n'ai pu m'empêcher de lui sauter au cou en m'écriant : Mon cher mari ! ô le meilleur et le plus aimé des hommes ! apprenez-moi ce qui manque à mon bonheur, si ce n'est le vôtre, et d'être mieux mérité..... Vous êtes heureuse autant qu'il se peut, a-t-il dit en m'interrompant ; vous méritez de l'être ; mais il est temps de jouir en paix d'un bonheur qui vous a jusqu'ici coûté bien des soins. Si votre fidélité m'eût suffi, tout étoit fait du moment que vous me la promîtes ; j'ai voulu de plus qu'elle vous fût facile et douce, et c'est à la rendre telle que nous nous sommes tous deux occupés de concert sans nous en parler. Julie, nous avons réussi mieux que vous ne pensez peut-être. Le seul tort que je vous trouve, est de n'avoir pu reprendre en vous la confiance que vous devez, et de vous estimer moins que votre prix. La modestie extrême a ses dangers ainsi que l'orgueil. Comme une témérité qui nous porte au-delà de nos forces les rend impuissantes, un effroi qui nous empêche d'y compter les rend inutiles. La véritable prudence consiste à les bien connoître et à s'y tenir. Vous en avez acquis de nouvelles en changeant d'état. Vous n'êtes plus cette fille infortunée qui déploroit sa foiblesse en s'y livrant ; vous êtes la plus vertueuse des femmes, qui ne connoît d'autres lois que celles du devoir et de l'honneur, et à qui le trop vif souvenir de ses fautes est la seule faute qui reste à reprocher. Loin de prendre encore contre vous-même des précautions injurieuses, apprenez donc à compter sur vous pour pouvoir y compter davantage. Écartez d'injustes défiances capables de réveiller quelquefois les sentiments qui les ont produites. Félicitez-vous plutôt d'avoir su choisir un honnête homme dans un âge où il est si facile de s'y tromper, et d'avoir pris autrefois un amant que vous pouvez avoir aujourd'hui pour ami sous les yeux de votre mari même. A peine vos liaisons me furent-elles connues, que je vous estimai l'un par l'autre. Je vis quel trompeur enthousiasme vous avoit tous deux égarés : il n'agit que sur les belles ames; il les perd quelquefois, mais c'est par un attrait qui ne séduit qu'elles. Je jugeai que le même goût qui avoit formé votre union la relâcheroit sitôt qu'elle deviendroit criminelle; et que le vice pouvoit entrer dans des cœurs comme les vôtres, mais non pas y prendre racine.

Dès-lors je compris qu'il régnoit entre vous des liens qu'il ne falloit point rompre, que votre mutuel attachement tenoit à tant de choses louables, qu'il falloit plutôt le régler que l'anéantir, et qu'aucun des deux ne pouvoit oublier l'autre sans perdre beaucoup de son prix. Je savois que les grands combats ne font qu'irriter les grandes passions, et que si les violents efforts exercent l'ame, il lui coûtent des tourments dont la durée est capable de l'abattre. J'employai la douceur de Julie pour tempérer sa sévérité. Je nourris son amitié pour vous, dit-il à Saint-Preux ; j'en ôtai ce qui pouvoit y rester de trop, et je crois vous avoir conservé de son propre cœur plus peut-être qu'elle ne vous en eût laissé si je l'eusse abandonné à lui-même.

Mes succès m'encouragèrent ; et je voulus tenter votre guérison comme j'avois obtenu la sienne, car je vous estimois, et malgré les préjugés du vice, j'ai toujours reconnu qu'il n'y avoit rien de bien qu'on n'obtînt des belles ames avec de la confiance et de la franchise. Je vous ai vu, vous ne m'avez point trompé ; vous ne me tromperez point ; et quoique vous ne soyez pas encore ce que vous devez être, je vous vois mieux que vous ne pensez, et suis plus content de vous que vous ne l'êtes vous-même. Je sais bien que ma conduite a l'air bizarre, et choque toutes les maximes communes ; mais les maximes deviennent moins générales à mesure qu'on lit mieux dans les cœurs ; et le mari de Julie ne doit pas se conduire comme un autre homme. Mes enfants, nous dit-il d'un ton d'autant plus touchant qu'il partoit d'un homme tranquille, soyez ce que vous êtes, et nous serons tous contents. Le danger n'est que dans l'opinion : n'ayez pas peur de vous, et vous n'aurez rien à craindre ; ne songez qu'au présent, et je vous réponds de l'avenir. Je ne puis vous en dire aujourd'hui davantage; mais si mes projets s'accomplissent, et que mon espoir ne m'abuse pas, nos destinées seront mieux remplies, et vous serez tous deux plus heureux que si vous aviez été l'un à l'autre.

En se levant il nous embrassa, et voulut que nous nous embrassassions aussi, dans ce lieu..... dans ce lieu même où jadis... Claire, ô bonne Claire, combien tu m'as toujours aimée ! Je n'en fis aucune difficulté : hélas ! que j'aurois eu tort d'en faire ! ce baiser n'eut rien de celui qui m'avoit rendu le bosquet redoutable : je m'en félicitai tristement, et je connus que mon cœur étoit plus changé que jusque-là je n'avois osé le croire.

Comme nous reprenions le chemin du logis, mon mari m'arrêta par la main, et me montrant ce bosquet dont nous sortions, il me dit en riant : Julie, ne craignez plus cet asile, il vient d'être profané. Tu ne veux pas me croire, cousine, mais je te jure qu'il a quelque don surnaturel pour lire au fond des cœurs : que le ciel le lui laisse toujours ! Avec tant de sujet de me mépriser, c'est sans doute à cet art que je dois son indulgence.

Tu ne vois point encore ici de conseil à donner: patience, mon ange, nous y voici; mais la conversation que je viens de te rendre étoit nécessaire à l'éclaircissement du reste.

En nous en retournant, mon mari, qui depuis long-temps est attendu à Étange, m'a dit qu'il comptoit partir demain pour s'y rendre, qu'il te verroit en passant, et qu'il y resteroit cinq ou six jours. Sans dire tout ce que je pensois d'un départ aussi déplacé, j'ai représenté qu'il ne me paroissoit pas assez indispensable pour obliger M. de Wolmar à quitter un hôte qu'il avoit lui-même appelé dans sa maison. Voulez-vous, a-t-il répliqué, que je lui fasse mes honneurs pour l'avertir qu'il n'est pas chez lui? Je suis pour l'hospitalité des Valaisans. J'espère qu'il trouve ici leur franchise et qu'il nous laisse leur liberté. Voyant qu'il ne vouloit pas m'entendre, j'ai pris un autre tour et tâché d'engager notre hôte à faire ce voyage avec lui. Vous trouverez, lui ai-je dit, un séjour qui a ses beautés, et même de celles que vous aimez; vous visiterez le patrimoine de mes pères et le mien : l'intérêt que vous prenez à moi ne me permet pas de croire que cette vue vous soit indifférente. J'avois la bouche ouverte pour ajouter que ce château ressembloit à celui de milord Édouard, qui... mais heureusement j'ai eu le temps de me mordre la langue. Il m'a répondu tout simplement que j'avois raison, et qu'il feroit ce qu'il me plairoit. Mais M. de Wolmar, qui sembloit vouloir me pousser à bout, a répliqué qu'il devoit faire ce qui lui plaisoit à lui-même. Lequel aimez-vous mieux, venir ou rester? Rester, a-t-il dit sans balancer. Hé bien! restez, a repris mon mari en lui serrant la main. Homme honnête et vrai, je suis très-content de ce mot-là. Il n'y avoit pas moyen d'alterquer beaucoup là-dessus devant le tiers qui nous écoutoit. J'ai gardé le silence, et n'ai pu cacher si bien mon chagrin que mon mari ne s'en soit aperçu. Quoi donc ! a-t-il repris d'un air mécontent dans un moment où Saint-Preux étoit loin de nous, aurois-je inutilement plaidé votre cause contre vous-même ? et madame de Wolmar se contenteroit-elle d'une vertu qui eût besoin de choisir des occasions ? pour moi, je suis plus difficile; je veux devoir la fidélité de ma femme à son cœur, et non pas au hasard; et il ne me suffit pas qu'elle garde sa foi, je suis offensé qu'elle en doute.

Ensuite il nous a menés dans son cabinet, où j'ai failli tomber de mon haut en lui voyant sortir d'un tiroir, avec les copies de quelques relations de notre ami que je lui avois données, les originaux mêmes de toutes les lettres que je croyois avoir vu brûler autrefois par Babi dans la chambre de ma mère. Voilà, m'a-t-il dit en nous les montrant, les fondements de ma sécurité ; s'ils me trompoient, ce seroit une folie de compter sur rien de ce que respectent les hommes. Je remets ma femme et mon honneur en dépôt à celle qui, fille et séduite, préféroit un acte de bienfaisance à un rendez-vous unique et sûr : je confie Julie épouse et mère, à celui qui, maître de contenter ses désirs, sut respecter Julie amante et fille. Que celui de vous deux qui se méprise assez pour penser que j'ai tort, le dise, et je me rétracte à l'instant. Cousine, crois-tu qu'il fût aisé de répondre à ce langage ?

J'ai pourtant cherché un moment dans l'après-midi pour prendre en particulier mon mari, et, sans entrer dans des raisonnements qu'il ne m'étoit pas permis de pousser fort loin, je me suis bornée à lui demander deux jours de délai : ils m'ont été accordés sur-le-champ. Je les emploie à t'envoyer cet exprès et à attendre ta réponse pour savoir ce que je dois faire.

Je sais bien que je n'ai qu'à prier mon mari de ne point partir du tout, celui qui ne me refusa jamais rien ne me refusera pas une si légère grâce. Mais, ma chère, je vois qu'il prend plaisir à la confiance qu'il me témoigne; et je crains de perdre une partie de son estime, s'il croit que j'ai besoin de plus de réserve qu'il ne m'en permet. Je sais bien encore que je n'ai qu'à dire un mot à Saint-Preux et qu'il n'hésitera pas à l'accompagner; mais mon mari prendra-t-il ainsi le change ? et puis-je faire cette démarche sans conserver sur Saint-Preux un air d'autorité qui sembleroit lui laisser à son tour quelque sorte de droits ? Je crains d'ailleurs qu'il n'infère de cette précaution que je la sens nécessaire ; et ce moyen, qui semble d'abord le plus facile, est peut-être au fond le plus dangereux. Enfin je n'ignore pas que nulle considération ne peut être mise en balance avec un danger réel ; mais ce danger existe-t-il en effet ? Voilà précisément le doute que tu dois résoudre.

Plus je veux sonder l'état présent de mon ame, plus j'y trouve de quoi me rassurer. Mon cœur est pur, ma conscience est tranquille, je ne sens ni trouble ni crainte ; et, dans tout ce qui se passe en moi, ma sincérité vis-à-vis de mon mari ne me coûte aucun effort. Ce n'est pas que certains souvenirs involontaires ne me donnent quelquefois un attendrissement dont il vaudroit mieux être exempte ; mais, bien loin que ces souvenirs soient produits par la vue de celui qui les a causés, ils me semblent plus rares depuis son retour, et, quelque doux qu'il me soit de le voir, je ne sais par quelle bizarrerie il m'est plus doux de penser à lui : en un mot je trouve que je n'ai pas même besoin du secours de la vertu pour être paisible en sa présence, et que, quand l'horreur du crime n'existeroit pas, les sentiments qu'elle a détruits auroient bien de la peine à renaître.

Mais, mon ange, est-ce assez que mon cœur me rassure quand la raison doit m'alarmer ? J'ai perdu le droit de compter sur moi. Qui me répondra que ma confiance n'est pas encore une illusion du vice ? Comment me fier à des sentiments qui m'ont tant de fois abusée ? Le crime ne commence-t-il pas toujours par l'orgueil qui fait mépriser la tentation ? et braver des périls où l'on a succombé, n'est-ce pas vouloir succomber encore?

Pèse toutes ces considérations, ma cousine ; tu verras que quand elles seroient vaines par elles-mêmes, elles sont assez graves par leur objet pour mériter qu'on y songe. Tire-moi donc de l'incertitude où elles m'ont mise. Marque-moi comment je dois me comporter dans cette occasion délicate; car mes erreurs passées ont altéré mon jugement et me rendent timide à me déterminer sur toutes choses. Quoi que tu penses de toi-même, ton ame est calme et tranquille, j'en suis sûre ; les objets s'y peignent tels qu'ils sont; mais la mienne, toujours émue comme une onde agitée, les confond et les défigure. Je n'ose plus me fier à rien de ce que je vois ni de ce que je sens ; et, malgré de si longs repentirs, j'éprouve avec douleur que le poids d'une ancienne faute est un fardeau qu'il faut porter toute sa vie.

LETTRE XIII.

RÉPONSE DE MADAME D'ORBE A MADAME DE WOLMAR.

Pauvre cousine, que de tourments tu te donnes sans cesse avec tant de sujets de vivre en paix! Tout ton mal vient de toi, ô Israël! Si tu suivois tes propres règles, que dans les choses de sentiment, tu n'écoutasses que la voix intérieure, et que ton cœur fît taire ta raison, tu te livrerois sans scrupule à la sécurité qu'il t'inspire, et tu ne t'efforcerois point, contre son témoignage, de craindre un péril qui ne peut venir que de lui.

Je t'entends, je t'entends bien, ma Julie : plus sûre de toi que tu ne feins de l'être, tu veux t'humilier de tes fautes passées sous prétexte d'en prévenir de nouvelles, et tes scrupules sont bien moins des précautions pour l'avenir qu'une peine imposée à la témérité qui t'a perdue autrefois. Tu compares les temps! y penses-tu? compare aussi les conditions, et souviens-toi que je te reprochois alors ta confiance comme je te reproche aujourd'hui ta frayeur.

Tu t'abuses, ma chère enfant : on ne se donne point ainsi le change à soi-même; si l'on peut s'étourdir sur son état en n'y pensant point, on le voit tel qu'il est sitôt qu'on veut s'en occuper, et l'on ne se déguise pas plus ses vertus que ses vices. Ta douceur, ta dévotion, t'ont donné du penchant à l'humilité. Défie-toi de cette dangereuse vertu qui ne fait qu'animer l'amour-propre en le concentrant, et crois que la noble franchise d'une ame droite est préférable à l'orgueil des humbles. S'il faut de la tempérance dans la sagesse, il en faut aussi dans les précautions qu'elle inspire, de peur que des soins ignominieux à la vertu n'avilissent l'ame, et n'y réalisent un danger chimérique à force de nous en alarmer. Ne vois-tu pas qu'après s'être relevé d'une chute il faut se tenir debout, et que s'incliner du côté opposé à celui où l'on est tombé, c'est le moyen de tomber encore ? Cousine, tu fus amante comme Héloïse ; te voilà dévote comme elle : plaise à Dieu que ce soit avec plus de succès ! En vérité ! si je connoissois moins ta timidité naturelle, tes erreurs seroient capables de m'effrayer à mon tour ; et si j'étois aussi scrupuleuse, à force de craindre pour toi tu me ferois trembler pour moi-même.

Penses-y mieux, mon aimable amie ; toi dont la morale est aussi facile et douce qu'elle est honnête et pure, ne mets-tu point une âpreté trop rude, et qui sort de ton caractère, dans tes maximes sur la séparation des sexes ? Je conviens avec toi qu'ils ne doivent pas vivre ensemble ni d'une même manière ; mais regarde si cette importante règle n'auroit pas besoin de plusieurs distinctions dans la pratique ; s'il faut l'appliquer indifféremment et sans exception aux femmes et aux filles, à la société générale et aux entretiens particuliers, aux affaires et aux amusements, et si la décence et l'honnêteté qui l'inspirent ne la doivent pas quelquefois tempérer. Tu veux qu'en un pays de bonnes mœurs, où l'on cherche dans le mariage des convenances naturelles, il y ait des assemblées où les jeunes gens des deux sexes puissent se voir, se connoître et s'assortir ; mais tu leur interdis avec grande raison toute entrevue particulière. Ne seroit-ce pas tout le contraire pour les femmes et les mères de famille, qui ne peuvent avoir aucun intérêt légitime à se montrer en public, que les soins domestiques retiennent dans l'intérieur de leur maison, et qui ne doivent s'y refuser à rien de convenable à la maîtresse du logis ? Je n'aimerois pas à te voir dans tes caves aller faire goûter les vins aux marchands, ni quitter tes enfants pour aller régler des comptes avec un banquier; mais s'il survient un honnête homme qui vienne voir ton mari, ou traiter avec lui de quelque affaire, refuseras-tu de recevoir son hôte en son absence et de lui faire les honneurs de ta maison, de peur de te trouver tête-à-tête avec lui ? Remonte au principe, et toutes les règles s'expliqueront. Pourquoi pensons-nous que les femmes doivent vivre retirées et séparées des hommes ? Ferons-nous cette injure à notre sexe de croire que ce soit par des raisons tirées de sa foiblesse, et seulement pour éviter le danger des tentations ? Non, ma chère, ces indignes craintes ne conviennent point à une femme de bien, à une mère de famille sans cesse environnée d'objets qui nourrissent en elle des sentiments d'honneur, et livrée aux plus respectables devoirs de la nature. Ce qui nous sépare des hommes c'est la nature elle-même, qui nous prescrit des occupations différentes; c'est cette douce et timide modestie qui, sans songer précisément à la chasteté, en est la plus sûre gardienne; c'est cette réserve attentive et piquante qui, nourrissant à la fois dans les cœurs des hommes et les désirs et le respect, sert pour ainsi dire de coquetterie à la vertu. Voilà pourquoi les époux mêmes ne sont pas exceptés de la règle, voilà pourquoi les femmes les plus honnêtes conservent en général le plus d'ascendant sur leurs maris; parce qu'à l'aide de cette sage et discrète réserve, sans caprice et sans refus, elles savent, au sein de l'union la plus tendre, les maintenir à une certaine distance, et les empêchent de jamais se rassasier d'elles. Tu conviendras avec moi que ton précepte est trop général pour ne pas comporter des exceptions; et que, n'étant point fondé sur un devoir rigoureux, la même bienséance qui l'établit peut quelquefois en disposer.

La circonspection que tu fondes sur tes fautes passées est injurieuse à ton état présent : je ne la pardonnerois jamais à ton cœur, et j'ai bien de la peine à la pardonner à ta raison. Comment le rempart qui défend ta personne n'a-t-il pu te garantir d'une crainte ignominieuse ? Comment se peut-il que ma cousine, ma sœur, mon amie, ma Julie, confonde les foiblesses d'une fille trop sensible avec les infidélités d'une femme coupable ? Regarde tout autour de toi, tu n'y verras rien qui ne doive élever et soutenir ton ame. Ton mari, qui en présume tant, et dont tu as l'estime à justifier; tes enfants, que tu veux former au bien et qui s'honoreront un jour de t'avoir eu pour mère; ton vénérable père qui t'est si cher, qui jouit de ton bonheur, et s'illustre de sa fille plus même que de ses aïeux; ton amie, dont le sort dépend du tien et à qui tu dois compte d'un retour auquel elle a contribué; sa fille, à qui tu dois l'exemple des vertus que tu lui veux inspirer; ton ami, cent fois plus idolâtre des tiennes que de ta personne, et qui te respecte encore plus que tu ne le redoutes; toi-même enfin, qui trouves dans ta sagesse le prix des efforts qu'elle t'a coûtés, et qui ne voudras jamais perdre en un moment le fruit de tant de peines; combien de motifs capables d'animer ton courage te font honte de t'oser défier de toi! Mais, pour répondre de ma Julie, qu'ai-je besoin de considérer ce qu'elle est? il me suffit de savoir ce qu'elle fut durant les erreurs qu'elle déplore. Ah! si jamais ton cœur eût été capable d'infidélité, je te permettrois de la craindre toujours; mais, dans l'instant même où tu croyois l'envisager dans l'éloignement, conçois l'horreur qu'elle t'eût faite présente, par celle qu'elle t'inspira dès qu'y penser eût été la commettre.

Je me souviens de l'étonnement avec lequel nous apprenions autrefois qu'il y a des pays où la foiblesse d'une jeune amante est un crime irrémissible, quoique l'adultère d'une femme y porte le doux nom de galanterie, et où l'on se dédommage ouvertement étant mariée de la courte gêne où l'on vivoit étant fille. Je sais quelles maximes règnent là-dessus dans le grand monde, où la vertu n'est rien, où tout n'est que vaine apparence, où les crimes s'effacent par la difficulté de les prouver, où la preuve même en est ridicule contre l'usage qui les autorise. Mais toi, Julie, ô toi qui, brûlant d'une flamme pure et fidèle, n'étois coupable qu'aux yeux des hommes, et n'avois rien à te reprocher entre le ciel et toi, toi qui te faisois respecter au milieu de tes fautes, toi qui, livrée à d'impuissants regrets, nous forçois d'adorer encore les vertus que tu n'avois plus, toi qui t'indignois de supporter ton propre mépris quand tout sembloit te rendre excusable, oses-tu redouter le crime après avoir payé si cher ta foiblesse? oses-tu craindre de valoir moins aujourd'hui que dans les temps qui t'ont tant coûté de larmes? Non, ma chère; loin que tes anciens égarements doivent t'alarmer, ils doivent animer ton courage; un repentir si cuisant ne mène point au remords, et quiconque est si sensible à la honte ne sait point braver l'infamie.

Si jamais une ame foible eut des soutiens contre sa foiblesse, ce sont ceux qui s'offrent à toi; si jamais une ame forte a pu se soutenir elle-même, la tienne a-t-elle besoin d'appui? Dis-moi donc quels sont les raisonnables motifs de crainte. Toute ta vie n'a été qu'un combat continuel, où, même après ta défaite, l'honneur, le devoir n'ont cessé de résister, et ont fini par vaincre. Ah! Julie, croirai-je qu'après tant de tourments et de peines, douze ans de pleurs et six ans de gloire te laissent redouter une épreuve de huit jours? En deux mots, sois sincère avec toi-même : si le péril existe, sauve ta personne et rougis de ton cœur; s'il n'existe pas, c'est outrager ta raison, c'est flétrir ta vertu que de craindre un danger qui ne peut l'atteindre. Ignores-tu qu'il est des tentations déshonorantes qui n'approchèrent jamais d'une ame honnête, qu'il est même honteux de les vaincre, et que se précautionner contre elles est moins s'humilier que s'avilir?

Je ne prétends pas te donner mes raisons pour invincibles, mais te montrer seulement qu'il y en a qui combattent les tiennes; et cela suffit pour autoriser mon avis. Ne t'en rapporte ni à toi qui ne sais pas te rendre justice, ni à moi qui dans tes défauts n'ai jamais su voir que ton cœur, et t'ai toujours adorée; mais à ton mari, qui te voit telle que tu es, et te juge exactement selon ton mérite. Prompte comme tous les gens sensibles à mal juger de ceux qui ne le sont pas, je me défiois de sa pénétration dans les secrets des cœurs tendres; mais, depuis l'arrivée de notre voyageur, je vois par ce qu'il m'écrit qu'il lit très-bien dans les vôtres, et que pas un des mouvements qui s'y passent n'échappe à ses observations : je les trouve même si fines et si justes, que j'ai rebroussé presque à l'autre extrémité de mon premier sentiment; et je croirois volontiers que les hommes froids, qui consultent plus leurs yeux que leur cœur, jugent mieux des passions d'autrui que les gens turbulents et vifs, ou vains comme moi, qui commencent toujours par se mettre à la place des autres, et ne savent jamais voir ce qu'ils sentent. Quoi qu'il en soit, M. de Wolmar te connoît bien : il t'estime, il t'aime, et son sort est lié au tien : que lui manque-t-il pour que tu lui laisses l'entière direction de ta conduite sur laquelle tu crains de t'abuser? Peut-être, sentant approcher la vieillesse, veut-il par des épreuves propres à le rassurer prévenir les inquiétudes jalouses qu'une jeune femme inspire ordinairement à un vieux mari ; peut-être le dessein qu'il a demande-t-il que tu puisses vivre familièrement avec ton ami sans alarmer ni ton époux ni toi-même; peut-être veut-il seulement te donner un témoignage de confiance et d'estime digne de celle qu'il a pour toi. Il ne faut jamais se refuser à de pareils sentiments comme si l'on n'en pouvoit soutenir le poids ; et pour moi, je pense en un mot que tu ne peux mieux satisfaire à la prudence et à la modestie qu'en te rapportant de tout à sa tendresse et à ses lumières.

Veux-tu, sans désobliger M. de Wolmar, te punir d'un orgueil que tu n'eus jamais, et prévenir un danger qui n'existe plus? Restée seule avec le philosophe, prends contre lui toutes les précautions superflues qui t'auroient été jadis si nécessaires; impose-toi la même réserve que si avec ta vertu tu pouvois te défier encore de ton cœur et du sien : évite les conversations trop affectueuses, les tendres souvenirs du passé; interromps ou préviens les trop longs tête-à-tête ; entoure-toi sans cesse de tes enfants ; reste peu seule avec lui dans la chambre ; dans l'Élysée, dans le bosquet, malgré la profanation. Surtout prends ces mesures d'une manière si naturelle qu'elles semblent un effet du hasard, et qu'il ne puisse imaginer un moment que tu le redoutes. Tu aimes les promenades en bateau, tu t'en prives pour ton mari, qui craint l'eau, pour tes enfants que tu n'y veux pas exposer : prends le temps de cette absence pour te donner cet amusement en laissant tes enfants sous la garde de la Fanchon. C'est le moyen de te livrer sans risque aux doux épanchements de l'amitié, et de jouir paisiblement d'un long tête-à-tête sous la protection des bateliers, qui voient sans entendre, et dont on ne peut s'éloigner avant de penser à ce qu'on fait.

Il me vient encore une idée qui feroit rire beaucoup de gens, mais qui te plaira, j'en suis sûre ; c'est de faire en l'absence de ton mari un journal fidèle pour lui être montré à son retour, et de songer au journal dans tous les entretiens qui doivent y entrer. A la vérité je ne crois pas qu'un pareil expédient fût utile à beaucoup de femmes; mais une ame franche et incapable de mauvaise foi a contre le vice bien des ressources qui manqueront toujours aux autres. Rien n'est méprisable de ce qui tend à garder la pureté; et ce sont les petites précautions qui conservent les grandes vertus.

Au reste, puisque ton mari doit me voir en passant, il me dira, j'espère, les véritables raisons de son voyage; et si je ne les trouve pas solides, ou je le détournerai de l'achever, ou, quoi qu'il arrive, je ferai ce qu'il n'aura pas voulu faire; c'est sur quoi tu peux compter. En attendant en voilà, je pense, plus qu'il n'en faut pour te rassurer contre une épreuve de huit jours. Va, ma Julie, je te connois trop bien pour ne pas répondre de toi autant et plus que de moi-même. Tu seras toujours ce que tu dois et que tu veux être. Quand tu te livrerois à la seule honnêteté de ton ame, tu ne risquerois rien encore; car je n'ai point de foi aux défaites imprévues : on a beau couvrir du vain nom de foiblesses des fautes toujours volontaires, jamais femme ne succombe qu'elle n'ait voulu succomber; et si je pensois qu'un pareil sort pût t'attendre, crois-moi, crois-en ma tendre amitié, crois-en tous les sentiments qui peuvent naître dans le cœur de ta pauvre Claire, j'aurois un intérêt trop sensible à t'en garantir pour t'abandonner à toi seule.

PARTIE IV, LETTRE XIII.

Ce que M. de Wolmar t'a déclaré des connoissances qu'il avoit avant ton mariage me surprend peu : tu sais que je m'en suis toujours doutée ; et je te dirai de plus que mes soupçons ne se sont pas bornés aux indiscrétions de Babi. Je n'ai jamais pu croire qu'un homme droit et vrai comme ton père, et qui avoit tout au moins des soupçons lui-même, pût se résoudre à tromper son gendre et son ami ; que s'il t'engageoit si fortement au secret, c'est que la manière de le révéler devenoit fort différente de sa part ou de la tienne, et qu'il vouloit sans doute y donner un tour moins propre à rebuter M. de Wolmar que celui qu'il savoit bien que tu ne manquerois pas d'y donner toi-même. Mais il faut te renvoyer ton exprès ; nous causerons de tout cela plus à loisir dans un mois d'ici.

Adieu, petite cousine ; c'est assez prêcher la prêcheuse : reprends ton ancien métier, et pour cause. Je me sens tout inquiète de n'être pas encore avec toi. Je brouille toutes mes affaires en me hâtant de les finir, et ne sais guère ce que je fais. Ah ! Chaillot, Chaillot !... si j'étois moins folle !... mais j'espère de l'être toujours.

P. S. A propos, j'oubliois de faire compliment à son altesse. Dis-moi, je t'en prie, monseigneur ton mari est-il Atteman, Knès, ou Boïard ? Pour moi, je croirai jurer s'il faut t'appeler madame la

Boïarde¹. O pauvre enfant! toi qui as tant gémi d'être née demoiselle, te voilà bien chanceuse d'être la femme d'un prince! Entre nous, cependant, pour une dame de si grande qualité, je te trouve des frayeurs un peu roturières. Ne sais-tu pas que les petits scrupules ne conviennent qu'aux petites gens, et qu'on rit d'un enfant de bonne maison qui prétend être fils de son père?

~~~~~~

LETTRE XIV.

DE M. DE WOLMAR A MADAME D'ORBE.

Je pars pour Étange, petite cousine : je m'étois proposé de vous voir en allant; mais un retard dont vous êtes cause me force à plus de diligence, et j'aime mieux coucher à Lausanne en revenant, pour y passer quelques heures de plus avec vous. Aussi-bien j'ai à vous consulter sur plusieurs choses dont il est bon de vous parler d'avance, afin que vous ayez le temps d'y réfléchir avant de m'en dire votre avis.

Je n'ai point voulu vous expliquer mon projet au sujet du jeune homme avant que sa présence eût confirmé la bonne opinion que j'en avois con-

---

¹ Madame d'Orbe ignoroit apparemment que les deux premiers noms sont en effet des titres distingués, mais qu'un Boïard n'est qu'un simple gentilhomme.

çue. Je crois déjà m'être assez assuré de lui pour vous confier entre nous que ce projet est de le charger de l'éducation de mes enfants. Je n'ignore pas que ces soins importants sont le principal devoir d'un père : mais quand il sera temps de les prendre, je serai trop âgé pour les remplir; et, tranquille et contemplatif par tempérament, j'eus toujours trop peu d'activité pour pouvoir régler celle de la jeunesse. D'ailleurs, par la raison qui vous est connue[1], Julie ne me verroit point sans inquiétude prendre une fonction dont j'aurois peine à m'acquitter à son gré. Comme par mille autres raisons votre sexe n'est pas propre à ces mêmes soins, leur mère s'occupera tout entière à bien élever son Henriette : je vous destine pour votre part le gouvernement du ménage sur le plan que vous trouverez établi et que vous avez approuvé ; la mienne sera de voir trois honnêtes gens concourir au bonheur de la maison, et de goûter dans ma vieillesse un repos qui sera leur ouvrage.

J'ai toujours vu que ma femme auroit une extrême répugnance à confier ses enfants à des mains mercenaires, et je n'ai pu blâmer ses scrupules. Le respectable état de précepteur exige tant de talents qu'on ne sauroit payer, tant de vertus qui ne sont point à prix, qu'il est inutile

[1] Cette raison n'est pas connue encore du lecteur, mais il est prié de ne pas s'impatienter.

d'en chercher un avec de l'argent. Il n'y a qu'un homme de génie en qui l'on puisse espérer de trouver les lumières d'un maître; il n'y a qu'un ami très-tendre à qui son cœur puisse inspirer le zèle d'un père; et le génie n'est guère à vendre, encore moins l'attachement.

Votre ami m'a paru réunir en lui toutes les qualités convenables; et, si j'ai bien connu son ame, je n'imagine pas pour lui de plus grande félicité que de faire dans ces enfants chéris celle de leur mère. Le seul obstacle que je puisse prévoir est dans son affection pour milord Édouard, qui lui permettra difficilement de se détacher d'un ami si cher auquel il a de si grandes obligations, à moins qu'Édouard ne l'exige lui-même. Nous attendons bientôt cet homme extraordinaire; et comme vous avez beaucoup d'empire sur son esprit, s'il ne dément pas l'idée que vous m'en avez donnée, je pourrois bien vous charger de cette négociation auprès de lui.

Vous avez à présent, petite cousine, la clef de toute ma conduite, qui ne peut que paroître fort bizarre sans cette explication, et qui, j'espère, aura désormais l'approbation de Julie et la vôtre. L'avantage d'avoir une femme comme la mienne m'a fait tenter des moyens qui seroient impraticables avec une autre. Si je la laisse en toute confiance avec son ancien amant sous la seule garde de sa vertu, je serois insensé d'établir dans ma maison cet amant avant de m'assurer qu'il eût pour jamais cessé de l'être : et comment pouvoir m'en assurer, si j'avois une épouse sur laquelle je comptasse moins ?

Je vous ai vue quelquefois sourire à mes observations sur l'amour : mais pour le coup je tiens de quoi vous humilier. J'ai fait une découverte que ni vous ni femme au monde, avec toute la subtilité qu'on prête à votre sexe, n'eussiez jamais faite, dont pourtant vous sentirez peut-être l'évidence au premier instant, et que vous tiendrez au moins pour démontrée quand j'aurai pu vous expliquer sur quoi je la fonde. De vous dire que mes jeunes gens sont plus amoureux que jamais, ce n'est pas sans doute une merveille à vous apprendre. De vous assurer au contraire qu'ils sont parfaitement guéris, vous savez ce que peuvent la raison, la vertu; ce n'est pas là non plus leur plus grand miracle. Mais que ces deux opposés soient vrais en même temps; qu'ils brûlent plus ardemment que jamais l'un pour l'autre, et qu'il ne règne plus entre eux qu'un honnête attachement; qu'ils soient toujours amants et ne soient plus qu'amis : c'est, je pense, à quoi vous vous attendez moins, ce que vous aurez plus de peine à comprendre, et ce qui est pourtant selon l'exacte vérité.

Telle est l'énigme que forment les contradictions fréquentes que vous avez dû remarquer en eux, soit dans leurs discours, soit dans leurs lettres. Ce que vous avez écrit à Julie au sujet du portrait a servi plus que tout le reste à m'en éclaircir le mystère; et je vois qu'ils sont toujours de bonne foi, même en se démentant sans cesse. Quand je dis eux, c'est surtout le jeune homme que j'entends; car, pour votre amie, on n'en peut parler que par conjecture : un voile de sagesse et d'honnêteté fait tant de replis autour de son cœur, qu'il n'est plus possible à l'œil humain d'y pénétrer, pas même au sien propre. La seule chose qui me fait soupçonner qu'il lui reste quelque défiance à vaincre, est qu'elle ne cesse de chercher en elle-même ce qu'elle feroit si elle étoit tout-à-fait guérie, et le fait avec tant d'exactitude, que si elle étoit réellement guérie elle ne le feroit pas si bien.

Pour votre ami, qui, bien que vertueux, s'effraie moins des sentiments qui lui restent, je lui vois encore tous ceux qu'il eût dans sa première jeunesse; mais je les vois sans avoir droit de m'en offenser. Ce n'est pas de Julie de Wolmar qu'il est amoureux, c'est de Julie d'Étange ; il ne me hait point comme le possesseur de la personne qu'il aime, mais comme le ravisseur de celle qu'il a aimée. La femme d'un autre n'est point sa maîtresse; la mère de deux enfants n'est plus son ancienne écolière. Il est vrai qu'elle lui ressemble beaucoup et qu'elle lui en rappelle souvent le souvenir. Il l'aime dans le temps passé ; voilà le vrai mot de l'énigme : ôtez-lui la mémoire, il n'aura plus d'amour.

Ceci n'est pas une vaine subtilité, petite cousine ; c'est une observation très-solide, qui, étendue à d'autres amours, auroit peut-être une application bien plus générale qu'il ne paroît. Je pense même qu'elle ne seroit pas difficile à expliquer en cette occasion par vos propres idées. Le temps où vous séparâtes ces deux amants fut celui où leur passion étoit à son plus haut point de véhémence. Peut-être s'ils fussent restés plus long-temps ensemble se seroient-ils peu à peu refroidis ; mais leur imagination vivement émue les a sans cesse offerts l'un à l'autre tels qu'ils étoient à l'instant de leur séparation. Le jeune homme, ne voyant point dans sa maîtresse les changements qu'y faisoit le progrès du temps, l'aimoit telle qu'il l'avoit vue, et non plus telle qu'elle étoit[1]. Pour le rendre heureux il n'étoit pas question seulement de la lui donner, mais de la lui rendre au même

[1] Vous êtes bien folles, vous autres femmes, de vouloir donner de la consistance à un sentiment aussi frivole et aussi passager que l'amour. Tout change dans la nature, tout est dans un flux continuel ; et vous voulez inspirer des feux constants ! Et de quel droit prétendez-vous être aimée aujourd'hui parce que vous l'étiez hier ? Gardez donc le même visage, le même âge, la même humeur, soyez toujours la même, et l'on vous aimera toujours, si l'on peut. Mais changer sans cesse, et vouloir toujours qu'on vous aime, c'est vouloir qu'à chaque instant on cesse de vous aimer ; ce n'est pas chercher des cœurs constants, c'est en chercher d'aussi changeants que vous.

âge et dans les mêmes circonstances où elle s'étoit trouvée au temps de leurs premières amours ; la moindre altération à tout cela étoit autant d'ôté du bonheur qu'il s'étoit promis. Elle est devenue plus belle, mais elle a changé ; ce qu'elle a gagné tourne en ce sens à son préjudice ; car c'est de l'ancienne, et non pas d'une autre qu'il est amoureux.

L'erreur qui l'abuse et le trouble est de confondre les temps et de se reprocher souvent comme un sentiment actuel ce qui n'est que l'effet d'un souvenir trop tendre ; mais je ne sais s'il ne vaut pas mieux achever de le guérir que de le désabuser. On tirera peut-être meilleur parti pour cela de son erreur que de ses lumières. Lui découvrir le véritable état de son cœur seroit lui apprendre la mort de ce qu'il aime ; ce seroit lui donner une affliction dangereuse en ce que l'état de tristesse est toujours préférable à l'amour.

Délivré des scrupules qui le gênent, il nourriroit peut-être avec plus de complaisance des souvenirs qui doivent s'éteindre ; il en parleroit avec moins de réserve ; et les traits de sa Julie ne sont pas tellement effacés en madame de Wolmar, qu'à force de les y chercher il ne les y pût retrouver encore. J'ai pensé qu'au lieu de lui ôter l'opinion des progrès qu'il croit avoir faits, et qui sert d'encouragement pour achever, il falloit lui faire perdre la mémoire des temps qu'il doit oublier, en substituant adroitement d'autres idées à celles qui lui sont si chères. Vous, qui contribuâtes à les faire naître, pouvez contribuer plus que personne à les effacer : mais c'est seulement quand vous serez tout-à-fait avec nous que je veux vous dire à l'oreille ce qu'il faut faire pour cela; charge qui, si je ne me trompe, ne vous sera pas fort onéreuse. En attendant, je cherche à le familiariser avec les objets qui l'effarouchent, en les lui présentant de manière qu'ils ne soient plus dangereux pour lui. Il est ardent, mais foible et facile à subjuguer. Je profite de cet avantage en donnant le change à son imagination. A la place de sa maîtresse, je le force de voir toujours l'épouse d'un honnête homme et la mère de mes enfants : j'efface un tableau par un autre, et couvre le passé du présent. On mène un coursier ombrageux à l'objet qui l'effraie, afin qu'il n'en soit plus effrayé. C'est ainsi qu'il en faut user avec ces jeunes gens dont l'imagination brûle encore quand leur cœur est déjà refroidi, et leur offre dans l'éloignement des monstres qui disparoissent à leur approche.

Je crois bien connoître les forces de l'un et de l'autre; je ne les expose qu'à des épreuves qu'ils peuvent soutenir : car la sagesse ne consiste pas à prendre indifféremment toutes sortes de précautions, mais à choisir celles qui sont utiles et à négliger les superflues. Les huit jours pendant lesquels je les vais laisser ensemble suffiront peut-être pour leur apprendre à démêler leurs vrais sentiments et connoître ce qu'ils sont réellement l'un à l'autre. Plus ils se verront seul à seul, plus ils comprendront aisément leur erreur en comparant ce qu'ils sentiront avec ce qu'ils auroient autrefois senti dans une situation pareille. Ajoutez qu'il leur importe de s'accoutumer sans risque à la familiarité dans laquelle ils vivront nécessairement si mes vues sont remplies. Je vois par la conduite de Julie qu'elle a reçu de vous des conseils qu'elle ne pouvoit refuser de suivre sans se faire tort. Quel plaisir je prendrois à lui donner cette preuve que je sens tout ce qu'elle vaut, si c'étoit une femme auprès de laquelle un mari pût se faire un mérite de sa confiance! Mais quand elle n'auroit rien gagné sur son cœur, sa vertu resteroit la même : elle lui coûteroit davantage, et ne triompheroit pas moins. Au lieu que s'il lui reste aujourd'hui quelque peine intérieure à souffrir, ce ne peut être que dans l'attendrissement d'une conversation de réminiscence, qu'elle ne saura que trop pressentir, et qu'elle évitera toujours. Ainsi, vous voyez qu'il ne faut point juger ici de ma conduite par les règles ordinaires, mais par les vues qui me l'inspirent et par le caractère unique de celle envers qui je la tiens.

Adieu, petite cousine, jusqu'à mon retour. Quoique je n'aie pas donné toutes ces explications à Julie, je n'exige pas que vous lui en fassiez un mystère. J'ai pour maxime de ne point interposer de secrets entre les amis : ainsi je remets ceux-ci à votre discrétion ; faites-en l'usage que la prudence et l'amitié vous inspireront : je sais que vous ne ferez rien que pour le mieux et le plus honnête.

LETTRE XV.

DE SAINT-PREUX A MILORD ÉDOUARD.

M. de Wolmar partit hier pour Étange, et j'ai peine à concevoir l'état de tristesse où m'a laissé son départ. Je crois que l'éloignement de sa femme m'affligeroit moins que le sien. Je me sens plus contraint qu'en sa présence même ; un morne silence règne au fond de mon cœur ; un effroi secret en étouffe le murmure, et moins troublé de désirs que de craintes, j'éprouve les terreurs du crime sans en avoir les tentations.

Savez-vous, milord, où mon ame se rassure et perd ces indignes frayeurs? auprès de madame de Wolmar. Sitôt que j'approche d'elle, sa vue apaise mon trouble, ses regards épurent mon cœur. Tel est l'ascendant du sien, qu'il semble toujours inspirer aux autres le sentiment de son innocence et le repos qui en est l'effet. Malheureusement pour moi sa règle de vie ne la livre pas toute la journée à la société de ses amis, et dans les moments que je suis forcé de passer sans la voir je souffrirois moins d'être plus loin d'elle.

Ce qui contribue encore à nourrir la mélancolie dont je me sens accablé, c'est un mot qu'elle me dit hier après le départ de son mari. Quoique jusqu'à cet instant elle eût fait assez bonne contenance, elle le suivit long-temps des yeux avec un air attendri, que j'attribuai d'abord au seul éloignement de cet heureux époux; mais je conçus à son discours que cet attendrissement avoit encore une autre cause qui ne m'étoit pas connue. Vous voyez comme nous vivons, me dit-elle, et vous savez s'il m'est cher. Ne croyez pas pourtant que le sentiment qui m'unit à lui, aussi tendre et plus puissant que l'amour, en ait aussi les foiblesses. S'il nous en coûte quand la douce habitude de vivre ensemble est interrompue, l'espoir assuré de la reprendre bientôt nous console. Un état aussi permanent laisse peu de vicissitudes à craindre; et dans une absence de quelques jours nous sentons moins la peine d'un si court intervalle que le plaisir d'en envisager la fin. L'affliction que vous lisez dans mes yeux vient d'un sujet plus grave; et quoiqu'elle soit relative à M. de Wolmar, ce n'est point son éloignement qui la cause.

Mon cher ami, ajouta-t-elle d'un ton pénétré, il n'y a point de vrai bonheur sur la terre. J'ai pour mari le plus honnête et le plus doux des hommes;

un penchant mutuel se joint au devoir qui nous lie; il n'a point d'autres désirs que les miens; j'ai des enfants qui ne donnent et promettent que des plaisirs à leur mère; il n'y eut jamais d'amie plus tendre, plus vertueuse, plus aimable, que celle dont mon cœur est idolâtre, et je vais passer mes jours avec elle; vous-même contribuez à me les rendre chers en justifiant si bien mon estime et mes sentiments pour vous : un long et fâcheux procès prêt à finir va ramener dans nos bras le meilleur des pères : tout nous prospère; l'ordre et la paix règnent dans notre maison; nos domestiques sont zélés et fidèles; nos voisins nous marquent toute sorte d'attachement, nous jouissons de la bienveillance publique. Favorisée en toutes choses du ciel, de la fortune, et des hommes, je vois tout concourir à mon bonheur. Un chagrin secret, un seul chagrin l'empoisonne, et je ne suis pas heureuse. Elle dit ces derniers mots avec un soupir qui me perça l'ame, et auquel je vis trop que je n'avois aucune part. Elle n'est pas heureuse, me dis-je en soupirant à mon tour, et ce n'est plus moi qui l'empêche de l'être !

Cette funeste idée bouleversa dans un instant toutes les miennes, et troubla le repos dont je commençois à jouir. Impatient du doute insupportable où ce discours m'avoit jeté, je la pressai tellement d'achever de m'ouvrir son cœur, qu'enfin elle versa dans le mien ce fatal secret et me permit de vous le révéler. Mais voici l'heure de la promenade. Madame de Wolmar sort actuellement du gynécée pour aller se promener avec ses enfants ; elle vient de me le faire dire. J'y cours, milord : je vous quitte pour cette fois, et remets à reprendre dans une autre lettre le sujet interrompu dans celle-ci.

LETTRE XVI.

DE MADAME DE WOLMAR A SON MARI.

Je vous attends mardi, comme vous me le marquez, et vous trouverez tout arrangé selon vos intentions. Voyez en revenant madame d'Orbe ; elle vous dira ce qui s'est passé durant votre absence : j'aime mieux que vous l'appreniez d'elle que de moi.

Wolmar, il est vrai, je crois mériter votre estime ; mais votre conduite n'en est pas plus convenable, et vous jouissez durement de la vertu de votre femme.

LETTRE XVII.

DE SAINT-PREUX A MILORD ÉDOUARD.

Je veux, milord, vous rendre compte d'un danger que nous courûmes ces jours passés, et dont heureusement nous avons été quittes pour la peur et un peu de fatigue. Ceci vaut bien une lettre à part : en la lisant vous sentirez ce qui m'engage à vous l'écrire.

Vous savez que la maison de madame de Wolmar n'est pas loin du lac, et qu'elle aime les promenades sur l'eau. Il y a trois jours que le désœuvrement où l'absence de son mari nous laisse et la beauté de la soirée nous firent projeter une de ces promenades pour le lendemain. Au lever du soleil nous nous rendîmes au rivage; nous prîmes un bateau avec des filets pour pêcher, trois rameurs, un domestique, et nous nous embarquâmes avec quelques provisions pour le dîner. J'avois pris un fusil pour tirer des besolets [1]; mais elle me fit honte de tuer des oiseaux à pure perte et pour le seul plaisir de faire du mal. Je m'amusois donc à rappeler de temps en temps des gros sifflets, des tioutious, des crenets, des sifflas-

[1] Oiseau de passage sur le lac de Genève. Le besolet n'est pas bon à manger.

sons [1], et je ne tirai qu'un seul coup de fort loin sur une grèbe que je manquai.

Nous passâmes une heure ou deux à pêcher à cinq cents pas du rivage. La pêche fut bonne ; mais, à l'exception d'une truite qui avoit reçu un coup d'aviron, Julie fit tout rejeter à l'eau. Ce sont, dit-elle, des animaux qui souffrent ; délivrons-les ; jouissons du plaisir qu'ils auront d'être échappés au péril. Cette opération se fit lentement, à contre-cœur, sans quelques représentations ; et je vis aisément que nos gens auroient mieux goûté le poisson qu'ils avoient pris que la morale qui lui sauvoit la vie.

Nous avançâmes ensuite en pleine eau ; puis, par, une vivacité de jeune homme dont il seroit temps de guérir, m'étant mis à *nager*[2], je dirigeai tellement au milieu du lac que nous nous trouvâmes bientôt à plus d'une lieue du rivage [3]. Là j'expliquois à Julie toutes les parties du superbe horizon qui nous entouroit. Je lui montrois de loin les embouchures du Rhône, dont l'impétueux cours s'arrête tout à coup au bout d'un quart de lieue, et semble craindre de souiller de ses eaux bourbeuses le cristal azuré du lac. Je lui faisois observer

---

[1] Diverses sortes d'oiseaux du lac de Genève, tous très-bons à manger.

[2] Terme des bateliers du lac de Genève ; c'est tenir la rame qui gouverne les autres.

[3] Comment cela? Il s'en faut bien que vis-à-vis de Clarens le lac ait deux lieues de large.

les redans des montagnes, dont les angles correspondants et parallèles forment dans l'espace qui les sépare un lit digne du fleuve qui le remplit. En l'écartant de nos côtes j'aimois à lui faire admirer les riches et charmantes rives du pays de Vaud, où la quantité des villes, l'innombrable foule du peuple, les coteaux verdoyants et parés de toutes parts, forment un tableau ravissant; où la terre, partout cultivée et partout féconde, offre au laboureur, au pâtre, au vigneron, le fruit assuré de leurs peines, que ne dévore point l'avide publicain. Puis lui montrant le Chablais sur la côte opposée, pays non moins favorisé de la nature, et qui n'offre pourtant qu'un spectacle de misère, je lui faisois sensiblement distinguer les différents effets des deux gouvernements pour la richesse, le nombre et le bonheur des hommes. C'est ainsi, lui disois-je, que la terre ouvre son sein fertile et prodigue ses trésors aux heureux peuples qui la cultivent pour eux-mêmes : elle semble sourire et s'animer au doux spectacle de la liberté; elle aime à nourrir des hommes. Au contraire, les tristes masures, la bruyère et les ronces qui couvrent une terre à demi déserte, annoncent de loin qu'un maître absent y domine, et qu'elle donne à regret à des esclaves quelques maigres productions dont ils ne profitent pas.

Tandis que nous nous amusions agréablement à parcourir ainsi des yeux les côtes voisines, un séchard, qui nous poussoit de biais vers la rive opposée, s'éleva, fraîchit considérablement; et quand nous songeâmes à revirer, la résistance se trouva si forte qu'il ne fut plus possible à notre frêle bateau de la vaincre. Bientôt les ondes devinrent terribles : il fallut regagner la rive de Savoie, et tâcher d'y prendre terre au village de Meillerie qui étoit vis-à-vis de nous, et qui est presque le seul lieu de cette côte où la grève offre un abord commode. Mais le vent ayant changé se renforçoit, rendoit inutiles les efforts de nos bateliers, et nous faisoit dériver plus bas le long d'une file de rochers escarpés où l'on ne trouve plus d'asile.

Nous nous mîmes tous aux rames, et presque au même instant j'eus la douleur de voir Julie saisie du mal de cœur, foible et défaillante au bord du bateau. Heureusement elle étoit faite à l'eau, et cet état ne dura pas. Cependant nos efforts croissoient avec le danger; le soleil, la fatigue et la sueur nous mirent tous hors d'haleine et dans un épuisement excessif : c'est alors que, retrouvant tout son courage, Julie animoit le nôtre par ses caresses compatissantes; elle nous essuyoit indistinctement à tous le visage, et mêlant dans un vase du vin avec de l'eau de peur d'ivresse, elle en offroit alternativement aux plus épuisés. Non, jamais votre adorable amie ne brilla d'un si vif éclat que dans ce moment où la chaleur et l'agitation avoient animé son teint d'un plus grand feu, et ce qui ajoutoit le plus à ses charmes étoit qu'on voyoit si bien à son air attendri que tous ses soins venoient moins de frayeur pour elle que de compassion pour nous. Un instant seulement deux planches s'étant entr'ouvertes, dans un choc qui nous inonda tous, elle crut le bateau brisé; et dans une exclamation de cette tendre mère j'entendis distinctement ces mots : O mes enfants! faut-il ne vous voir plus! Pour moi, dont l'imagination va toujours plus loin que le mal, quoique je connusse au vrai l'état du péril, je croyois voir de moment en moment le bateau englouti, cette beauté si touchante se débattre au milieu des flots, et la pâleur de la mort ternir les roses de son visage.

Enfin à force de travail nous remontâmes à Meillerie, et, après avoir lutté plus d'une heure à dix pas du rivage, nous parvînmes à prendre terre. En abordant, toutes les fatigues furent oubliées, Julie prit sur soi la reconnoissance de tous les soins que chacun s'étoit donnés; et comme au fort du danger elle n'avoit songé qu'à nous, à terre il lui sembloit qu'on n'avoit sauvé qu'elle.

Nous dînâmes avec l'appétit qu'on gagne dans un violent travail. La truite fut apprêtée. Julie, qui l'aime extrêmement, en mangea peu; et je compris que, pour ôter aux bateliers le regret de leur sacrifice, elle ne se soucioit pas que j'en mangeasse beaucoup moi-même. Milord, vous l'avez dit mille fois, dans les petites choses comme dans les grandes cette ame aimante se peint toujours.

Après le dîner, l'eau continuant d'être forte et le bateau ayant besoin d'être raccommodé, je proposai un tour de promenade. Julie m'opposa le vent, le soleil, et songeoit à ma lassitude. J'avois mes vues; ainsi je répondis à tout. Je suis, lui dis-je, accoutumé dès l'enfance aux exercices pénibles; loin de nuire à ma santé ils l'affermissent, et mon dernier voyage m'a rendu bien plus robuste encore. A l'égard du soleil et du vent, vous avez votre chapeau de paille; nous gagnerons des abris et des bois; il n'est question que de monter entre quelques rochers; et vous qui n'aimez pas la plaine en supporterez volontiers la fatigue. Elle fit ce que je voulois, et nous partîmes pendant le dîner de nos gens.

Vous savez qu'après mon exil du Valais je revins il y a dix ans à Meillerie attendre la permission de mon retour. C'est là que je passai des jours si tristes et si délicieux, uniquement occupé d'elle, et c'est de là que je lui écrivis une lettre dont elle fut si touchée. J'avois toujours désiré de revoir la retraite isolée qui me servit d'asile au milieu des glaces, et où mon cœur se plaisoit à converser en lui-même avec ce qu'il eut de plus cher au monde. L'occasion de visiter ce lieu si chéri dans une saison plus agréable, et avec celle dont l'image l'habitoit jadis avec moi, fut le motif secret de ma promenade. Je me faisois un plaisir de lui montrer d'anciens monuments d'une passion si constante et si malheureuse.

Nous y parvînmes après une heure de marche par des sentiers tortueux et frais, qui, montant insensiblement entre les arbres et les rochers, n'avoient rien de plus incommode que la longueur du chemin. En approchant et reconnoissant mes anciens renseignements, je fus prêt à me trouver mal; mais je me surmontai, je cachai mon trouble, et nous arrivâmes. Ce lieu solitaire formoit un réduit sauvage et désert, mais plein de ces sortes de beautés qui ne plaisent qu'aux ames sensibles, et paroissent horribles aux autres. Un torrent formé par la fonte des neiges rouloit à vingt pas de nous une eau bourbeuse, et charrioit avec bruit du limon, du sable et des pierres. Derrière nous une chaîne de rochers inaccessibles séparoit l'esplanade où nous étions de cette partie des Alpes qu'on nomme les Glacières, parce que d'énormes sommets de glaces qui s'accroissent incessamment les couvrent depuis le commencement du monde[1]. Des forêts de noirs sapins nous ombrageoient tristement à droite. Un grand bois de chênes étoit

---

[1] Ces montagnes sont si hautes, qu'une demi-heure après le soleil couché leurs sommets sont encore éclairés de ses rayons, dont le rouge forme sur ces cimes blanches une belle couleur de rose qu'on aperçoit de fort loin.

à gauche au-delà du torrent ; et au-dessous de nous cette immense plaine d'eau que le lac forme au sein des Alpes nous séparoit des riches côtes du pays-de Vaud, dont la cime du majestueux Jura couronnoit le tableau.

Au milieu de ces grands et superbes objets, le petit terrain où nous étions étaloit les charmes d'un séjour riant et champêtre ; quelques ruisseaux filtroient à travers les rochers, et rouloient sur la verdure en filets de cristal ; quelques arbres fruitiers sauvages penchoient leurs têtes sur les nôtres ; la terre humide et fraîche étoit couverte d'herbes et de fleurs. En comparant un si doux séjour aux objets qui l'environnoient, il sembloit que ce lieu désert dût être l'asile de deux amants échappés seuls au bouleversement de la nature.

Quand nous eûmes atteint ce réduit et que je l'eus quelque temps contemplé : Quoi ! dis-je à Julie en la regardant avec un œil humide, votre cœur ne vous dit-il rien ici : et ne sentez-vous point quelque émotion secrète à l'aspect d'un lieu si plein de vous ? Alors, sans attendre sa réponse, je la conduisis vers le rocher, et lui montrant son chiffre gravé dans mille endroits, et plusieurs vers de Pétrarque et du Tasse relatifs à la situation où j'étois en les traçant. En les revoyant moi-même après si long-temps, j'éprouvai combien la présence des objets peut ranimer puissamment les sentiments violents dont on fut agité près d'eux. Je lui dis avec un peu de véhémence : O Julie, éternel charme de mon cœur! voici les lieux où soupira jadis pour toi le plus fidèle amant du monde; voici le séjour où ta chère image faisoit son bonheur, et préparoit celui qu'il reçut enfin de toi-même. On n'y voyoit alors ni ces fruits ni ces ombrages, la verdure et les fleurs ne tapissoient point ces compartiments, le cours de ces ruisseaux n'en formoit point les divisions, ces oiseaux n'y faisoient point entendre leurs ramages; le vorace épervier, le corbeau funèbre, et l'aigle terrible des Alpes, faisoient seuls retentir de leurs cris ces cavernes; d'immenses glaces pendoient à tous ces rochers, des festons de neige étoient le seul ornement de ces arbres : tout respiroit ici les rigueurs de l'hiver et l'horreur des frimas; les feux seuls de mon cœur me rendoient ce lieu supportable, et les jours entiers s'y passoient à penser à toi. Voilà la pierre où je m'asseyois pour contempler au loin ton heureux séjour; sur celle-ci fut écrite la lettre qui toucha ton cœur; ces cailloux tranchants me servoient de burin pour graver ton chiffre; ici je passai le torrent glacé pour reprendre une de tes lettres qu'emportoit le tourbillon; là je vins relire et baiser mille fois la dernière que tu m'écrivis; voilà le bord où d'un œil avide et sombre je mesurois la profondeur de ces abîmes; enfin ce fut ici qu'avant mon triste départ je vins te pleurer mourante et jurer de ne te pas survivre. Fille trop constamment aimée, ô toi pour qui j'étois né, faut-il me retrouver avec toi dans les mêmes lieux, et regretter le temps que j'y passois à gémir de ton absence!.... j'allois continuer; mais Julie, qui, me voyant approcher du bord, s'étoit effrayée et m'avoit saisi la main, la serra sans mot dire en me regardant avec tendresse et retenant avec peine un soupir; puis tout à coup détournant la vue et me tirant par le bras: Allons-nous-en, mon ami, me dit-elle d'une voix émue; l'air de ce lieu n'est pas bon pour moi. Je partis avec elle en gémissant, mais sans lui répondre, et je quittai pour jamais ce triste réduit comme j'aurois quitté Julie elle-même.

Revenus lentement au port après quelques détours, nous nous séparâmes. Elle voulut rester seule, et je continuai de me promener sans trop savoir où j'allois. A mon retour, le bateau n'étant pas encore prêt ni l'eau tranquille, nous soupâmes tristement, les yeux baissés, l'air rêveur, mangeant peu et parlant encore moins. Après le souper, nous fûmes nous asseoir sur la grève en attendant le moment du départ. Insensiblement la lune se leva, l'eau devint plus calme, et Julie me proposa de partir. Je lui donnai la main pour entrer dans le bateau, et en m'asseyant à côté d'elle, je ne songeai plus à quitter sa main. Nous gardions un profond silence. Le bruit égal et mesuré des rames m'excitoit à rêver. Le chant assez gai des bécassines ¹, me retraçant les plaisirs d'un autre âge, au lieu de m'égayer m'attristoit. Peu à peu je sentis augmenter la mélancolie dont j'étois accablé. Un ciel serein, la fraîcheur de l'air, les doux rayons de la lune, le frémissement argenté dont l'eau brilloit autour de nous, le concours des plus agréables sensations, la présence même de cet objet chéri, rien ne put détourner de mon cœur mille réflexions douloureuses.

Je commençai par me rappeler une promenade semblable faite autrefois avec elle durant le charme de nos premières amours. Tous les sentiments délicieux qui remplissoient alors mon ame s'y retracèrent pour l'affliger; tous les événements de notre jeunesse, nos études, nos entretiens, nos lettres, nos rendez-vous, nos plaisirs,

> E tanta fede, e si dolce memorie,
> E si lungo costume ² !

ces foules de petits objets qui m'offroient l'image de mon bonheur passé; tout revenoit pour augmenter ma misère présente, prendre place en mon

¹ La bécassine du lac de Genève n'est point l'oiseau qu'on appelle en France du même nom. Le chant plus vif et plus animé de la nôtre donne au lac, durant les nuits d'été, un air de vie et de fraîcheur qui rend ses rives encore plus charmantes.

² Et cette foi si pure, et ces doux souvenirs, et cette longue familiarité ! MÉTAST.

souvenir. C'en est fait, disois-je en moi-même, ces temps, ces temps heureux ne sont plus; ils ont disparu pour jamais. Hélas! ils ne reviendront plus; et nous vivons, et nous sommes ensemble; et nos cœurs sont toujours unis! Il me sembloit que j'aurois porté plus patiemment sa mort ou son absence, et que j'avois moins souffert tout le temps que j'avois passé loin d'elle. Quand je gémissois dans l'éloignement, l'espoir de la revoir soulageoit mon cœur; je me flattois qu'un instant de sa présence effaceroit toutes mes peines; j'envisageois au moins dans les possibles un état moins cruel que le mien : mais se trouver auprès d'elle, mais la voir, la toucher, lui parler, l'aimer, l'adorer, et, presque en la possédant encore, la sentir perdue à jamais pour moi; voilà ce qui me jetoit dans des accès de fureur et de rage qui m'agitèrent par degrés jusqu'au désespoir. Bientôt je commençai de rouler dans mon esprit des projets funestes, et, dans un transport dont je frémis en y pensant, je fus violemment tenté de la précipiter avec moi dans les flots, et d'y finir dans ses bras ma vie et mes longs tourments. Cette horrible tentation devint à la fin si forte que je fus obligé de quitter brusquement sa main pour passer à la pointe du bateau.

Là mes vives agitations commencèrent à prendre un autre cours; un sentiment plus doux s'insinua peu à peu dans mon ame, l'attendrissement surmonta le désespoir, je me mis à verser des torrents de larmes; et cet état comparé à celui dont je sortois n'étoit pas sans quelque plaisir; je pleurai fortement, long-temps, et fus soulagé. Quand je me trouvai bien remis je revins auprès de Julie; je repris sa main. Elle tenoit son mouchoir; je le sentis fort mouillé. Ah! lui dis-je tout bas, je vois que nos cœurs n'ont jamais cessé de s'entendre! Il est vrai, dit-elle d'une voix altérée; mais que ce soit la dernière fois qu'ils auront parlé sur ce ton. Nous recommençâmes alors à causer tranquillement, et au bout d'une heure de navigation nous arrivâmes sans autre accident. Quand nous fûmes rentrés j'aperçus à la lumière qu'elle avoit les yeux rouges et fort gonflés : elle ne dut pas trouver les miens en meilleur état. Après les fatigues de cette journée, elle avoit grand besoin de repos; elle se retira et je fus me coucher.

Voilà, mon ami, le détail du jour de ma vie où, sans exception, j'ai senti les émotions les plus vives. J'espère qu'elles seront la crise qui me rendra tout-à-fait à moi. Au reste, je vous dirai que cette aventure m'a plus convaincu que tous les arguments de la liberté de l'homme et du mérite de la vertu. Combien de gens sont foiblement tentés et succombent! Pour Julie, mes yeux le virent et mon cœur le sentit; elle soutint ce jour-là le plus grand combat qu'ame humaine ait pu soutenir; elle vainquit pourtant. Mais qu'ai-je fait pour rester si loin d'elle? O Édouard! quand séduit par ta maîtresse tu sus triompher à la fois de tes désirs et des siens, n'étois-tu qu'un homme ? Sans toi j'étois perdu peut-être. Cent fois dans ce jour périlleux le souvenir de ta vertu m'a rendu la mienne.

FIN DE LA QUATRIÈME PARTIE.

TABLE

DES LETTRES ET MATIÈRES

CONTENUES DANS CE VOLUME.

TROISIÈME PARTIE.

LETTRE PREMIÈRE, de madame d'Orbe............ Page 3
Elle annonce à l'amant de Julie la maladie de madame d'Étange et l'accablement de sa fille, et l'engage à renoncer à Julie.

LETTRE II, de l'amant de Julie à madame d'Étange....... 9
Promesse de rompre tout commerce avec Julie.

LETTRE III, de l'amant de Julie à madame d'Orbe, en lui envoyant la lettre précédente......................... 11
Il lui reproche l'engagement qu'elle lui a fait prendre de renoncer à Julie.

LETTRE IV, de madame d'Orbe à l'amant de Julie......... 13
Elle lui apprend l'effet de sa lettre sur le cœur de madame d'Étange.

LETTRE V, de Julie à son amant....................... 16
Mort de madame d'Étange. Désespoir de Julie. Son trouble en disant adieu pour jamais à son amant.

LETTRE VI, de l'amant de Julie à madame d'Orbe......... 19
Il lui témoigne combien il ressent vivement les peines de Julie, et la recommande à son amitié. Ses inquiétudes sur la véritable cause de la mort de madame d'Étange.

LETTRE VII. Réponse............................... 23
Madame d'Orbe félicite l'amant de Julie du sacrifice qu'il a fait, cherche à le consoler de la perte de son amante;

et dissipe ses inquiétudes sur la cause de la mort de madame d'Étange.

Lettre VIII, de milord Édouard à l'amant de Julie........ 32
Il lui reproche de l'oublier, le soupçonne de vouloir cesser de vivre et l'accuse d'ingratitude.

Lettre IX. Réponse.. ibid.
L'amant de Julie rassure milord Édouard sur ses craintes.

Billet de Julie... 33
Elle demande à son amant de lui rendre sa liberté.

Lettre X, du baron d'Étange, dans laquelle étoit le précédent billet... ibid.
Reproches et menaces à l'amant de sa fille.

Lettre XI. Réponse.. 34
L'amant de Julie brave les menaces du baron d'Étange.

Billet inclus dans la précédente lettre................... 36
L'amant de Julie lui rend le droit de disposer de sa main.

Lettre XII, de Julie...................................... 37
Son désespoir de se voir sur le point d'être séparée à jamais de son amant. Sa maladie.

Lettre XIII, de Julie à madame d'Orbe 38
Elle lui reproche les soins qu'elle a pris pour la rappeler à la vie. Prétendu rêve qui lui fait craindre que son amant ne soit plus.

Lettre XIV. Réponse...................................... 42

Lettre XV, de Julie...................................... 48
Nouveaux témoignages de tendresse pour son amant. Elle est cependant résolue à obéir à son père.

Lettre XVI. Réponse...................................... 50
Transports d'amour et de fureur de l'amant de Julie.

Lettre XVII, de madame d'Orbe à l'amant de Julie 56
Elle lui apprend le mariage de Julie.

Lettre XVIII, de Julie à son ami......................... 57
Récapitulation de leurs amours.

Lettre XIX. Réponse 100

Lettre XX, de Julie...................................... 106
Son bonheur avec M. de Wolmar, dont elle dépeint le caractère.

Lettre XXI, de l'amant de Julie à milord Édouard....... 120
Ennuyé de la vie, il cherche à justifier le suicide.
Lettre XXII. Réponse............................. 136
Milord Édouard réfute avec force les raisons alléguées par l'amant de Julie pour autoriser le suicide.
Lettre XXIII, de milord Édouard à l'amant de Julie...... 147
Il propose à son ami de chercher le repos de l'ame dans l'agitation d'une vie active.
Lettre XXIV. Réponse............................. 149
Résignation de l'amant de Julie aux volontés de milord Édouard.
Lettre XXV, de milord Édouard à l'amant de Julie...... ibid.
Il a tout disposé pour l'embarquement de son ami, en qualité d'ingénieur, sur un vaisseau d'une escadre angloise qui doit faire le tour du monde.
Lettre XXVI, de l'amant de Julie à madame d'Orbe...... 151
Tendres adieux à madame d'Orbe et à madame de Wolmar.

QUATRIÈME PARTIE.

Lettre première, de madame de Wolmar à madame d'Orbe. 153
Elle presse le retour de sa cousine, et par quels motifs. Elle désire que cette amie vienne demeurer pour toujours avec elle et sa famille.
Lettre II. Réponse de madame d'Orbe à madame de Wolmar. 165
Projet de madame d'Orbe, devenue veuve, d'unir un jour sa fille au fils aîné de madame de Wolmar. Elle lui offre et partage la douce espérance d'une parfaite réunion.
Lettre III, de l'amant de Julie à madame d'Orbe........ 176
Il lui annonce son retour, lui donne une légère idée de son voyage, lui demande la permission de la voir, et lui peint les sentiments de son cœur pour madame de Wolmar.
Lettre IV, de M. de Wolmar à l'amant de Julie......... 183
Il lui apprend que sa femme vient de lui ouvrir son cœur sur ses égarements passés, et il lui offre sa maison. Invitation de Julie.

Lettre V, de madame d'Orbe à l'amant de Julie.......... 184
> Dans cette lettre étoit incluse la précédente.

Madame d'Orbe joint son invitation à celle de M. et de madame de Wolmar, et veut que le nom de Saint-Preux, qu'elle avoit donné précédemment devant ses gens à l'amant de Julie, lui demeure au moins dans leur société.

Lettre VI, de Saint-Preux à milord Édouard............ 186
> Réception que M. et madame de Wolmar font à Saint-Preux. Différents mouvements dont son cœur est agité. Résolution qu'il prend de ne jamais manquer à son devoir.

Lettre VII, de madame de Wolmar à madame d'Orbe..... 200
> Elle l'instruit de l'état de son cœur, de la conduite de Saint-Preux, de la bonne opinion de M. de Wolmar pour son nouvel hôte, et de sa sécurité sur la vertu de sa femme, dont il refuse la confidence.

Lettre VIII. Réponse de madame d'Orbe à madame de Wolmar.. 208
> Elle lui représente le danger qu'il pourroit y avoir à prendre son mari pour confident, et exige d'elle qu'elle lui envoie Saint-Preux pour quelques jours.

Lettre IX, de madame d'Orbe à madame de Wolmar..... 215
> Elle lui renvoie Saint-Preux, dont elle loue les façons, ce qui occasione une critique de la politesse maniérée de Paris. Présent qu'elle fait de sa petite fille à sa cousine.

Lettre X, de Saint-Preux à milord Édouard............ 224
> Il lui détaille la sage économie qui règne dans la maison de M. de Wolmar relativement aux domestiques et aux mercenaires, ce qui amène plusieurs réflexions et observations critiques.

Lettre XI, de Saint-Preux à milord Édouard............ 274
> Description d'une agréable solitude, ouvrage de la nature plutôt que de l'art, où M. et madame de Wolmar vont se récréer avec leurs enfants, ce qui donne lieu à des réflexions critiques sur le luxe et le goût bizarre qui règnent dans les jardins des riches. Idée des jardins de

la Chine. Ridicule enthousiasme des amateurs de fleurs. La passion de Saint-Preux pour madame de Wolmar se change tout à coup en admiration pour ses vertus.

Lettre XII, de madame de Wolmar à madame d'Orbe..... 304
Caractère de M. de Wolmar, instruit même avant son mariage de tout ce qui s'est passé entre sa femme et Saint-Preux. Nouvelles preuves de son entière confiance en leur vertu. M. de Wolmar doit s'absenter pour quelque temps. Sa femme demande conseil à sa cousine pour savoir si elle exigera ou non que Saint-Preux accompagne son mari.

Lettre XIII. Réponse de madame d'Orbe à madame de Wolmar................................. 322
Elle dissipe les alarmes de sa cousine au sujet de Saint-Preux, et lui dit de prendre contre ce philosophe toutes les précautions superflues qui lui auroient été jadis si nécessaires.

Lettre XIV, de M. de Wolmar à madame d'Orbe........ 334
Il lui annonce son départ, et l'instruit du projet qu'il a de confier l'éducation de ses enfants à Saint-Preux; projet qui justifie sa conduite singulière à l'égard de sa femme et de son ancien amant. Il informe sa cousine des découvertes qu'il a faites de leurs vrais sentiments, et des raisons de l'épreuve à laquelle il les met par son absence.

Lettre XV, de Saint-Preux à milord Édouard........... 343
Affliction de madame de Wolmar. Secret fatal qu'elle révèle à Saint-Preux, qui ne peut pour le présent en instruire son ami.

Lettre XVI, de madame de Wolmar à son mari........ 346
Elle lui reproche de jouir durement de la vertu de sa femme.

Lettre XVII, de Saint-Preux à milord Édouard.......... 347
Danger que courent madame de Wolmar et Saint-Preux sur le lac de Genève. Ils parviennent à prendre terre. Après le dîner, Saint-Preux mène madame de Wolmar dans la retraite de Meillerie, où jadis il ne s'occupoit

que de sa chère Julie. Ses transports à la vue des anciens monuments de sa passion. Conduite sage et prudente de madame de Wolmar. Ils se rembarquent pour revenir à Clarens. Horrible tentation de Saint-Preux. Combat intérieur qu'éprouve son amie.

FIN DE LA TABLE.

www.ingramcontent.com/pod-product-compliance
Lightning Source LLC
Chambersburg PA
CBHW050253170426
43202CB00011B/1674